Nena und Claudia Thesenfitz

WILLST DU MIT MIR GEHN

GUSTAV LÜBBE VERLAG

www.nena.de

Gustav Lübbe Verlag in der Verlagsgruppe Lübbe

Originalausgabe

Copyright (c) 2005 by
Verlagsgruppe Lübbe GmbH & Co. KG,
Bergisch Gladbach

Gestaltung: Walter Schönauer, Berlin
www.walterschoenauer.ws

Textredaktion: Marion Voigt, Zirndorf
Lektorat: Jeannine Fiedler
Druck und Einband: GGP Media GmbH, Pößneck

Alle Rechte, auch die der fotomechanischen und
elektronischen Wiedergabe, vorbehalten. Kein Teil dieses
Buches darf ohne ausdrückliche Genehmigung des
Verlages in irgendeiner Form reproduziert oder übermittelt
werden, weder in mechanischer noch in elektronischer
Form, einschließlich Fotokopie.

Printed in Germany
ISBN 3-7857-2135-8
5 4 3 2

Sie finden die Verlagsgruppe Lübbe im
Internet unter: www.luebbe.de

NENA

»WIR HABEN ABER NICHT VIEL GESCHAFFT HEUTE ...!«

»WIESO?

DU HAST MIR DEINE
SEELE GEZEIGT -
UND ICH DIR MEINE ...«

PRÄLUDIUM EINE NENA UND EINE CLAUDIA

NENA SCHREIBT IN ORANGE. CLAUDIA SCHREIBT IN LILA.

WILLST DU MIT MIR GEHN

JUNI 2003

Ich bin immer wieder fasziniert davon, was so alles in ein einziges Leben reinpasst. Wie viele Geschichten, Menschen, Gefühle, Gedanken und Erlebnisse...

Ich habe nie Tagebuch geführt, denn ich war immer überzeugt davon, dass es mich später nicht interessieren wird, was ich am Soundso-vielten zu der und der Uhrzeit gemacht, gedacht, gegessen oder gefühlt habe. Und jetzt bin ich dreiundvierzig und will mein Leben aufschreiben? Warum will ich das überhaupt? Bin ich vielleicht doch eine Vergangenheitsbe-welt-tigerin, obwohl ich von mir immer behaupte, meistens in der Gegenwart zu leben?

Drei Gründe sprechen dafür, es zu tun: Erstens erzähle ich gerne Geschichten. Zweitens hat meine neueste Errungenschaft, ein super-moderner kleiner Freund zum Auf- und Zuklappen, einen eingebauten Suchtfaktor, und ich bin schon längst mit ihm verschmolzen... Und drit-tens gehört das Vergangene genauso zu mir wie all die Dinge, die gerade

passieren oder noch passieren werden. Die Gegenwart wird hier natürlich auch immer zu Wort kommen, denn alles passiert im Jetzt... Larissa,
Samuel und Simeon sind in der Schule..., mein Hund sitzt neben mir und
ahnt genauso wenig wie ich, dass wir beide heute nicht in den Wald
gehen, weil mir meine Vergangenheit tatsächlich Spaß macht und ich in
zehn Stunden immer noch hier sitze und schreibe.
Phil schläft nebenan, er ist erst um fünf Uhr morgens aus seinem Studio
getorkelt. Sakias hustet und ist heute zu Hause geblieben. Er kommt
gerade aus seinem Bett und setzt sich zu mir auf den Boden. Wir beide
finden, dass heute ein besonderer Tag ist. Und wo passiert das gerade
alles? Im Gartenhaus...

GUTEN TAG,

ich heiße Claudia und weiß, wie es in dem Gartenhaus aussieht, in dem
Nena gerade sitzt. Es liegt ein bisschen versteckt, von der Straße aus
kann man es nicht sehen. Wie ein arabisches Hauszelt steht es mitten in
einem nicht gerade großen grünen Garten. Arabisch ist es eigentlich nur
von innen, für die äußere Beschreibung passt Hauszelt perfekt. Das Zelt
beziehungsweise Häuschen hat insgesamt drei Räume, eine Gesamt-
wohnfläche von vierzig Quadratmetern und sehr niedrige Decken. Wenn
man durch die Tür tritt, steht man in einem winzigen Vorraum, der aber
eigentlich gar kein Vorraum mehr ist, weil dort ein drei Meter langer
Massivholz-Tisch steht und den gesamten Raum ausfüllt. Es passen

WILLST DU MIT MIR GEHN

gerade noch acht Stühle daran, denn mindestens so viele Menschen essen hier täglich, machen Hausaufgaben, schreiben Geschichten, basteln an Erfindungen oder machen sonst was. Auf dem Tisch liegt immer frisches Obst, verschiedene Sorten Nüsse und jede Menge Gemüse - aber davon erzähle ich später noch...

Vom »Tischzimmer«, das gleichzeitig auch Eingangsbereich ist, kommt man ins »WohnSchlafTobeStreitMalusw.«-Zimmer, den größten Raum des »Hauses«: immerhin zwanzig Quadratmeter! Dort steht ein riesiges Holzbett, in dem jede Nacht mindestens vier Menschen schlafen: Phil, Nena, Samuel und Simeon. Manchmal auch noch Sakias oder Larissa... Außer dem Bett gibt es noch ein Sofa, ein Aquarium, eine Kommode, einen kleinen Tisch, eine Stehlampe und einen Kleiderschrank, aber den größten Teil des Mobiliars kann man meistens - je nach Chaosgrad - gar nicht sehen. Wirklich sicher, nicht mit Kleidungsstücken, Spielzeug, Decken oder Heften zugeschüttet zu werden, ist hier nur die selbst gebastelte, zwanzig Meter lange Murmelbahn aus Pappe, die kreuz und quer an den Wänden entlangläuft.

Der dritte Raum ist Schlafzimmer der Teenager und Familienküche zugleich. Die Teenager sind vierzehn Jahre alt und inzwischen größer als ihre Eltern (mit Schuhgröße 41). Diese beiden Riesen, Nenas Zwillinge, haben hier so wenig Platz, dass sie sich in ihrem Zimmer kaum drehen können, sich jeden Morgen Mut machen und hoffen, dass der Spaß bald ein Ende hat. Aber geduldig sind sie alle und haben hier tatsächlich eine gute Zeit miteinander.

Es gibt sogar noch ein Badezimmer mit Waschmaschine und damit alles, was man zum Wohnen braucht. Es ist eben nur klein. Sehr klein! Sie hätten auch eine weitläufige Suite im schönsten Hamburger Hotel beziehen können. Das Angebot stand. Ich war dabei, als es offeriert wurde. Aber sie wollten nicht. Sie wollten lieber hier bleiben. Ein halbes Jahr soll es dauern, bis das eigentliche Wohnhaus vollständig umgebaut und renoviert ist. Bis dahin werden sie hier zusammen wohnen - hier in diesem Häuschen: sechs Menschen mit Hund, Katze und Goldfisch auf vierzig Quadratmetern! Familie Palm-Kerner muss sich sehr gern haben...

Den Tag, von dem Nena oben erzählt, hat sie mir genau beschrieben, weil es der Tag war, an dem sie zum ersten Mal ihren ersten eigenen Computer aufklappte und anfing, Geschichten aus ihrem Leben selbst aufzuschreiben.

MOMENT MAL!!

»...klappte ihren Computer auf???«

Nena???

Einen Computer???

Sie hat mir immer gesagt: »So was brauche ich nicht!« Und dann hat sie sich doch einen gekauft, und seitdem ist ER immer dabei. Das war Liebe auf den ersten Blick. »Die Tasten klappern so modern und fühlen sich beim Tippen so schön weich an«, O-Ton Nena.

An dem Tag, von dem Nena oben erzählt, entdeckt sie ihre Lust am Schreiben - und hört bis tief in die Nacht nicht mehr damit auf. Nena schreibt und schreibt. Und das, was sie um drei Uhr morgens in der ersten Word-Datei ihres Lebens abspeichert, ist folgende Geschichte:

NOVEMBER 1977

Ich tanze mich in die totale Gelassenheit. Nur ab und zu öffne ich meine Augen und werfe einen kurzen Blick in den riesigen Spiegel neben der Tanzfläche meiner Lieblingsdisco.
Meine Haare kleben auf der Stirn, vom Schweiß, aber das ist okay und vielleicht sogar sexy... Soll ich eventuell mal schnell aufs Klo gehen und meinen Kajalstrich nachziehen? Ach nee, jetzt nicht, es ist gerade so schön...
Schnell mach ich die Augen wieder zu und bin so drin im »Psycho Killer« von den Talking Heads, dass ich kaum mitbekomme, was um mich herum geschieht...

Ein bisschen später hole ich mir was zu trinken, stelle mich mit meinem Glas an den Rand der Tanzfläche und beobachte die Leute... Plötzlich tippt mir jemand von hinten auf die Schulter. Ich drehe mich um, und einer, den ich nicht kenne, lächelt mich an und sagt: »Hallo, ich heiße Rainer und wollte dich fragen, ob du Lust hast, mit mir eine Band zu gründen?«
Ja, genauso hat er es gesagt, das waren seine Worte, und sie klingeln mir immer noch ab und zu in den Ohren. Er hatte mich beim Tanzen beobachtet und war überzeugt davon, dass ich genau die Richtige war. Nicht eine Sekunde habe ich gezögert und Ja gesagt. Wie eine Braut vorm Traualtar, die sich vollkommen sicher ist.

Ein klares, feierliches Ja.

Dieses Ja war mein Ticket in ein anderes, ein neues Leben, dessen war ich mir voll und ganz bewusst, und ich war wie elektrisiert davon.
Ich gehe nach Hause, lege mich ins Bett und träume mich in einen tiefen Schlaf.

Am nächsten Morgen will ich nicht zur Schule gehen. Wozu denn auch, ich werde ja jetzt Rockstar. Ich bleib also liegen, und meine Mutter hat Gott sei Dank Verständnis dafür.

Der Probenraum ist ziemlich weit weg von zu Hause, und ich sitze eine Weile im Bus. Erst gucke ich auf das Schild, wo draufsteht: »Während der Fahrt nicht mit dem Fahrer sprechen«, und denke, dass es schade ist, wenn Menschen öffentlich aufgefordert werden, nicht miteinander zu reden, und dann gucke ich aus dem Fenster und sehe mir die Stadt ganz genau an, in der ich aufgewachsen bin. Unter den neuen Umständen kann ich es hier gut noch eine Weile aushalten, denke ich, aber nur solange es nötig ist, beziehungsweise nur solange die neuen Umstände auch neu bleiben.

Der Busfahrer reißt mich aus meinen Gedanken, als er die Haltestelle durchsagt, bei der ich aussteigen muss. Damals war das ja noch so...

Rainer macht mir die Tür auf und freut sich ehrlich, dass ich tatsächlich gekommen bin. Ich geh rein und guck mich erst mal um. Die Wände sind mit Eierpappen tapeziert, hinten rechts sehe ich ein Schlagzeugpodest, und in der Mitte des Raums steht ein etwas magerer Gitarrenverstärker verloren in der Gegend rum. »Gemütlich ist es hier nicht gerade«, denke ich, »aber das muss ja wohl so sein... Rock 'n' Roll eben.«

»Hier sind zwei Eingänge«, sagt Rainer und zieht mich zu seinem Verstärker. »Einer für meine Gitarre und der andere für dein Mikro.«

»Welches Mikro?«, frage ich mich, »nicht dass der jetzt denkt, ich hätte so was mitgebracht.« »Für den Anfang ist das ganz okay«, meint er und hält mir ein Mikrofon unter die Nase, das reichlich verbeult ist und nicht mehr ganz so jung aussieht. »Später werden wir das natürlich alles anders regeln.«

»Aha«, denke ich, »später... Der weiß also jetzt schon, dass das was wird mit uns?«

WILLST DU MIT MIR GEHN

Rein technisch gesehen war ja jetzt alles klar. Die Gitarre und das Mikrofon waren angeschlossen, und wir mussten uns nur noch überlegen, wie wir es angehen wollten... Er schlug vor, ein paar Ramones-Lieder zu spielen, und ich fand, das war eine richtig gute Idee. Die Musik kannte ich und die Texte auch, und weil ich in weiser Voraussicht am Abend zuvor, kurz vorm Einschlafen, noch Johnny Ramone um Erlaubnis gebeten hatte, konnte ich jetzt »Sheena Is A Punk Rocker« singen, ohne mich dabei blöd zu fühlen...

Wir haben uns zwei Wochen mit Ramones-Liedern warm gespielt, und von mir aus hätte das ewig so weitergehen können. Aber das Leben und Rainer forderten Veränderung, denn schließlich sollte das ja auch irgendwann mal eine richtige Band werden... Aber trotzdem, für mich war ein Schlagzeuger an diesem Tag das Unnötigste, was ich mir hätte vorstellen können. Wozu brauchen wir so einen, wofür brauchen wir einen Rolf?

Mein Widerstand war groß, und ich wusste nicht, wo er herkam. Immer wenn ich nicht so genau weiß, wo bei mir ein blödes Gefühl herkommt, steckt meistens Angst dahinter. Aber wovor hatte ich Angst? Hatte ich Angst vor diesem Rolf? Wenn das der Grund war, und ich glaube, das war es, sollte er das auf keinen Fall mitbekommen. Schließlich war ich ein lässiges New-Wave-Girl, und mein kleiner Schwächeanfall ging ihn gar nichts an.

Ja, ich wollte wachsen, mich ausbreiten und in die große, weite Welt ziehen, aber auf jeden Fall nicht mit einem Drummer. Jedenfalls jetzt noch nicht! Nicht dass ich was gegen ihn hatte, aber das hätten wir doch auch gut alleine durchgezogen, der Rainer und ich... Alleine? Das war es also...

Nena, die Jungs hier meinen es ernst, und wenn du die Sängerin in dieser Band sein willst, dann musst du da durch. Oder du drehst dich

jetzt um, gehst nach Hause, schließt dich in deinem Zimmer ein, nimmst deine Gitarre in die Arme und singst wieder ganz für dich alleine.
Und dann kam er ... der Neue - und ich wusste nichts von ihm. Ich wusste nicht, dass er Speditionskaufmann war, einen festen Job hatte, mit Frau und Kind bei seinen Eltern wohnte und ... verheiratet war.

Und dann fing er an zu trommeln, und es gefiel mir. Er spielte kraftvoll, und sein Stil war genau das, was wir brauchten. Und als er zwei Tage später mit Lederjacke und weißem Unterhemd zum Proben kam, war ich schon richtig interessiert. Und als er seine Lederjacke zum ersten Mal auszog und ich seine muskulösen, wunderschön geformten Oberarme sah, kam mich die Leidenschaft besuchen. Übergangslos verliebte ich mich in den verheirateten R(W)olf. So schnell ging das, und ich kannte noch nicht mal seine inneren Werte, aber das war mir auch völlig egal. Vielleicht hatte er ja gar keine.

Kurz darauf kam ein Frank mit seinem Bass, und er passte perfekt zu uns, und bei ihm hab ich mich auch nicht so blöd benommen wie bei Rolf. Jetzt waren die STRIPES ja eigentlich komplett, und trotzdem kam ein paar Monate später noch mal ein zweiter Frank. Der spielte auch Gitarre, und in den war ich dauerverliebt, aber geküsst haben wir uns erst viele Jahre später.

Und irgendwann wollte mir dieser Frank damals was Wichtiges sagen am Küchentisch bei Rainer in der Wohnung. Dort saßen wir jetzt öfter nach den Proben und haben geredet. Wir waren jetzt schon in der Phase, wo man Bandmeetings brauchte, um weiterzukommen, und auf den Frank mit der Gitarre habe ich gehört. Er guckt mir in die Augen und sagt: »Nena, in einer Woche spielen wir im Hasper Jugendheim!«
»Was machen wir???«

WILLST DU MIT MIR GEHN

»Wir spielen im Hasper Jugendheim, die laden mehrere Bands ein und haben mich angerufen und gefragt, ob wir dabei sein wollen.«

»Ja und? Was hast du geantwortet?«

»Ich hab ja gesagt.«

»Spinnst du? Ohne mich zu fragen? Vielleicht will ich das ja gar nicht! Ich will es sogar ganz bestimmt nicht! Wer soll denn da kommen, uns kennt doch keiner? Wie stellt ihr euch das denn vor, soll ich mir das mal eben so aus der Hüfte schütteln oder was?? Ohne mich! Das mache ich nicht!«

Pause...

Dann lächelt er mich an, der Frank, und ich denke »Ja!«, schreie »Nein!« und möchte am liebsten abhauen, aber da höre ich wieder diese Stimme in mir... Nena, die Jungs meinen es ernst, und wenn du die Sängerin in dieser Band sein willst, dann musst du da durch, oder du drehst dich jetzt um, gehst nach Hause, schließt dich in deinem Zimmer ein, nimmst deine Gitarre in die Arme und singst wieder ganz für dich alleine.

Is ja schon gut, ich tu's.

Also hatte ich meinen ersten Live-Auftritt auf dem Programm. Für ein paar Monate Leben als Sängerin in einer Band war das alles ganz schön viel auf einmal, aber zu viel oder viel zu viel gab es ja gar nicht. Und trotzdem, mir war schlecht vor Angst, obwohl es das war, was ich immer wollte, und ich hatte noch eine Woche Zeit, mich seelisch darauf vorzubereiten. Alles seine Schuld. Er hatte mich in diese Situation gebracht. Es war doch fast alles gut in meiner vertrauten Umgebung. In dieser komischen Stadt hatte ich es geschafft, mich eine Zeit lang richtig gut zu fühlen. Das war doch schon was. Und dann kommt ein Frank und lächelt mich an, nimmt mich an die Hand und führt mich wie ein großer Bruder in einen Raum, der mir zwar sehr vertraut war, den ich aber noch nie betreten hatte. Ich konnte nicht mehr richtig schlafen und hatte auch keine Lust zu essen. Mir war schlecht. Schon bald würde nichts mehr so sein wie früher.

Es gab keinen Himmel mehr und nichts unter mir. Es gab jetzt nur noch mich und eine einzige wichtige Frage: Was ziehe ich an? Um das rauszufinden, musste ich Nena fragen... Nena fragt also Nena, ob Nena weiß, was sie will... Sie weiß, was sie will, und das sogar ziemlich genau, und somit ist klar, was sie zu tun hat: Nach Berlin fahren und eine gestreifte Hose kaufen, denn in Hagen gibt es Streifen auf Hosen nur im Berufsbekleidungsfachgeschäft, und auf dem Flohmarkt in Wuppertal eine amtliche Nena-Lederjacke finden.

Wuppertal kannte sie gut, da war sie schon als Kind ganz oft und ist mit ihrer Omi Schwebebahn gefahren. Berlin kannte sie auch beziehungsweise die Oranienstraße in Kreuzberg, das »SO 36« gegenüber und den Bahnhof Zoo. Für ein Jahr lang waren diese drei Orte an jedem Wochenende ihr Zuhause mit dem wunderbarsten Duft der großen, weiten Welt. Die Liebe hatte sie dorthin geführt. Eine wunderschöne Liebe mit Wasserbett und Coolfaktor zehn.

Klaus, Rolf, Frank, Berlin, Hagen, Wuppertal. Parallelwelten. Alles passierte irgendwie gleichzeitig, und deshalb waren Lederjacke und gestreifte Hose perfekt.

Vier Zuschauer würden mindestens kommen, denn die Freundinnen meiner Jungs hätten sich das niemals entgehen lassen. Sie waren alle elektrisiert

WILLST DU MIT MIR GEHN

und wollten nicht verpassen, wie aus einem Frank mit einer Gitarre ein noch viel besserer Frank wird, wenn sein Instrument an der richtigen Stelle hängt. Eine Gitarre darf niemals und unter gar keinen Umständen einen Millimeter zu hoch oder zu tief hängen. Da hört der Spaß auf, und entweder das hat man, oder man hat es eben nicht.

Es waren mehr als vier Leute im Saal. Viel mehr. Ich habe sie heimlich gezählt. Fünfundzwanzig Menschen, mit denen ich nicht verwandt war, plus meine Eltern und der Jugendheimleiter, der erst auf unbeteiligt machte und sich dann aber doch noch mit vor die Bühne stellte. Also achtundzwanzig Leute. Dass so viele kommen würden, hätte ich nie gedacht. Und vor all denen sollte ich hier gleich eine Show abziehen? Meine Beine zitterten, und mein Herz schlug mir bis zum Hals. Mein Vater stand neben mir hinter der Bühne und war auch ganz aufgeregt. »Mensch, Nena«, meinte er, »ich möchte jetzt nicht in deiner Haut stecken.« Und dann wollte er unbedingt noch schnell meinen Puls messen, bevor es losging. Der war auf hundertachtzig, genau da, wo ich stand, vor diesen Stufen, die ich gleich erklimmen würde, um dann zu sterben oder mindestens in Ohnmacht zu fallen...

...Ich gehe also jetzt da hoch, und nichts kann mich aufhalten, weder meine Angst noch meine Verwirrung und Nena schon gar nicht. Das wird jetzt gemacht, dann hab ich's hinter mir. Ich bin oben, gehe nach vorne zu meinem Mikrofon, die Leute klatschen, ich gucke sie mir alle an...

Und auf einmal war alles anders. Wir fingen an zu spielen, und ich hab mich noch nie vorher so wohl gefühlt mit mir selbst. Und ich konnte auch plötzlich wieder den Himmel und die Erde spüren. Ich hab nichts gedacht oder mir irgendetwas überlegt in dieser Stunde, die wir da oben waren, das lief alles wie von selbst... Danach haben wir unseren

Erfolg gefeiert, denn die fanden uns wirklich gut, die Fremden, die Freunde, die Verwandten und der Jugendheimleiter...

1978 NANI AN NENA

Liebe Nena,
ich habe jetzt das Bedürfnis, dir zu schreiben, wie es gestern war, als ich den Saal stürmte, um dich zu sehen. Total wahnsinnig... Als wir am Jugendzentrum ankamen, klatschten, jubelten und tobten die Leute, und du verabschiedetest dich gerade. Leider war ich viel zu spät da. Aber es wurde »Zugabe« geschrien. Dann kamst du noch mal auf die Bühne. Nena!! Ich war wie hypnotisiert! So etwas habe ich ja nicht erwartet. Wie du auf der Bühne gelebt hast. Das war toll. Total unbefangen und von einem wahnsinnigen Selbstgefühl geleitet. Nena, ehrlich, das war stark wie Sau, ey! Mir stiegen die Tränen in die Augen, das hört sich für dich vielleicht übertrieben an, aber ich habe das wirklich so empfunden. Du warst, wie du immer bist, es ist nur irgendetwas Neues dazugekommen. Du warst mir völlig vertraut, und doch war irgendetwas ganz anderes dabei, was ich vorher nie an dir wahrgenommen habe. Etwas Fremdes, das ich nicht nachempfinden und nicht verstehen kann; eine ganz neue und andere Entfaltung als die, die ich miterlebt und mit dir geteilt habe. Auch mit diesem »Fremden« habe ich gemerkt, dass du dich, dein Wesen und deine ganz eigene Art nicht aufgegeben hast. Nena, ich musste dir das schreiben, weil es wirklich ein ganz starkes Gefühl war.
Süße Maus, ich küsse dich, umarme dich. Ich liebe dich, Nani

Wo war sie denn jetzt, die große, weite Welt?

WILLST DU MIT MIR GEHN

Im Hasper Jugendheim? In Berlin? Oder Wuppertal? England und Amerika kamen gar nicht in Frage. Das war mir zu fremd, obwohl ich in Englisch gesungen habe. Diese Sehnsucht in mir und die Sorge, was zu verpassen, haben mich sehr bedrückt damals. Sicher, die große, weite Welt hat auch was mit Reisen zu tun, aber dafür musste man ja nicht gleich nach New York oder London gehen. Jetzt war ich in Hagen, und auch hier musste es geheime Türen und Gänge geben, die zur Schatzkammer führten. Aber was für einen Schatz suchte ich denn? Auf jeden Fall keine goldenen Schallplatten, denn damals wusste ich nicht mal, dass es so was überhaupt gibt.
Und weil das Leben eben immer weitergeht, sind wir, THE STRIPES, in irgendeiner Schulaula in Hagen nach einem Konzert einfach so gekauft worden. Da kam nämlich die große Plattenfirma aus Frankfurt, weil sie von uns gehört hatte. Wie geht so was eigentlich, dass man von so was hört? Morphogenetische Felder oder Christian Schneider oder beides?

Wir sitzen wieder bei Rainer in der Wohnung, und es gibt was zu feiern. Wir haben uns nämlich kaufen lassen und unseren ersten Plattenvertrag unterschrieben. Rainer war mit einem Aktenköfferchen unterwegs zur Bank, um den Vorschuss abzuholen: 40.000.- DM! Als er zurückkam, haben wir die Scheine durch seine Wohnung fliegen lassen und sind komplett ausgerastet. So viel auf einmal hatte noch keiner von uns in den Händen gehabt, und jetzt war es einfach da.
Es hatte Geld geregnet. Und dann haben wir die Tausender irgendwann wieder eingesammelt und sie brav zurück in den kleinen Koffer gelegt. Wir hatten nämlich einstimmig beschlossen, dass damit was Sinnvolles passieren sollte. Und sinnvoll fanden wir es damals, eine eigene kleine PA zu kaufen. Damit waren wir unabhängiger und konnten öfter live spielen.

Einen Manager hatten wir in der Zwischenzeit auch. Ich glaube nicht, dass wir nach so einem dringend gesucht haben, aber mit einem Plattenvertrag in der Tasche ist so einer eben plötzlich da. Uli Wiehagen hieß er und war ein verrückter, netter Typ. Mit seinem verbeulten Ford Capri hat er uns oft zu den Gigs gefahren, und irgendwie haben wir in dieses Auto auch immer alle reingepasst. Wir waren ja nur sechs Leute und ein Hund. Der gehörte mir, hieß Baby, war sehr anhänglich und lag immer ganz geduldig und eingerollt vorne im Fußraum vom Beifahrersitz. Hauptsache, er durfte mit...

In Hannover gab es einen Laden, der hieß »Schwimmbadrestaurant«. Vielleicht gibt es den ja immer noch? Ein richtiges Kellerloch war das, und Platz war da für höchstens sechzig Leute. Allerdings waren sechzig schon ganz schön viel für uns, und meistens kamen viel weniger in unsere Konzerte. Aber darüber habe ich mir nie Gedanken gemacht. Ich hab mich immer gefreut, wenn überhaupt jemand da war. Mal zwei, mal sechzig, mal zehn. Auf jeden Fall kann ich mich an diesen Gig erinnern, weil ein paar Punker mit grün gefärbten Haaren und Bierdose in der Hand vorne direkt an der Bühne standen und Frank, der nicht mehr als einen Meter fünfzig von ihnen entfernt war, ein paarmal auf seinen Bass gespuckt haben, ich das ganz cool fand, aber auch ekelig, und auf den Feldbetten, die für die Bands hinter der Bühne in einem Verließ ohne Fenster, aber mit einer Neonröhre an der Wand standen, um benutzt zu werden und so die Hotelkosten zu sparen, auf keinen Fall schlafen wollte. Der bürgerliche Teil meiner Person weigerte sich strikt und fand, dass das eindeutig zu viel Rock 'n' Roll auf einmal war. Ich wollte lieber im Ford Capri übernachten, als auch nur einen Fuß in diese Gruft zu setzen. Wo ich dann tatsächlich geschlafen habe, weiß ich nicht mehr, aber ganz sicher nicht auf diesen siffigen, verrosteten Teilen. Daran könnte ich mich erinnern...

WILLST DU MIT MIR GEHN

Das war alles ziemlich romantisch. Wir sind viel unterwegs gewesen, haben selbst alles auf- und wieder abgebaut und uns auch manchmal mit fiesen Typen rumgeschlagen, die unser Geld behalten wollten, was meistens ohnehin nur unser Benzin fürs Nach-Hause-Fahren bedeutete.

Inspiriert und angefeuert von unserem neuen Leben, startete dann mein Freund Rolf bald seine ganz persönliche Befreiungsaktion...

Es klingelte...

Im Nadelstreifenanzug und mit seinem angeschremmelten Aktenkoffer in der Hand stand Rolf, der Speditionskaufmann, vor meiner Tür und kam direkt aus seinem Büro.
»Ich habe gekündigt«, sagte er.
Und ab da war er kein Speditionskaufmann mehr, das war konsequent.

Ich fing an, Schlagzeug zu spielen. Geübt hab ich nie, aber ich konnte Boom Bah...
Boom Bah war wichtig fürs Lebensgefühl, und damit bin ich dann in einer Mädchenband eingestiegen. DIE MAUSIS. Bei denen war ich genau zwei Tage. Schade, aber die Bassistin hatte ihren Bass viel zu tief hängen. Sie dachte, das sähe cool aus, aber sie kam ja kaum noch an die Saiten ran. Das war meine erste und letzte Erfahrung mit einer Mädchenband. Reicht auch.

Und mit meiner anderen Band war es dann endlich so weit. Wir hatten genug Songs geschrieben und uns in vielen Schulaulas, Miniclubs und Bierkellern warm gespielt, jetzt konnten wir endlich ins Studio gehen und unsere erste Schallplatte aufnehmen.

Der Schall dieser Platte ging nicht durchs ganze Land und war auch nicht in aller Munde, aber heute hat sie immerhin Sammlerwert.

Mit all diesen Dingen im Gepäck wurde es jetzt richtig eng in Hagen. Was sollte ich hier noch, und was sollte ich überhaupt? Ich wollte weg, und zwar schnell. Der letzte Versuch, hier doch noch was zu bewegen, waren neue STRIPES-Demos. In Hagen aufgenommen und in Hagen beerdigt. Denn das führte nirgendwohin. Schon eine Weile kam sie leise angeschlichen, die Nebelwolke, die Inspiration und Begeisterung frisst. Da war nichts mehr. Ganz gute Songs, ja, aber niemand, der so richtig bereit war, ihnen das Leben einzuhauchen. Der Nebel verdichtete sich, und dann war sie vorbei, diese Zeit. Einfach vorbei. Und es gab nichts zu trauern. Im Gegenteil. Jetzt ging es woanders weiter.

Andreas, immer noch einer der Männer aus Frankfurt, rief mich an und machte mir ein unseriöses Angebot. »Nena, wir würden deinen Vertrag gerne verlängern.« Der Teil war erfreulich, die STRIPES gab es nicht mehr, und ich wollte doch auf jeden Fall weitermachen... Wenn er nur nicht gesagt hätte: »Mach doch mal Kim Wilde auf Deutsch.« Das tat weh, und ich hab ihn ausgeschimpft: »Wie kannst du so was sagen, ich liebe Kim Wilde, aber ich heiße Nena, und wenn dir das nicht reicht, geh ich woandershin...«
Aber wenn man Kim da rausnahm, dann blieb immer noch sein Impuls, deutsche Texte zu schreiben. Anfangs konnte ich mir das überhaupt nicht vorstellen, in meiner eigenen Sprache zu singen, aber ich wollte es ausprobieren. Auch bei Plattenfirmen gibt es Visionäre, und Andreas war so einer. Seine Idee war es auch, dass ich nach Berlin gehe und die SPLIFFER treffe. Das mache ich, hab ich gesagt, aber ich gehe nicht ohne Rolf, wir machen zusammen weiter. Das hat er verstanden und schickte uns beiden ein Flugticket von Düsseldorf nach Berlin, und ich werde nie vergessen,

wie sich das angefühlt hat, auf einmal in diesem Flugzeug zu sitzen. Nach Berlin war ich doch sonst immer nur mit der Bahn gefahren...

Deutsche Texte schreiben, mit einem Flugzeug in meine Lieblingsstadt fliegen, berühmte Leute treffen und denen was von mir erzählen? Nein, das war nicht zu viel, das war genau das Richtige! Wen sollte ich denn überhaupt treffen? Die Nina-Hagen-Band? Bitte? Ich war Nena aus Hagen, ich hatte da wohl was falsch verstanden. Nein, nichts falsch verstanden. Nina Hagen hatte gar keine Band mehr. Jedenfalls diese nicht mehr. Sie nannten sich jetzt SPLIFF und hatten Lust, mit Nena aus Hagen was zu machen. Und da gab es wieder einen Küchentisch. Diesmal in Berlin mit »echten« Popstars und einem »echten« Manager namens Jim Rakete. Ich hab den Männern aus Berlin von mir erzählt und mich dabei nicht angestrengt oder mir besondere Mühe gegeben. Einfach geredet und ein paar Songs vorgespielt. Das fanden die überzeugend. Reinhold Heil und Manne Praeker wollten ein Album mit mir produzieren, und ich wollte endlich wieder eine richtige Band haben...

Ich war zu allem bereit und hatte längst die Koffer gepackt, um in die große, weite Welt zu ziehen. Und das war jetzt eindeutig Berlin. Rolf und Nena waren immer noch so was Ähnliches wie ein Paar und beschlossen, diese nächste größere Wende gemeinsam anzugehen. Das Wesentliche aus Hagen wurde liebevoll verpackt und mitgetragen in ein anderes Leben.

Also Rolf und mich gab es ja schon, und dann kam Carlo. Und wenn man eine Band gründen will, braucht man unbedingt einen Carlo, einen Uwe und noch einen Jürgen. Das Leben hat uns zusammengeführt, so als hätte es schon seit vielen Jahren in dem großen Buch der Pläne gestanden.

Alles lief wie von selbst.

Berlin war sehr gut zu uns, und aus Nena, Uwe, Carlo, Rolf und Jürgen wurde eine Familie. Wir hatten uns gern und wollten Musik machen, und innerhalb weniger Wochen gab es einen Probenraum und ein Lieblingscafé.

Rakete bot mir einen Mädchen-für-alles-Job an in seiner Fabriketage in der Zossener Straße. Sein Kreativzentrum und Treffpunkt für viele Berliner Bands und Musiker. Ich freute mich über alle Menschen, die dort ein und aus gingen, und Jim war der perfekte Herbergsvater. Ein Häuptling mit wohlriechender Friedenspfeife und immer mit dem schönsten, fettesten Mont-Blanc-Füller in der Brusttasche seiner Oberhemden, weil er damit gerne schönen Frauen schöne Briefe schrieb. Die ersten zwei Wochen bestand meine Aufgabe darin, ihn von morgens bis mittags am Telefon zu verleugnen, obwohl er mir gegenübersaß...
Er hatte seine Gründe für diese Unart, und in diesen Tagen haben wir uns öfter als einmal am Tag angeschmunzelt. Vielleicht hatten wir auch hin und wieder ein schlechtes Gewissen wegen der Lügerei. Auf jeden Fall lernten wir uns kennen. Und wenn ich jemanden kennen lerne und mich dabei wohl fühle, erzähle ich auch gerne mal von meiner Leidenschaft fürs Staubsaugen. Ich ahnte ja nicht, dass Jim den schönsten Staub-sauger besaß, den ich je gesehen hatte. Und da schmolz das letzte Stückchen Eis zwischen uns dahin wie Butter in der Sonne. Ich hab täglich und fröhlich Staub gesaugt in der Fabrik, und er hat mir oft und gerne dabei zugesehen. Später bekam ich dann von ihm zum Geburtstag jenes Modell Nilfisk in Chrom geschenkt, und er hätte mir keine größere Freude machen können.

Das Leben in Berlin war spannend. Wir trafen uns jetzt regelmäßig zum Proben und wollten rausfinden, wo die Reise denn eigentlich hingehen sollte. Der Gedanke, deutsche Texte zu schreiben, löste in mir zwar kein

Unwohlsein mehr aus, aber ich hatte auch noch kein einziges Wort zu Papier gebracht. Ich wartete auf die nötige Inspiration, um dieses Neuland zu betreten. Was für ein Quatsch. So große Angst vor meiner eigenen Sprache? Und dann, auf einmal war diese Zeile in meinem Kopf. Ich weiß bis heute nicht, von wo sie angeflogen kam, auf jeden Fall wurde ich sie nicht mehr los. Der einzige Mensch, zu dem ich damit gehen konnte, war Uwe. Zu ihm hatte ich von Anfang an ein tiefes Vertrauen, und ich musste jetzt wissen, ob ich das, was in meinem Kopf rumflog, aufschreiben sollte, um es zu »vollenden«, oder es einfach nur schnell wieder vergessen sollte. Wobei Letzteres schwieriger gewesen wäre, denn es hatte sich längst in mein System gefressen.

Uwe ist über eins neunzig lang, und ich stellte mich auf die Zehenspitzen, um an sein Ohr ranzukommen. »Ich hab heute nichts versäumt, denn ich hab nur von dir geträumt«, flüsterte ich ihm zu. »Wie findest du das?« Er lächelte mich an und flüsterte zurück: »Das is genial.«

Genial??

»Okay, dann ist das also genial«, dachte ich, bin nach Hause gegangen und habe den Text noch am selben Tag fertig geschrieben.

»Nur geträumt« wurde auf Vinyl gepresst und stand im Plattenladen rum. Da draußen passierte gar nichts, dafür hinterm Vorhang umso mehr. Wir hatten so viele kreative Schübe, dass uns zwischendurch angenehm schwindelig wurde, und innerhalb weniger Wochen waren Songs wie »Luftballons« oder »Leuchtturm« bereit, auf die Reise zu gehen. Und zwischendurch kam der 12. August 1982. »Musikladen«. Eine unbekannte Band aus Berlin trat auf in einer deutschen Fernsehshow, um einen Song zu präsentieren, der als kleine Schallplatte schon drei Monate gelangweilt im Regal gestanden hatte. Und diese kleine Schallplatte wollten am Tag nach unserem Auftritt 40.000 Menschen kaufen. Schon wieder diese Zahl. Jetzt war das auf dem Weg und nicht mehr aufzuhalten. Erst gab es nur eine Nena mit Stirn- und Schweißbändern und ein paar Monate später Tausende. Die Männer aus Frankfurt staunten nicht schlecht, und ich kam aus dem Staunen überhaupt nicht mehr raus. Was war denn hier los? Hä??? Die Ereignisse überschlugen sich, und dann kamen auch noch die »Luftballons«. Von den Männern aus Frankfurt übrigens erst als vollkommen unbrauchbar abgestempelt: Der Song sei nicht kommerziell genug.

Und was sonst noch so passiert ist, schreibt Claudia auf. Und ich vielleicht auch, wenn es mir weiterhin so viel Spaß macht. Jetzt gehe ich erst mal schlafen, und vorher drücke ich noch apfel s. Mein geliebtes apfel s, damit auch nichts verloren geht...

EIN JAHR FRÜHER

Juli 2002
Ich sitze mit eingeklemmten Knien im Charterflieger nach Mallorca, um Nena zu treffen. Sie macht dort mit ihren Kindern Urlaub und hat mich eingeladen. Es geht ums Buch, aber zunächst mal um uns. Ums Kennenlernen. Es ist fast wie ein Blinddate.

Ich starre auf den irgendwann vermutlich mal weiß gewesenen Kopfstützenbezug des Sitzes vor mir und muss plötzlich grinsen, weil die Situation so merkwürdig ist: Hunderte von Pauschal-Touristen vor, hinter und neben mir freuen sich auf ihren Jahresurlaub und beschäftigen sich

gedanklich mit dem richtigen Sonnenschutzfaktor, den günstigsten Bier-
preisen oder ihrer fehlgeschlagenen Bikinidiät - und ich treffe Deutschlands
bekanntesten weiblichen Popstar, damit wir uns »besser kennen lernen«!
Komisches Gefühl. Ich komme mir vor wie eine Geheimnisträgerin. Eine
Pauschal-Verräterin.
Ich beschließe, bei der Landung konsequent nicht zu klatschen. Damit
habe ich mich dann ja wohl zu erkennen gegeben.

Nena - werde ich sie überhaupt mögen? Werden wir klarkommen?
Vielleicht ist sie ja völlig beknackt und überdreht...
Ein Buch schreibt man jedenfalls nicht einfach so. Da muss schon die
Chemie stimmen...

Ich reiße mich vom Kopfstützenbezug los, atme so tief in den Bauch,
dass meine Yogalehrerin stolz auf mich wäre, schließe zur besseren
Konzentration die Augen und rekapituliere, was ich über mein Blinddate weiß.

Bei Nenas legendärem »Musikladen«-Auftritt 1982 war ich fünfzehn.
Ganz Deutschland hat sich damals kollektiv in sie verliebt - innerhalb von
drei Minuten! Ich saß mit meinen nervigen kleinen Schwestern vor dem
Fernseher, und die beiden hielten endlich mal die Klappe. Weil ihnen der
Mund offen stand. Mir auch. Da wirbelte eine Frau durch diese öde
Musikshow, die uns den Atem anhalten ließ. Nenas Lässigkeit, ihr Tanzstil,
ihre Frisur, ihre Power, ihre Frechheit und ihr roter Minirock - so was hatten
wir noch nie gesehen! Ich wollte sofort so werden wie sie! So würde das
Leben wunderbar werden - das war völlig klar. Sie war ja der Beweis. Ich
habe zwar nie kapiert, was »Alles, was ich an dir mag, ich mein das so,
wie ich es sag« eigentlich bedeuten sollte, aber das war ja auch egal. Ich
beschloss, ab sofort auch alles so zu meinen, wie ich es sage. Besser

isses. Für einen Stufenschnitt waren meine Haare zu dünn, aber ich habe nur noch mit Armen über dem Kopf getanzt.

Drei Jahre später war es plötzlich uncool, Nena gut zu finden - und ich wurde erwachsen. Beides doof. Ich räumte die Platten ganz nach hinten in meine Sammlung, nahm die Poster wieder von den Wänden und stellte mich dem Ernst des Lebens. Bei mir hieß er allerdings Sven.

Erwachsen werden war anstrengend und nahm viel Zeit in Anspruch. Cool zu werden noch viel mehr: Man musste die richtigen Klamotten tragen, die richtigen Sachen sagen, die richtigen Getränke bestellen und - vor allem (!!) - die richtige Musik hören. Nena gehörte nicht dazu. Leider? Ich weiß es nicht. Es war halt so. Ich habe sie einfach aus den Ohren verloren.

Die Nena-Schlagzeilen der letzten Monate und Jahre tickern an meinem geistigen Auge vorbei:

Nena, der Superstar. Nena, die Schicksalsgebeutelte, die den Tod ihres ersten Kindes verkraften muss. Nena, die spirituell Suchende. Nena, die Mutter von fünf Kindern. Und schließlich: Nena, das »Phänomen«! Die Frau, die mit zweiundvierzig Jahren jünger aussieht als andere mit zweiundzwanzig und gerade das »Comeback des Jahres« hinlegt.

Gibt man das Stichwort »Nena« in der Suchmaschine ein, findet man über 347.000 Einträge und erfährt doch nichts über sie. Klar, da steht alles über die Auf und Abs ihrer zwanzigjährigen Karriere, ihre vielen Top-Ten-Hits, ihre Unmengen an Gold- und Platin-Platten, ihren internationalen Erfolg und ihre privaten Tiefschläge. Zahlreiche Artikel versuchen das »Phänomen Nena« zu begreifen und stammeln entzückte Analysen vor sich hin. Und es gibt jede Menge unbeantworteter Fragen:

Von Stress zerzauste Mütter fragen sich, wie Nena vier Kinder und Karriere vereint. Jo-Jo-Effekt-Opfer wollen wissen, wie sie ihre Traumfigur hält. Frauen, die zwanzig Jahre jünger aussehen wollen, fragen sich, warum Nena zwanzig Jahre jünger aussieht. Verzweifelte wollen wissen, wie sie über ihre Schicksalsschläge hinweggekommen ist. Kinder wollen wissen, wie sie als Mutter ist. Gehetzte Hausfrauen fragen sich, wo sie die Zeit und Kraft hernimmt, mit zweiundvierzig für ihren ersten Halbmarathon zu trainieren. Und bestimmt fragen sich nicht gerade wenige Männer, ob sie gut küssen kann.

Und ich??? Was frage ich???

Was will ich eigentlich von ihr wissen? Und warum will ich überhaupt?

SCHEPPER!!! Die Stewardess knallt mir mein Essen auf den Klapptisch.

Wer oder was ist Nena? Und vor allem, was ISST Nena? Wieso ist sie so dünn und ich nicht?

Ich beiße von meinem Brötchen ab, und mein Blick schwebt durch das mit Eiskristallen übersäte Plexiglas auf Wattewolken.

Was für ein Mensch ist Nena? Wie lebt sie? Wie ist sie als Tochter? Als Mutter? Als Schwester? Als Freundin? Als Geliebte? Als Chefin? Was ist ihr Motor? Was treibt sie an? Warum ist sie so glücklich - ist sie überhaupt glücklich?

Was sind ihre Schattenseiten? Was ging ihr unter die Haut? Was berauscht sie - was hat sie ernüchtert? Was hat ihr den Boden unter den Füßen weggerissen? Für wen hat sie Berge versetzt? Wovor hat sie Angst? Was langweilt sie? Kann sie nett zu sich sein? Ist sie gern allein? Wann hat sie welche Falte bekommen? Was inspiriert sie? Was waren ihre schwersten Stunden?

Geht die Welt das überhaupt was an?

Ich kaue mechanisch auf dem Pappteig rum, bin kurz irritiert über dessen absolute Geschmacklosigkeit, denke dann aber lieber weiter darüber nach, wie spannend es doch ist, jemanden kennen zu lernen und ganz langsam sein Wesen zu erfassen. Stück für Stück zusammenzusetzen, bis sich ein Bild ergibt - wie ein Puzzlespiel. Wie lange wird es dauern, bis sie ihre Geheimnisse mit mir teilt? Hat sie überhaupt welche?

Was für versteckte Macken hat sie? Bestellt sie im Restaurant den Salat ohne Zwiebeln, die Blätter linksgedreht und das Dressing im Extragefäß, exakt zwanzig Zentimeter vom Teller entfernt? Kann sie nachts nur mit aufgedrehtem Fernseher und voller Beleuchtung schlafen? Hat sie Depressionen, Minderwertigkeitskomplexe? Ängste? Wie funktioniert ihre Welt?

Noch ein Biss vom Brötchen.

Wie weit muss ich an Frau Kerners Kern? Wenn sie lächelt, muss ich dann zum Beispiel wissen, was wirklich in ihr vorgeht? Ob das Lächeln echt ist oder ob es sie gleichzeitig innerlich vor Schmerz zerreißt? Geht es überhaupt darum, am Ende jedes Stirnrunzeln und jede Stimmlage deuten zu können – oder sollte ich mich besser darauf beschränken, knallhart Storys aus ihr rauszuholen?

KNISTER. RAUSCH. »... bringen Sie Ihre Sitze in eine aufrechte Position, und stellen Sie das Rauchen ein – wir beginnen mit dem Landeanflug...« Die Borddurchsage reißt mich aus meinen Gedanken. Ich habe die halbe Serviette mitgegessen, ohne es zu merken.

EIN PAAR STUNDEN SPÄTER

Ich fahre im Leihauto die Serpentinen hinunter, nehme eine letzte Kurve, und vor mir tut sich eine wunderschöne kleine Bucht auf. Türkisfarbenes Wasser, weiße Felsen. Es ist spät, die Sonne steht schon tief und wirft lange Schatten, hat aber noch erstaunlich viel Kraft.

Ich parke vor dem Strand, steige aus und erkenne Nena schon von weitem. Die Stimmung ist wohltuend friedlich, die Betriebsamkeit des Tages abgeklungen und der Strand fast leer. Die Touristen sitzen längst vor ihren Vollpensionsgedecken. Ich sauge die salzige Luft tief ein und freue mich an dem beruhigend rhythmischen Branden der Wellen.

Nena sitzt im Sand und guckt ihren beiden kleinen Söhnen beim Wellen-reiten zu. Ganz still, die Arme um die angezogenen Knie geschlungen. Ich komme von hinten näher und setze mich neben sie. Ganz unspektakulär.

»Hallo, Claudia, da bist du ja!«
»Hallo, Nena.«

Keine Lust auf bemühte Floskeln und verlegenes Lossabbeln. Nicht reden – erst mal fühlen. Schweigen. Das geht. Auch ich gucke aufs Meer und bin sogar seltsam entspannt dabei. Nur einmal ganz kurz fällt mir ein, dass ich hier neben Deutschlands erfolgreichstem weiblichem Rockstar sitze. Nass und frierend kommen ihre Kinder angerannt. Genug gesurft. Den beiden ist kalt – der Aufbruch schnell. »Komm doch nach dem Essen zu uns«, ruft Nena mir beim Weggehen zu.

ABENDS

Pollensa. Eines der wenigen ursprünglichen Städtchen auf Mallorca. Enge Gassen, alte Steine, Mittelalterflair durch eine beeindruckende Kathedrale. Ich steige eine endlose Treppe zum Himmel hinauf, um Nena zu finden. Das Häuschen ist in einem Gassenviertel versteckt. Versteckt, weil es so unscheinbar ist. Das sieht hier irgendwie alles gleich aus. Ich bin gespannt, was auf mich zukommt. Ein bisschen nervös klopfe ich an eine schwere Haustür. Die geht auf, und alles, was ich sehe, ist eine kleine Hand – an der Klinke. Ich schaue runter in ein klares, echtes, ganz berührendes kleines Gesicht. Simeon, Nenas jüngster Sohn, hat mir die Tür aufgemacht. Er guckt mich an und sagt nichts. Ich auch nicht. Es gibt auch nichts zu sagen. »Claudia, wir sind hier hinten«, ruft Nena.

Ich gehe durch die dunkle Wohnung – angelockt von orangefarbenem Kerzenschein – und trete in einen kleinen, weiß getünchten Innenhof. Halb leere Rotweingläser auf einem runden Holztisch, darüber der unglaubliche mediterrane Sternenhimmel und ein Baum mit einer einzigen Zitrone daran. Auf der Mauer und in den Ecken brennen unzählige Teelichter. Die Nacht ist lau. Und laut: Mindestens acht Kinder toben und wuseln kreischend herum. Am Tisch sitzt ein dunkelhaariges Mädchen, etwa zwanzig. Nena telefoniert am Handy und rennt dabei ständig auf und ab. Sie scheint schlechte Laune zu haben. Sehr schlechte Laune. Sie redet sich so in Rage, dass sie rausgeht. »Hör mal zu, so läuft das nicht...« ist der letzte Satz, den ich mitkriege. Ich setze mich zu dem dunkelhaarigen Mädchen. Wir kommen ins Gespräch. Dominique heißt sie und ist die Tochter einer von Nenas besten Freundinnen. Sie ist hier, um Nena ein bisschen mit den Kindern zu helfen – aber auch, um Urlaub zu machen. Sie ist mit Nena aufgewachsen, und deren momentane schlechte Laune entlockt ihr nur ein müdes Grinsen. »Willste auch Rotwein?«, kommt statt einer Erklärung. Wir reden über meinen Flug und unsere gemeinsame Flugangst.

Nena kommt zurück. Dominique guckt sie fragend an. »Das sind doch alles Idioten!«, sagt Nena, sieht meinen bestürzten Blick, lacht und lässt sich neben mich auf den Stuhl fallen.
»Boah, würd' ich jetzt gerne eine rauchen...!«
»Mach doch!«
»Besser nicht. Ich würde gerne mal diszipliniert sein für 'ne Woche.«
»Ich dachte immer, du wärst superdiszipliniert!«
»Ja schon, aber wenn auch das Nichtrauchen zur Droge wird, finde ich das irgendwann langweilig. Und dann rauche ich wieder – ganz diszipliniert!«

Bitte? Diesen Satz verstehe ich genauso wenig wie damals diese Zeilen von »Nur geträumt« – aber ich werde sie jetzt nicht um eine Erklärung bitten.

Auf jeden Fall raucht sie jetzt und nimmt einen Schluck Rotwein. Tiefbraun ist sie, trägt Flipflops, einen olivgrünen Minirock, und ihre Haare sind zurückgebunden. Wir reden darüber, womit wir überhaupt anfangen und was drinstehen soll in unserem »Nena-Buch«, und

schreiben eine lange Liste mit Ideen. Immer wieder kommt ein Kind an, klettert auf ihren Schoß (»Komm her, mein Süßer« – »Süßer« mit ganz langem »üüüüü«), zupft an ihrem Rock, hat eine Frage, erzählt was oder braucht Trost für drei Heulsekunden. Vier von den Kindern sind ihre – die Zwillinge Larissa und Sakias, beide dreizehn, Samuel, sieben, und Simeon, fünf –, der Rest sind Ferienfreunde aus der Nachbarschaft. Ich habe das Gefühl, es werden dauernd mehr. Eine konzentrierte Unterhaltung wird zunehmend schwieriger. Man bekommt praktisch keinen Satz zu Ende. Die Hälfte der Kinder hat sich gerade ein Spiel ausgedacht, bei dem man brüllend von oben nach unten durchs Haus jagen muss. Simeon fragt schon zum dritten Mal: »Mama, machst du mir das Auto auf?«
Nena: »Wofür?«
Simeon: »Ich will meine Karte holen!«
Nena: »Was für 'ne Karte?«
Simeon: »So 'ne rote!«

Nena will gerade antworten, als Larissa türenscheppernd über den Hof sprintet und hektisch im Bad verschwindet. Nena wirft Dominique einen fragenden Blick zu, die nur vielsagend die Augenbrauen hochzieht. Dominique sagt irgendetwas, das allerdings niemand versteht, weil die Kinderhorde gerade mit Höllenlärm wieder eine Runde dreht. Stühle werden umgeschmissen, eine Flasche fliegt runter. Sakias zieht dreckige Klamotten aus der Waschmaschine, die er tropfnass über den Boden schleift, und hält Nena ein fleckiges gelbes Puma-T-Shirt vor die Nase. »Mami, geht das noch?«

Simeon: »Mama, die Karte!!«

In dem Moment flitzt Larissa wieder aus dem Bad. Breit grinsend.

Dominique raunt mir zu: »Die knutscht gerade mit ihrem ersten Urlaubsflirt und putzt sich zwischendurch dauernd die Zähne...« Aha. Is klar...

Samuel und die Kinderhorde sind wieder da und wollen Kekse.
Samuel: »Darf ich das Ganze?«
Simeon: »Mamaaaaa!!!! Die Karte!!!!«
Sakias: »Mama, könntest du noch was waschen, das bis morgen trocknet?«
Nena (zu Simeon): »Gleich, mein Süßer!« (Zu Sakias:) »Was denn?«
Sakias: »'ne Jeans!«

ZACK! Das war ein Keks. Wie der an meinen Kopf kommt, weiß ich nicht. Plötzlich geht auch noch von außen Lärm los. Irgendeine Rockband. Bestürzend schlecht. »Das sind die Alcoholics«, klärt Nena mich auf und kriegt einen Lachanfall, als sie mein fassungsloses Gesicht sieht. Ich weiß gar nicht, wohin ich zuerst gucken, was ich zuerst wahrnehmen soll. Hier laufen gerade acht verschiedene Filme, die alle ineinander greifen. Ich wollte mir eigentlich in Ruhe die Kinder angucken. Und Nena natürlich...

KRACH!! Das kam aus der Toilette. Simeon ist beim Pinkeln irgendetwas runtergestürzt. Sakias hält immer noch das T-Shirt hoch. Dominique rast zur Toilette: »Ist nicht schlimm, Süßer. Ist überhaupt nicht schlimm!«

Nena: »Was issn alles ins Klo gefallen?«
Dominique: »O jeeee, meine Kulturtasche!!!«
Simeon: »Ja, eine Tasche!«
Nena: »Neeeeee!«
Simeon: »Ist nicht schlimm, Mami!«

Als Simeon und Dominique versuchen, die Tasche aus dem Klo zu fischen, kracht der Rest des Bordes hinterher. Dominique schreit laut auf. Es ist wie im Slapstick-Kino. Das totale Chaos. Wir lachen, bis wir uns fast in die Hosen pinkeln. Nena hält sich die Hände an den Bauch, Tränen laufen ihr übers Gesicht.
»Dominique, hömma...«
»Bidde?«
Dominique guckt aus der Toilette. Das Haar zerzaust und eine Zahnbürste mit tropfenden Klopapierfetzen in der Hand.

Wir brechen auf unseren Stühlen zusammen. Japsen nach Luft. Kommen langsam wieder zu uns. Puhhh, wie befreiend.
Nena schenkt mir Wein nach und klirrt anschließend ihr Glas an meins: »Prost!« Der Schalk in ihren Augen ist nicht zu übersehen. Scheint ihr sichtlich Spaß zu machen, das Chaos hier.

Dominique hat das Klo wieder instand gesetzt und kommt zu uns zurück.
»Is alles gut!«
Grinsend streicht sie sich das Haar aus dem Gesicht.
»Da schwimmt jetzt nur meine Zahnbürste durch die spanische Kanalisation...«

Pause

Wir versuchen, uns wieder auf unsere Buchliste zu konzentrieren.
Das klappt genau drei Minuten lang, denn: Die Kinderhorde ist fertig mit »Durchs-Haus-Jagen« und versammelt sich um den Tisch, um mit den Streichhölzern zu kokeln. Ich gucke schon ein wenig skeptisch. Nena bleibt ganz ruhig. Der Tisch kippelt, Samuel zündet eine Papierfackel an.

WILLST DU MIT MIR GEHN

Die Flammen schlagen hoch. Nena: »Samuel, das brennt zu doll! Bitte
hör auf!« Samuel hat aber nicht die geringste Lust aufzuhören. Simeon
zerrt an seinem Arm, weil er die Fackel haben will, und legt sich dabei
halb auf den Tisch. Die Gläser kippen, Rotwein läuft über die Zettel und
auf meine Jeans. Uuuuups!! Lautes Kreischen und Lachen. Nena guckt
mich an und sagt, halb mitleidsvoll, halb entschuldigend: »Das ist nicht
immer so bei uns, Claudia!« (das hat sie im Laufe des Buches übrigens
mindestens dreihundert Mal zu mir gesagt) und legt mir dabei kurz
beruhigend die Hand auf die Schulter. Ich komme zu keiner Antwort.
Zwei heulende Kinder kommen an den Tisch, und das Lodern der
Fackel hat jetzt wirklich bedenkliche Intensität angenommen. »Schon
okay«, wollte ich sagen, »ich bin in einer Hippiekommune aufgewachsen,
in der sich zwanzig Kinder jeden Abend um drei Matratzen kloppen
mussten. Ich habe nur kurzzeitig vergessen, wie das war...« Ich finde
das total klasse hier. Es ist komisch, es ist chaotisch – es ist cool! Ich
fühle mich zu Hause. Auch als mein Rotweinglas zum zweiten Mal über
meine Hose kippt.

Ommmmmm!! Die Ereignisse überschlagen sich, es läuft alles immer
mehr aus dem Ruder. Die Kinder tanzen schreiend mit brennenden
Streichhölzern durch den Hof. Auf dem Tisch qualmt eine in Brand ge-
ratene Mückenspirale und setzt alles unter Nebel. Larissa flitzt wieder
vorbei. Zähneputzen die dritte. Irgendetwas zerrt an meinem Bein, auf
der anderen Seite drückt mir eine klebrige Kinderhand etwas Matschiges
in die Finger. Meine Nerven sind so überreizt, dass ich lachen muss. Das
ist einfach so viel Turbulenz hier, dass es nur noch komisch ist. Es ist wie
bei Loriot, wo der Typ nur das Bild gerade rücken will und am Ende das
ganze Haus über ihm zusammenstürzt.
Der Tisch kippt zum dritten Mal. Wir kriegen den absoluten Lachflash
und lachen und lachen und lachen...

»Lachen ist die beste Medizin«, bringt Nena, mühsam nach Luft schnappend, hervor, »hat schon meine Omi gesagt!«

Den letzten Satz kriegt sie kaum raus und rutscht vom Stuhl. Ich lache kreischend mit und weiß eigentlich gar nicht, warum (das war überhaupt nicht komisch), aber ich kann einfach nicht mehr aufhören. Der Magen tut weh, und auch mir laufen jetzt die Tränen übers Gesicht. Dominique nimmt zur Beruhigung einen tiefen Schluck Wasser aus der Flasche.

Nena, inzwischen am Boden liegend: »Meine Omi hat allerdings auch gesagt: ›Kind, du sollst nicht im Stehen essen – das macht dicke Beine!‹« Dominique verschluckt sich. Versucht, mit vollen Backen das Wasser im Mund zu halten, obwohl sie gerade losprusten muss. Und? Und? Und? Schafft sie's?

Nena – natürlich über die Grenze wollend – setzt noch einen drauf: »Ich hab mir dann immer bildlich vorgestellt, wie das Essen in die Beine rutscht und die immer dicker werden!«

Das war's! Wie eine Fontäne prustet Dominique ihr Wasser aus. Verschluckt sich. Hustet. Ringt nach Luft. Rutscht auch auf den Boden und krümmt sich vor Lachen. »Aua!! Hör auf! BITTE, Nena!!! Ich kann nicht mehr!!«

Larissa guckt irritiert herein. Sieht ihre Mutter und Dominique übereinander am Boden. Ist beruhigt und geht wieder.

Nena und Dominique klettern japsend wieder auf ihre Stühle. Dominique wringt das Wasser aus ihrem T-Shirt. Ich stelle die Gläser auf. Wir halten uns unsere schmerzenden Bäuche und atmen erschöpft durch. Ein un-

glaublich gutes Gefühl fließt durch meinen Körper. Lebendig, wohlig, Glück verströmend. »Schlapp gelacht« im wahrsten Sinne des Wortes. Ich fühle mich ganz leicht. Vielleicht, weil wir so viel Luft eingeatmet haben. Lach-Chill-out. »Lachen ist so genial. Ich liebe das«, sagt Nena. »Das muss ich von meinem Vater geerbt haben. Wenn ich den anrufe und sage: ›Hallo Papi, hier ist Nena‹, fängt der schon an zu lachen.«
Darauf stoßen wir an. Die Grundstimmung ist jetzt unheimlich vertraut. Wir sind zusammen völlig ausgeflippt und beruhigen uns gerade wieder. Aus der Nummer komm ich nicht mehr raus. Will ich auch gar nicht. Wir haben uns gerade durchs Lachen miteinander verbunden...

Eine halbe Stunde später sind die Kinder auf den Stühlen und Sonnenliegen eingeschlafen. Ein rührendes Bild. Plötzlich ist alles ganz still. Und während wir sie anschauen und den Frieden genießen, den sie ausstrahlen, sagt Nena, wie sehr auch sie die Stille mag. Irgendwann steht sie auf und trägt einen nach dem anderen ins Bett. Ich fahre nach Hause. Leer gelacht, ausgepowert wie nach einem Fünf-Kilometer-Lauf und dennoch total beschwingt.

An diesem Abend gab es weder Fragen noch Antworten. Das geht nur – wenn es eben geht!

NÄCHSTER TAG

Mittagshitze am Strand. Hellblaues Wasser und ein Himmel ohne Wolken. Ein Lager unter zwei Sonnenschirmen: tausend Handtücher und eine große Basttasche in der Mitte, gefüllt mit Bergen von Aprikosen und Tomaten. Ich trage einen optisch grenzwertigen Strohhut, unter dem ich mich fast totschwitze, und bin fassungslos, dass die Mitglieder der

Familie Kerner in der prallen Mittagssonne toben können, ohne zu verbrennen. Im Moment rast Nena im knallpinken Bikini gerade ihrem ältesten Sohn Sakias hinterher, und ich registriere ihre Cellulite-freien Beine.

Als sie Sakias eingeholt hat, buddelt sie ihn komplett im Sand ein, bis er aussieht wie eine ägyptische Mumie, und schmeißt sich anschließend brüllend auf ihn. Hält ihn durch erstaunlichste körperliche Verbiegungen gefangen. Ihre Gelenke müssen aus Gummi sein. Er schafft es trotzdem irgendwann, sich freizukämpfen, und stakst wie ein wiederauferstandener Toter über den Strand. Nena flüchtet laut kreischend: »Eine Mumie, eine Mumie!« Ein älteres englisches Ehepaar schüttelt den Kopf. Sakias läuft ins Wasser, wo Samuel und Simeon mit kleinen Styroporbrettern durch die Wellen surfen, um sich den Sand abzuwaschen.

Larissa bräunt sich, tauscht Blicke aus mit einem spanischen Jungen und rückt dabei posierend ihre Walkman-Kopfhörer zurecht. Nena ist fertig mit Toben und lässt sich neben mich aufs Handtuch fallen. »Ist das schön! Ich liiiebe es, unter freiem Himmel zu sein!«, sagt sie.

Lachend und patschnass kommen jetzt auch Samuel und Simeon angerannt. Sie haben Hunger, greifen in die Basttasche und essen ausgiebig Aprikosen und Tomaten. Der Saft der Früchte läuft an Simeons Bäuchlein runter. Irgendwann sind sie satt und toben wieder los. Nena lächelt ihnen hinterher und fängt an, mir eine Geschichte aus ihrer Kindheit zu erzählen...

DAS GELBE SCHLAUCHBOOT

»Meine Familie und ich machten Sommerurlaub in Spanien. Mein Vater, ein überzeugter Frühaufsteher, der immer ›was vom Tag haben‹ wollte, weckte uns jeden Morgen kurz nach Sonnenaufgang, um lange vor allen anderen Urlaubern mit uns alleine am Strand zu sein und die Ruhe zu genießen.

Es wurden Badesachen, Handtücher, Sonnenschirm, Essen und alles Nötige, was man eben so brauchte für einen Tag am Meer, in unser kleines gelbes Schlauchboot gepackt, das wir dann alle an den Strand trugen.

Nach dieser gemeinsamen Aktion hatte man normalerweise wieder seine Ruhe und konnte den Rest des Tages machen, was man wollte. Normalerweise. An diesem speziellen Tag nicht, denn heute hatte Papi ›was Tolles‹ mit uns vor. Einen Ausflug mit dem Schlauchboot! Juhu! Ich kann mich nicht erinnern, jemals zu irgendetwas weniger Lust gehabt zu haben. Nacheinander kletterten wir in das wild schaukelnde Gummiding. Ganz vorsichtig, weil das Boot immer mehr durchhing. Die ganze Sache war mir absolut nicht geheuer...«

»Warum? Hattest du Angst, dass ihr untergeht?«

»Ich weiß nicht. Vielleicht. Vor allem hatte ich Angst vor tiefem Wasser. Wenn es unter mir so undurchsichtig tief und schwarz wird – das fand ich als Kind schon unheimlich. TOTAL unheimlich!

Wir paddeln also los. Mein Blick fällt auf einen Aufkleber: ›Zugelassen für vier Personen‹. Wir sind aber fünf! Na super. Nane sitzt deshalb hinten auf dem Rand. Im Schlepptau haben wir eine Luftmatratze – für den Notfall, der hoffentlich nie eintritt! Platsch, platsch. Mit gleichmäßigen Schlägen rudert Papi uns aufs Meer. Am Boden bildet sich nach und nach eine lauwarme Pfütze, weil an den Rudern Wasser ins Innere läuft.

Fühlt sich an wie lauwarmes Pipi - und brennt auch so, weil mir durch das ganze Geruckel irgendwelche scharfen Plastiknähte den Rücken aufscheuern...«

Ich muss lachen. Nena auch. Ihre Sprechstimme ist kehlig, warm und leicht heiser, mit einer sehr eigenen Melodie: Sie streckt Worte, macht Pausen, und zwischendurch platzen ihr immer wieder die verschiedensten Arten von Lachen raus.

»Die Sonne brennt, es schaukelt, Papi paddelt gemütlich vor sich hin, der Strand wird immer kleiner. Eigentlich ist alles ganz entspannt. Eigentlich! Sobald ich versehentlich mal über Bord gucke, wird mir schummerig: Unter uns wird es immer tiefer. Und dunkler. Wer weiß, was da alles rumschwimmt? Kraken, die sich bestimmt mit ihren Saugnäpfen an unser Schlauchboot kleben. Haie, Riesenquallen, Schlangen, die mich umschlingen. Piranhas, die mich mit spitzen kleinen Zähnen in Sekundenschnelle zerreißen. Unbekannte Monster, die ... das reicht! Mir wird schlecht.
Ich mache die Augen zu und denke an mein Leben zu Hause. An den, in den ich gerade verliebt bin. An meine beste Freundin Nani. An mein kleines, schönes, gemütliches Zimmer... ›Verdammt!‹, brüllt Papi. Ich schrecke hoch und fange Nanes panischen Blick auf. ›Was ist denn?‹ ›Wir treiben ab!‹ Mein Vater rudert schneller und flucht vor sich hin. Verzweifelt versucht er, uns wieder an Land zu bringen, aber nichts geht mehr. Die Strömung ist zu stark und zieht uns immer weiter aufs offene Meer. ›Wir sind zu schwer! Wir müssen raus und schwimmen, sonst schaffen wir das nicht!‹ Schock! Jetzt in dieses kalte, tiefschwarze Wasser?? Scheiße. Nane guckt mich an und heult fast. Es nützt nichts. Wir müssen schwimmen. Misstrauisch gucke ich in die undurchsichtige Tiefe, während ich mich langsam runterlasse, die Beine zuerst. Es ist eiskalt

und grauenhaft unheimlich. Wir schwimmen sofort zur Luftmatratze und versuchen draufzuklettern. Dabei platzt der Pfropfen raus, und sie geht unter. In dem Moment habe ich wirklich Angst gekriegt. Schreckliche Angst! Ein Gefühl, das von unten an mir hochkroch und sich wie ein Stahlgürtel um meine Brust legte. Ich bekam keine Luft mehr, bin immer hysterischer herumgeplatscht und habe Wasser geschluckt. Das schmeckte ekelig salzig im Hals. Ich musste fast kotzen. Nane ging es genauso, das habe ich gesehen. Ich habe krampfhaft versucht, nicht daran zu denken, was da eventuell ganz plötzlich aus der Tiefe hochschnellen und mich runterziehen könnte. Meine Armmuskeln wurden lahm, und es fühlte sich so an, als ob ich einen Krampf im Fuß kriege. Oder was war das??? Iiiiiihhhhh – WAS WAR DAS??? Irgendetwas strich um meine Beine. Eiskalt, schuppig und riesengroß! Ich kriegte einen wahnsinnigen Schreck. Wenn das tatsächlich eintritt, wovor du die ganze Zeit Angst hast, wirst du fast starr vor Grauen. Ich gucke besorgt zu Nane, ob die zufällig gerade zuerst gefressen wird, und überlege, ob ich sie warnen soll oder ob es besser ist, ihr nicht noch mehr Angst zu machen. Da schreit sie schon. In dem Augenblick habe ich so eine Panik gekriegt, dass mir schwindelig wurde. Was auch immer das war, es würde uns gleich auffressen – das war völlig klar. Vielleicht auch erst nur einen Fuß abbeißen, und das würde wahnsinnig wehtun. Instinktiv habe ich die Knie angezogen und mit den Armen um mich geschlagen. Dadurch habe ich mich aber nur im Kreis gedreht, Unmengen von Wasser geschluckt und bin nicht vorwärts gekommen. Ich musste husten. Das Salzwasser hat in den Augen und im Hals gebrannt wie Feuer...

AUFGEFRESSEN UND ERTRUNKEN IM SOMMERURLAUB IN SÜDSPANIEN! – im Geiste sah ich schon, wie meine Klassenlehrerin meinen Mitschülerinnen die erschütternde Nachricht überbringt. Die Vorstellung muss irgendwie meinen Überlebenstrieb geweckt haben.

Nane packt mich am Arm, und verzweifelt versuchen wir beide, an Land zu kommen. Ich kann mich nicht erinnern, in meinem Leben jemals wieder so schnell geschwommen zu sein. Die Sekunden vor meinem sicheren Tod kamen mir vor wie Jahre. Zwischendurch rutschte mir immer wieder ein Bein runter, und sofort fühlte ich dieses glitschige Etwas...«

Nena guckt in Richtung Meer und grinst mich dann an.

»Dieses glitschige Etwas war unsere abgesoffene Luftmatratze, die wir längst auf dem Meeresgrund vermuteten. Sie hatte sich gar nicht vom Schlauchboot gelöst, aber das haben wir erst gemerkt, als wir alle wieder an Land waren...«

Sakias kommt aus Richtung Strandbar herangeschlurft und setzt sich zu uns in den Sand. Nena guckt ihm in die Augen und grinst: »Du hast dir ein ungesundes, ekelhaftes Softeis gekauft, und dann hast du es gegessen, stimmt's???« Er hat seine Mundwinkel nicht im Griff, muss lachen und dreht den Kopf weg. Dann schnappt er sich Larissas Kopfhörer und legt sich neben sie in die Sonne.

ABENDS

Wieder sitzen wir unter dem Baum mit der Zitrone – aber diesmal sind wir ganz alleine. Die Ruhe ist ungewohnt. Die Intimität, die dadurch entsteht, auch. Nena ist still und nachdenklich und pult am Kerzendocht rum. Irgendeine Band spielt ganz weit weg 70er-Jahre-Hits. Eine Katze jault, und ein Mofa knattert in der Ferne vorbei.

WILLST DU MIT MIR GEHN

»Wann warst du eigentlich das letzte Mal unbeschwert?«, fragt sie und guckt mich an.

Die Frage trifft mich – direkt in den Bauch – und bringt mich durcheinander. Ich bin nicht unbeschwert. Jetzt gerade nicht. Aber woher weiß sie das? Kann sie mir direkt in die Seele gucken, oder was? Ich versuche, irgendetwas Lässiges zu formulieren, gucke sie an – und plötzlich wird mir klar, dass es IHR nicht gut geht. Sie selbst ist der Grund für ihre Frage! Ich sage gar nichts. Schweigen. Nena ist in Gedanken. Sehr weit weg. Die Frage bleibt unbeantwortet im Raum stehen. Unbeschwert sind wir beide gerade nicht – so viel ist klar.

Während Nena gedankenversunken ein paar Krümel vom Tisch streicht, bleibt mein Blick an ihren Händen hängen. Ich habe die Angewohnheit, den Menschen auf die Hände zu gucken – und Nenas Hände erstaunen mich, weil sie auffallend schön sind: feinsinnig, zart, langgliedrig und trotzdem vital und kraftvoll. Hände, die vorsichtig anfassen. Mit denen sie ihrer Tochter sanft das Haar aus der Stirn streicht, auch wenn die gerade sehr hektisch ist. Die sie Simeon beruhigend auf den Solarplexus legt, wenn er auf ihrem Schoß sitzt, und sie langsam und rhythmisch in sein Ohr atmet, bis er ganz entspannt ist.

Ich nehme einen Schluck Wein, lasse mich vom Kerzenlicht hypnotisieren, und meine Gedanken treiben.

Nach ein paar Minuten gucke ich hoch – direkt in Nenas Augen. Sie hat mich beim Denken beobachtet und lächelt mich wissend an. Huch? Ich zucke kurz zusammen. Das ist sehr intim. Aber bevor ich verlegen werden kann oder versuche, die Situation durch Drauflosreden zu brechen, steht Nena auf, um eine Flasche Wasser zu holen.

Sie kommt zurück aus der Küche, füllt unsere Gläser und setzt sich wieder. Wir trinken Wasser, und ich frage sie: »Wann warst DU denn eigentlich das letzte Mal unbeschwert?«

Sie lehnt sich zurück, umschlingt ein Knie mit den Armen.

»Jetzt gerade bin ich nicht unbeschwert, aber seit einiger Zeit habe ich dieses Gefühl wieder öfter, und es gefällt mir. Unbeschwertheit ist eine schmerzfreie Zone, und wir haben alle ein Recht darauf...«

PENGGG!! Die Haustür fliegt knallend auf. Kinderlachen, helle, aufgeregte Stimmen, schnelle Schritte. Samuel, Simeon und drei andere Kinder platzen lärmend auf den Hof. Simeon klettert auf Nenas Schoß und zeigt ihr ein Plastikauto, das er bekommen hat. Sie bewundert es kurz, streichelt ihm über den Kopf, während er stolz daran herumspielt und gähnt. Zeit für mich zu gehen. Die Kinder wollen ins Bett.

ABENDESSEN

Für den nächsten Abend bin ich eingeladen, mit Nena, ihren Kindern und der Familie von Howard Jones, mit dem sie befreundet ist, essen zu gehen. Also sitze ich kurz nach Sonnenuntergang mit etwa fünfzehn Personen in einem mallorquinischen Restaurant unter freiem Himmel. Weiße Tischdecken, Kitsch-Springbrunnen, lila Glyzinienranken und alles, was so dazugehört. Leider auch völlig enthemmte Mücken, die selbst durch großzügigen Antimückenmittel-Gebrauch nicht zu bremsen sind. Patsch! Aua, schon wieder nicht erwischt! Das war bestimmt der siebenunddreißigste Stich...

Die Sonne verabschiedet sich mit einem roten Streifen über den Bergkämmen, und alle am Tisch sind entspannt und sehr körperlich von
einem Tag Toben und Baden am Strand. Die Haut brennt noch warm
von innen wie von der Sonne aufgeheizte Steine, obwohl die Luft schon
abgekühlt ist und lau darüber streicht. Ein Gefühl, das ein bisschen
high macht.

Nena sitzt mir gegenüber und ist so schön, dass es weh tut. In ihrem tief-
braunen Gesicht funkeln ihre Augen wie riesige, hellgrüne Edelsteine
und strahlen orangefarbenes Licht aus...

Ich nehme einen Schluck Wein und denke darüber nach, was Schönheit
eigentlich ist. Eine Blume ist schön, ein Pferd, die Filigranität eines Fliegen-
flügels, der das Sonnenlicht spiegelt...

Ist Schönheit Energie? Harmonie? Vitalität? Hat Schönheit eine Seele –
eine schöne Seele? Formt die innere Schönheit die äußere, und wenn ja:
Was ist innere Schönheit?

Nena erzählt mir von ihren Schwangerschaften und Geburten. Davon,
wie die Zwillinge sich eines Morgens erinnert haben, auf einem
Regenbogen in ihren Bauch gerutscht zu sein. Wie ihr die Kinder im
zweiten Monat der Schwangerschaft im Traum erschienen sind und
wie es für sie war, drei normale Geburten und zwei Kaiserschnitte
erlebt zu haben. Wie sie nach dem zweiten Kaiserschnitt Sakias von
seiner Magensonde befreit hat und nach drei Tagen nach Hause
gegangen ist, weil sie keinen Bock mehr auf Krankenhäuser hatte.
Wie ihr erster Sohn Christopher am gleichen Tag und zur gleichen
Zeit wie ihr Bruder Martin gestorben ist. Warum sie das Wort »Kinder-
erziehung« so unangenehm berührt. Und dass sie nicht das Gefühl hat,

dauernd aufpassen zu müssen, weil sie intuitiv spürt, wann irgendetwas ist.

Was sie da erzählt, wie sie es erzählt, wie sie lacht, wie sie aussieht und was sie ausstrahlt, berührt mich mit ungewohnter Intensität. Potenziert durch ihre ganz spezielle Energie. Ihr Charisma, das ausreicht, zehntausend Leute in einer Halle zu faszinieren – gebündelt auf nur eine Person. Ihren jeweiligen Gesprächspartner. Mich!!! Ich schaffe es kaum, ihr in die Augen zu gucken, weil ich innerlich jedes Mal ein bisschen zusammenzucke.

Wer ist das da vor mir?

Am nächsten Morgen fliege ich nach Hamburg zurück. Nena wird in den kommenden Wochen ihr neues Album »Nena feat. Nena« aufnehmen. Wir haben beschlossen, dass ich deshalb erst mal jede Menge Gespräche mit ihren Eltern, ihren Geschwistern und ihren engsten Freunden führe.

Auf dem Rückflug lasse ich die vergangenen Tage Revue passieren, und mir wird klar, dass dies eine echte Begegnung werden wird. Mit allem, was dazugehört. Alle Höhen, alle Tiefen, alles Glück und alle Schmerzen. Sie wird mir sicher nicht in zwanzig Tagen ihr Leben runtererzählen, damit ich in schnellen vier Wochen ein Buch daraus mache. Das hier wird anders sein als alles, was ich vorher gemacht habe – so viel ist schon mal klar.

Kurz vor Hamburg geraten wir in ein schweres Unwetter. Regen, Gewitter, dunkelgraue Wolken um uns herum. Das Bordlicht muss eingeschaltet werden. Die Blitze zucken links und rechts, während wir im Schaukelflug durch den grauen Nebel gleiten. Turbulenzen. Jede Menge

WILLST DU MIT MIR GEHN

Turbulenzen. Symbolisch für die nächsten Wochen und Monate? Vielleicht. Damals wusste ich noch nicht, dass ich ihr zur Beruhigung wie ein Mantra immer wieder sagen würde: »Jetzt isses ja nich mehr viel.« Ich wusste nicht, dass sie mich manchmal wahnsinnig machen würde – und ich sie – und ich wusste auch nicht, dass wir uns noch viel öfter einfach genial finden würden. Ich hatte auch ganz sicher nicht damit gerechnet, dass mich unsere Begegnung sehr verändern würde. Und hätte ich damals gewusst, dass es fast drei Jahre dauert – ich hätte es trotzdem gemacht!

Auf der Fahrt nach Hause schreibe ich ihr eine SMS, weil ich – im kalten, nassen Hamburg auf der Taxirückbank sitzend – plötzlich wehmütig an die sonnigen Tage mit ihr und ihren Kindern zurückdenken muss. Über ihre Antwort, die zwei Minuten später piepsend auf meinem Display blinkt, muss ich so breit grinsen, dass der Taxifahrer mich irritiert im Rückspiegel fixiert:

»liebe claudia... ich fand es auch sehr schön mit dir, und wenn wir so weitermachen, werden wir sicher noch reich und berühmt, schreiben mit sechzig bestsellerromane über die liebe und fühlen uns trotzdem genial... nena«

Liebesromane? In den nächsten Tagen werde ich ihre Eltern treffen. Die Geschichte ihres Kennenlernens, die sie mir erzählen, ist so romantisch, dass man daraus sicher auch einen Bestseller schneidern könnte...

EINE LIEBESGESCHICHTE

Hagen, Frühsommer 1958, Stadtverwaltungsgebäude.
Schreibmaschinengeklapper in einem typischen 50er-Jahre-Büro. Vor einem klobigen Schreibtisch mit schrägen Beinen sitzt ein auffallend hübsches Mädchen: große braune Augen, Pferdeschwanz, Pepitarock, Wespentaille und Ballerinaschuhe – Uschi, siebzehn Jahre alt. Lustlos füllt sie Formulare aus – oder was man sonst so tut, wenn man seit zwei Jahren eine Lehre als Sachbearbeiterin für Beihilfeanträge bei der Stadtverwaltung macht und im Vorzimmer des Bürgermeisters rumsitzt. Draußen hat der erste warme Frühlingstag die Vegetation explodieren lassen: Vögel zwitschern, Bienen summen, Blumen und Bäume stehen in voller Blüte. Es ist früher Nachmittag, und durch das große Kippfenster fallen die Sonnenstrahlen in Fächern auf Uschis Schreibtisch, sodass sie den Staub in ihnen tanzen sehen kann. Ein paar Minuten guckt sie dem Fusselballett fasziniert zu, dann ruft sie den nächsten Antragsteller herein.

Die Klinke wird gedrückt, die Tür geht auf, und eine Fata Morgana von einem Mann tritt ins Zimmer: dunkelhaarig, athletisch und geradezu unverschämt gut aussehend: Alfons! Er sieht sie, sie sieht ihn – und beide sind wie vom Donner gerührt. Wie ein Zehntausend-Volt-Blitz schlägt sie zwischen den vergilbten Aktenordnern ein – die wunderbare »Liebe auf den ersten Blick«. Er reagiert als Erster. Muss er ja auch, er kann ja nicht ewig wie gelähmt im Türrahmen stehen bleiben. Als er sich vorstellt und ihr etwas linkisch seinen Beihilfe-Antrag überreicht, schießt ihr das Blut ins Gesicht. Sie kann sich nicht erinnern, jemals in ihrem Leben so verlegen gewesen zu sein. Deshalb merkt sie auch nicht, dass das Papier in seiner Hand zittert, als sie es entgegennimmt. Unmöglich, ihm ins Gesicht zu schauen. Wie hypnotisiert starrt sie auf das Formular.

Ihr Blick bleibt auf seinem Geburtsdatum hängen: 5. März 1926. Der Mann ist zweiunddreißig! Vierzehn Jahre älter als sie! Kein Zurückschrecken, eher noch mehr Interesse: Mit Gleichaltrigen kann sie nicht viel anfangen. Als sie ihm endlich in die Augen blickt, weiß sie, dass es kein Zurück mehr gibt: Hier – genau hier in diesem lächerlich-spießigen Büro – steht er vor ihr: der Mann ihres Lebens!

Er bemerkt ihre Verlegenheit, es geht ihm bloß selbst nicht viel besser. Nachdem er mit brüchiger Stimme seine Daten runtergerattert hat, macht er ihr Komplimente über ihr Kleid und ihr Aussehen. Nicht sehr originell und nicht sehr wortgewandt, aber es kommt an: Sie wird rot und röter – aber sie beginnt strahlend zu lächeln. Die Energie zwischen den beiden ist so elektrisierend, dass das Zimmer eigentlich erbeben müsste. Als er sie schließlich fragt, ob er sie abends auf ein Eis in ein Café einladen dürfe, platzt ihr ein Ja heraus, ohne dass sie auch nur eine Sekunde darüber nachgedacht hätte.

Als Nenas Eltern sich an diesem Maitag kennen lernen, könnte der Kontrast ihrer Persönlichkeiten kaum größer sein:

Alfons Kerner wächst als drittes von insgesamt sechs Kindern in kleinbürgerlichen Verhältnissen in Breslau (heute polnisches Staatsgebiet) auf. Der Vater ist Polizeiobermeister, die Erziehung dementsprechend streng. Beide Eltern sind katholisch. Folge: sechs Kinder in neun Jahren. Ein Leben in moralisch einwandfreien, aber materiell bescheidenen Verhältnissen. Die Geschwister schlafen zu dritt in einem Zimmer, die Jüngeren tragen die Kleider der Älteren auf. Jeder Pfennig wird gespart, um den Kindern eine »bessere Zukunft« zu ermöglichen. Erfolgreich: Alle Kinder kommen aufs Gymnasium und lernen ein Instrument. Das Schulgeld, das damals für die ersten drei Kinder aufgebracht werden muss (zwanzig Mark für die älteste Schwester, achtzehn Mark für den älteren Bruder, zwölf Mark für Alfons), und die Honorare für die Musikstunden sparen sich die Eltern vom Munde ab. Alfons begreift die hohen Erwartungen früh – und erfüllt sie: Er ist ausgesprochen fleißig – und sportlich. Mit sechs Jahren meldet der stolze Vater ihn im Polizeisportverein an, wo er im Geräteturnen etliche Wettkämpfe gewinnt. Er lernt als einziges der Kinder Geige, alle anderen Klavier. Die Kinder musizieren zusammen, soweit es der Zeitplan zulässt. Es ist die Zeit des Nationalsozialismus und der Hitlerjugend: Pflicht, Gehorsam, körperliche Ertüchtigung und strenge Moral. Alfons Kerner wird davon tief geprägt bleiben.

Mit sechzehn wird er in ein Wehrertüchtigungslager eingezogen und ein Jahr später als Flakhelfer an die Ostfront geschickt. Er ist neunzehn, als er im März 1945 verwundet wird. Per Lazarettzug wird er quer durch Deutschland an den Bodensee transportiert. Er liegt noch im Krankenhaus, als die französische Besatzung einmarschiert und ihn als Kriegsgefangenen interniert. Was das bedeutet, ist heute kaum noch vorstellbar. Eine harte, einsame, entbehrungs- und arbeitsreiche Zeit – und das ist vermutlich noch milde ausgedrückt. Man muss kein Psychologe sein, um zu ahnen, dass man so eine Zeit nur übersteht, wenn man jede überflüssige Emotionalität, jede Form von Selbstmitleid und Weinerlichkeit in sich abstellt. Aber der junge Alfons Kerner besitzt den Überlebenswillen und die Selbstdisziplin, die körperliche Kraft und innere Stärke, die man braucht, um so etwas physisch und psychisch zu überleben. Das Prinzip Leistung wird zum Motor und zum Rettungsboot. Wer leistet, hat keine Zeit, von unangenehmen Gefühlen überrollt zu werden. Und Alfons Kerner leistet.

Nach zwei Jahren Gefangenschaft kommt er frei und macht sich auf die Suche nach seiner Familie – oder dem, was davon übrig ist.

WILLST DU MIT MIR GEHN

Über den Suchdienst des Roten Kreuzes erfährt er, dass seine Mutter Ostern 1946 aus Breslau vertrieben und mit seinen drei jüngeren Geschwistern in Viehwaggons nach Südlohn in Westfalen verfrachtet wurde. In dem kleinen Dorf an der holländischen Grenze findet die Familie wieder zusammen. Und es ist wie ein Wunder: Alle sind noch am Leben! Es muss ein Glücksstern über der Familie schweben, der sowohl Alfons und seinen Vater die Gefangenschaft als auch den Bruder seine Verletzung hat überstehen lassen.

Getrieben, endlich sein eigenes Leben zu beginnen, holt der mittlerweile einundzwanzigjährige Alfons in einem Förderkurs für Kriegsteilnehmer mit viel Ehrgeiz und Disziplin in nur einem Jahr sein Abitur nach. Sofort danach schreibt er sich an der Universität ein. Um das Lehramtsstudium zu finanzieren, schuftet er in den Semesterferien bis zum Umfallen im Bergwerk. Schon nach neun Semestern schließt er es mit dem Examen ab. Rekordzeit! Als Studienassessor wird er nach Hagen verwiesen, wo er seine erste Stelle als Gymnasiallehrer mit den Fächern Sport, Biologie, Latein und Geschichte antreten soll. Alfons ist nicht gerade begeistert von der grauen, schmutzigen Industriestadt, aus der überall die Hochöfen ragen. Er beschließt, sich spätestens nach einem halben Jahr um eine Versetzung zu bewerben. Aber er bleibt.

Ursula »Uschi« Stecher, geboren am 31. August 1940, wächst als einziges und deshalb besonders behütetes Kind eines Fleischermeisters und einer Buchhalterin in Hagen auf. Beide Eltern sind berufstätig, Uschi ist ein »Schlüsselkind« und lernt früh, den Haushalt zu führen. Die Eltern sind sehr liebevoll, der Vater wacht akribisch darüber, dass seinem einzigen Kind auch garantiert »kein Leid zustößt«.

Uschi ist ordentlich und pflegeleicht. Wenn sie aus der Schule kommt, macht sie sich etwas zu essen, erledigt ihre Hausaufgaben und räumt die Wohnung auf, weil sie weiß, dass sich ihre Mutter darüber freut, wenn sie nach der Arbeit erschöpft nach Hause kommt. Jeden Abend gegen sechs Uhr holt sie ihre Mutter von der Bahn ab. Der Weg nach Hause dauert eine halbe Stunde, in der die beiden viel reden und lachen. Das Verhältnis ist warm und nah. Weil sie großen Spaß daran hat, kleidet Frau Stecher ihre Tochter stets nach dem letzten Schrei. Schon als kleines Kind hat Uschi deshalb die schönsten Sommerkleider weit und breit. Besonders ausgefallene Modelle, die es noch nirgends zu kaufen gibt, lässt ihre Mutter für sie bei einer Schneiderin nähen. Petticoats, Wippröcke, Ballerinaschuhe.

Wenn sie aus der Schule kommt, hört Uschi Schmalzlieder von Caterina Valente aus einem schepperigen Transistorradio, träumt von James Dean und denkt über ihren Traumberuf nach: Hebamme möchte sie werden oder - noch besser - Medizin studieren. Das verängstigte Sicherheitsdenken der Eltern lässt diesen Traum leider früh platzen. Herr und Frau Stecher stellen sich für ihre Tochter eher »etwas Solides« vor. Eine Beamtenlaufbahn zum Beispiel. Also wird Uschi mit nicht ganz so sanfter Gewalt überredet, die Schule zu beenden, um eine Lehre bei der Stadtverwaltung anzufangen.

Mit fünfzehn macht Uschi ihren Realschulabschluss und beginnt im Schulamt Hagen eine Lehre als Sachbearbeiterin für Beihilfeanträge.

Als Alfons Kerner in Uschis Büro stolpert, ist sie siebzehneinhalb, in den letzten Zügen ihrer Lehrzeit und »so unfertig, wie ein Mensch nur sein kann« (Uschi über Uschi).

Zwei Extreme treffen aufeinander. Er: Kämpfer, Siegertyp, Kraftpaket.

WILLST DU MIT MIR GEHN

Stolz, eitel, gut aussehend, gebildet. Sie: Unschuld vom Lande, Schönheit im Dornröschen-Schlaf, unbedarft und »vom Leben noch nicht so viel gesehen« (Uschi über Uschi).

Als sie sich am Abend ihres Kennenlernens wie verabredet im Eiscafé treffen, ist alles zu spät. Es ist eher die volle Wucht des Schicksals als ein niedlicher Funke, der da überspringt, als sie verlegen in ihren Eisbechern stochern. Es ist Liebe – und zwar die ganz große. Sie verabreden sich für ein zweites Treffen. Uschi – schwerstverliebt – tut die ganze Woche kein Auge zu und zählt die Sekunden. Dann ist es endlich so weit. Sie stürmt aus dem Büro, springt zu Alfons ins Auto, und sie fahren ins Grüne. Dort sind sie zum ersten Mal ganz alleine – mit der Sommerwiese, dem Frühlingsduft und der untergehenden Sonne. »Eine Gelegenheit, unsere Beziehung zu vertiefen, die wir nicht ungenutzt ließen«, erzählt Nenas Vater.

Schön scheint er jedenfalls gewesen zu sein, der Ausflug ins Grüne, denn nach diesem Date will Alfons sofort heiraten! Uschi ist begeistert. Außer dass Alfons der Mann ihres Lebens ist, bietet ihr die Hochzeit die Möglichkeit, dem elterlichen goldenen Käfig zu entfliehen. »Meine Eltern habe ich damals als sehr einengend empfunden. Es gab keinerlei Freiheiten, ich musste immer zu einer bestimmten Uhrzeit zu Hause sein. Da bin ich nicht besonders gut mit klargekommen.« Einziges Problem: Mit ihren knapp achtzehn Jahren ist Uschi noch minderjährig! Damit die beiden das Aufgebot bestellen können, müssen Herr und Frau Stecher ihr schriftliches Einverständnis geben. Also wird Alfons Uschis Eltern vorgestellt. Die fallen aus allen Wolken, als er ohne Umschweife sofort um ihre Hand anhält, sind aber vom zukünftigen Schwiegersohn so begeistert, dass sie zustimmen. Alfons bietet schließlich alles, worauf sie Wert legen: Sicherheit, Ansehen und ein geregeltes Einkommen.

Am 4. Mai 1959, ein Jahr nach ihrem Kennenlernen, heiraten Uschi Stecher und Alfons Kerner im Standesamt von Hagen. In den Flitterwochen in Österreich beginnen sie sofort mit der Familienplanung. Beide wollen viele Kinder – und zwar möglichst schnell. Sie, weil sie keine Geschwister hatte und darunter sehr gelitten hat. Er, weil er viele Geschwister hatte und das sehr genossen hat. Sechs Wochen nach der Heirat ist Uschi schwanger.

Kurz vor der Geburt ihres ersten Kindes ziehen Nenas Eltern aufs Land, in ein wunderschönes altes Haus mit riesigem Garten. Die Schwangerschaft verläuft problemlos. Beide können es kaum erwarten, dass ihr erstes Kind zur Welt kommt.
An einem Donnerstag ist es endlich so weit. Am 24. März 1960 um 16.45 Uhr bringt Uschi im Hagener Marien-Krankenhaus eine Tochter zur Welt: Gabriele Susanne!

Der Vater ist stolz und überglücklich. Er wickelt, badet, füttert sie, trägt sie stundenlang auf dem Arm herum und erzählt ihr Geschichten: »Nena war ein Wunschkind.« (Alfons)

»SUMMS«

Der schlaksige Siebzehnjährige trägt das schlafende Baby auf dem Arm. Verzückt und gleichzeitig beschützend, stolpert er mit dem Paket durch den Sand – weniger darauf achtend, wo seine Füße hintreten, als vielmehr darauf, dass er bloß dieses Wesen nicht aufweckt.

Jörg, dem schlaksigen Siebzehnjährigen von damals, richte ich Grüße von Nena aus, und er freut sich, von ihr zu hören. Er will wissen, wie es ihr geht, und dann erzählt er ein bisschen von damals. Dieses »Damals« liegt immerhin vierzig Jahre zurück.

»Nenas Vater war mein Latein- und Sportlehrer und unsere Schule ein reines Jungengymnasium. Damals gab es so was noch. Und irgendwie hat es sich so ergeben, dass ich in Nenas ersten vier Lebensjahren ab und zu ihr Babysitter war. Besonders auf den Klassenreisen, wo sie ja immer mit dabei war. Sie liebte es, wenn wir mit ihr am Strand spielten, und wir liebten es, wenn sie uns ›Summs‹ nannte anstatt Jungs, weil sie kein ›J‹ sprechen konnte.«

Die kleine Nena ist ja nicht als Nena auf die Welt gekommen. Gabriele Susanne sollte ich heißen und wurde auf diesen Namen getauft. Das war offiziell und beurkundet. Die ersten zweieinhalb Jahre meines Lebens war ich aber trotzdem eine Namenlose, denn ich kann mich nicht erinnern, dass mich irgendjemand Gabriele oder Susanne genannt hätte, und ich weiß bis heute nicht, woran das lag. Wahrscheinlich aber haben meine Eltern doch irgendwie gespürt, dass dieser Name sich nicht mit mir verbinden wollte. Und wenn ich mir vorstelle, wie dämlich Erwachsene oft mit Kindern reden, dann müsste sich das bei mir ja ungefähr so angehört haben wie: »Ja, wo ist denn unser kleines Gabrielchen?« »Ach, ist sie nicht süß, die kleine Susi?« Oder: »Nein, ist die kleine Gabi wieder gewachsen!« Wie gut, dass für mich etwas anderes vorgesehen war.

Es war Sommer, und wir machten Urlaub am Strand von Alicante. Ich spielte dort jeden Tag mit spanischen Kindern, und weil sie meinen Namen nicht wussten (ich hatte ja auch gar keinen), nannten sie mich Ninja (die Kleine)... Aus meinem Mund hörte sich Ninja an wie Nena.

Meinen Eltern gefiel das genauso gut wie mir, und so ist der Name in mein Leben gekommen und geblieben, der zu mir passte. Das wurde ja auch langsam Zeit, denn schließlich war ich schon fast drei. Sollte es doch noch irgendwo in mir eine Gabriele geben, kann sie sich ruhig mal bei mir melden, ich habe nichts dagegen. Bisher bin ich ihr jedenfalls noch nicht begegnet.

Halt, Nena! Das stimmt doch gar nicht! Erinnere dich doch nur mal an die vielen Strafzettel, Anmeldeformulare, Notarbesuche, Prüfungen, Banken, Ämter, Saisonkarten fürs Freibad, Vollmachten und Schallplattenverträge in deinem Leben. Sie erledigt das für dich. Gabriele unterschreibt, denn sie darf das ... du nicht. Sie ist die Offizielle von euch beiden. Und Nena, du könntest ruhig mal etwas netter zu ihr sein.

AUGUST 2002

Ich bin mit Nena in ihrem Haus in einer Hamburger Vorstadt verabredet. Es ist das erste Mal, dass wir uns nach Mallorca wiedertreffen, und außer dass ich mich freue, sie wiederzusehen, bin ich total gespannt, wie sie wohnt. In den Bergen von Archivmaterial, die sich in meinem Arbeitszimmer stapeln, habe ich keine einzige Homestory entdeckt. Wie wohnt Nena – das scheint ein gut gehütetes Geheimnis zu sein.

Ich parke vor einem wunderschönen alten Haus mit riesigem Garten. Alles grün, wild und freundlich. Als ich zur Tür gehe, bellt mich ein Hund an, Kinder toben durch das Gras, überall liegt Spielzeug. »I believe in angels« lese ich über der Tür, als ich den Klingelknopf mit der orange-farbenen Sonne drücke. Larissa macht mir auf. Ich freue mich, sie wiederzusehen. Wir begrüßen uns herzlich. »Claudia, ich komme gleich«, höre ich Nenas Stimme von oben rufen. »Kannst du bitte deine Schuhe ausziehen?«

Meint sie das ernst? Das hätte ich jetzt nicht von ihr erwartet. Aber okay, wenigstens habe ich einigermaßen frische Socken an. Als ich auf meinen grauen Strümpfen die Treppe hochtapere, fühle ich mich ein bisschen demontiert, weil mein Outfit ohne Cowboystiefel ziemlich bekloppt aussieht.

Larissa zeigt mir kurz das Erdgeschoss: große Räume, warme Farben. Ein helles Wohnzimmer mit niedrigem Tisch und flauschigen Sitzkissen drum herum, ein Esszimmer mit einem langen, massiven Holztisch, ein weißer Flügel im Musikzimmer, ein Ruheraum in Karminrot mit bunten Stoffen, vielen Büchern und Blick auf Terrasse und Garten. Im ersten und zweiten Stock sind die Schlafzimmer, und ganz unten, wo früher mal ein Keller war, hat Philipp sich sein Studio gebaut. Am Treppengeländer läuft eine Murmelbahn, aus alter Pappe gebastelt, vom Dach bis zum Keller. »Das haben die Kleinen gebaut, die denken sich dauernd so was aus«, erklärt Larissa. »Aber Mami hat auch ganz nette Ideen zwischendurch: Sie hat neulich aus alten Steinen, die bei uns im Garten rumlagen, ein Mäuselabyrinth gebaut, und dann ist sie losgefahren und hat im Zoogeschäft alle Mäuse gekauft, die sie kriegen konnte. Es sollte ein Experiment werden.«

Larissa guckt mich an und lacht, als sie daran zurückdenkt. Aber bestimmt auch, weil ich so irritiert aussehe.

»Wir hatten viel Spaß dabei, dreißig Mäusen beim Rennen durch die Irrgänge zuzusehen. Am Ende haben wir sie alle laufen lassen – bis auf eine. Die hat gerade im Kaninchenstall Junge gekriegt – ich glaube, zwölf Stück! Sobald die so weit sind, bringen wir sie raus, an einen schönen Ort. Wir wollten unbedingt einmal im Leben Mäusebabys sehen!«

Aaaah ja! Ich gucke die Treppe hoch. Auf dem Fensterbrett steht ein Aquarium mit schillernden Fischen, davor lauert eine Katze.

Wir gehen in die Küche, von der aus eine Terrasse in den Garten führt. Große Schüsseln mit Tomaten und Gemüse und Schalen mit Früchten stehen herum. Ich nehme mir eine Tomate. Schmeckt wahnsinnig lecker. Ich muss Nena unbedingt fragen, wo sie die herhat.

Hund Nemo kreist um meine Beine, stupst mir seine nasse Schnauze in die Hand und will gestreichelt werden. Die Atmosphäre im Haus ist warm, locker und sehr lebendig. Ich fühle mich wohl. Ich setze mich und kraule ein bisschen in Nemos sandfarbenem Fell. Ich habe nicht viel Erfahrung mit Hunden, und, ehrlich gesagt, mag ich sie auch nicht besonders. Aber dieser ist speziell. Seine Annäherung hat nichts Anbiederndes. Es ist eher eine Art Kommunikation, und er ist dabei sehr vorsichtig. Seine hellbraunen Augen faszinieren mich.

Nena kommt von oben runter – die Haare noch nass vom Duschen. Sie ist gerade gelaufen und sieht gut durchblutet aus. »Na, Claudia? Alles gut?« Ich nicke und kraule Nemo hinter den Ohren. Er hält ganz still. »Den haben wir von El Hierro mitgebracht«, erzählt Nena. »Er hat eine Schwester, die Nena heißt! Komischer Zufall, oder?« Sie macht die Post auf, die auf dem Tisch bereitliegt, und ich berichte ihr, was ich in den letzten Tagen und Wochen durch ihre Eltern über ihre Kindheit erfahren habe. Besonders informativ wird mein Vortrag nicht: Dauernd klingelt ihr Handy, der Festnetzanschluss oder die Haustür. Permanent springt sie von ihrem Stuhl auf und rennt irgendwohin. So funktioniert das nicht. Soll es aber – deswegen bin ich schließlich hier. Folgerichtig brechen wir das Experiment »Gespräch in der Küche« ab und verlagern uns ins Wohnzimmer.

BRECKERFELD UND WIE MEIN LEBEN SO ANFING

Hier bin ich aufgewachsen, und hier habe ich mich gut gefühlt, das weiß ich genau. Ein Dörfchen, eingebettet in Wiesen und Felder, mit einer kleinen Kirche und einer Kirchenmauer und mit einem Bäcker, bei dem ich mir Brötchen aus der Backstube holen durfte, weil sein Sohn und ich beste Freunde waren. Vielleicht war er ja auch meine erste Liebe. Ich war jedenfalls vier und sehr glücklich, und über meine Erinnerungen und das Gefühl kann ich diese Zeit erfassen und spüren... Und wie fühlt sich das an? Gut! Und es berührt mich.

Ich war schon ein paarmal mit meinen Kindern in Breckerfeld, und das ist jedes Mal was Besonderes für mich. Heute sieht dort alles anders aus. Sie haben viele Häuser in die Gegend gestellt und dafür einen großen Teil der Wälder und Wiesen einfach platt gemacht. Aber unser Haus, meine alte Kirchenmauer und die Bäckerei gibt es noch, und das Gefühl meiner schönen Kindheit bleibt unberührt...

Besuch hatten meine Eltern so gut wie nie. Das lag sicher mehr an meinem Vater, denn in den Tiefen seiner Seele ist er am liebsten mit sich alleine, und Menschen im Allgemeinen ist er immer schon gerne aus dem Weg gegangen. Dabei war er alles andere als ungesellig und sehr beliebt bei Frauen. Er hatte nette Freunde und Kollegen und war ein Lehrer, den seine Schüler entweder gehasst oder geliebt haben. Dazwischen gab es nichts.

Meine Mami mit ihren neunzehn Jahren hat sich, glaube ich, in unserer Abgeschiedenheit auf dem Land nicht immer nur wohl gefühlt. Für mich als Kind war diese ländliche Ruhe etwas Wunderbares. Ich vermisste gar nichts. Um mich herum waren Wiesen und Wälder und ein Himmel, der meistens blau war. Und da war das alte schwarze Hollandrad meines Vaters, auf dem vorne ein Kindersitz für mich montiert war. Ich spüre heute noch den Sommerwind, der mir um die Ohren wehte, wenn er mit mir durch die Gegend radelte.

Mein Vater hatte seine ganz persönlichen Ansichten und ließ sich von nichts und niemandem etwas sagen. Er aß kein Fleisch, weil er sich davor ekelte, und Weihnachten hätte er am liebsten gar nicht gefeiert, weil er Pflichtfeiern dämlich fand und ihm das alles zu blöd war. Geheizt wurde bei uns so gut wie nie, und wenn, dann spärlich. Erstens wegen unserer Gesundheit, womit er ja Recht hatte, und zweitens wegen der Stromrechnung, womit er auch Recht hatte, denn das Geld, das übrig blieb, steckte er lieber in unsere Skiurlaube.

In seinem rechten Oberschenkel oberhalb der Kniescheibe steckte seit Jahren eine Gewehrkugel und hatte sich dort eingekapselt. Ein spezielles Mitbringsel aus dem Krieg. Das Ding saß direkt unter seiner Haut. Ich konnte es fühlen und mir dabei nur schwer vorstellen, dass da mal jemand auf meinen Vater geschossen hatte. Er musste mir immer wieder erzählen, wie die Kugel in sein Bein gekommen ist. Irgendwann hat er sie rausoperieren lassen.

Ja, und dann war mein Vater auch noch überzeugt davon, dass Männer, die Mützen tragen, früh eine Glatze kriegen. Ich habe ihn selbst im härtesten Winter nie mit irgendetwas auf dem Kopf rumlaufen sehen.

Meine Mutter war fürsorglich und liebevoll. Sie hat mir Puppenkleider genäht, wir haben gebastelt und jedes Jahr Ostereier angemalt. Sie ist mit mir zum Bauern gegangen, Eier holen, und ich durfte auf ihrer Nähmaschine kleine Taschen für Servietten nähen, denn die wollte ich meiner Omi und allen Verwandten, die ich nett fand, zu Weihnachten schenken.

Meine Omi kam regelmäßig zu uns und einmal im Monat, immer sonntags, auch die katholische Verwandtschaft aus Münster und Recklinghausen. Tante Trudel, Onkel Franz, Onkel Norbert, Tante Gertrud, unsere Cousinen und Cousins und manchmal auch Tante Ulla aus Stuttgart. Man aß Streuselkuchen vom Blech, trank Filterkaffee und redete über dies und jenes, und irgendwann am späteren Nachmittag redete man auch über den Papst. Das heißt, mein Vater und sein Bruder Franz taten das hauptsächlich, und bei diesem Thema fingen die beiden immer heftig an zu streiten. Mein Onkel Franz, ein streng katholischer Pfarrer und treuer Anhänger seines Obersten in Rom, fühlte sich persönlich angegriffen, wenn mein Vater anfing, sein Kirchenoberhaupt zu kritisieren, und mein Vater platzte vor Wut, wenn sein Bruder nichts von dieser Kritik annehmen wollte. Dieses Spiel wiederholte sich bei jedem Familientreffen.

Unser Onkel Franz, dem meine Geschwister und ich, als wir schon älter waren und unsere gemeine Phase hatten, immer ein Verhältnis mit seiner Haushälterin andichten wollten… Er war darüber nicht glücklich, aber er hatte trotz seiner gesteiften weißen Hemdkragen und seiner kirchlichen Strenge einen guten Humor, und ich mochte ihn.

Meistens um Punkt sechs Uhr abends verabschiedete sich die Familiengesellschaft, und es wurde allgemein wieder aufgebrochen. Ich war darüber nie besonders traurig. Ich freute mich ja über Besuch, aber vier Stunden mussten reichen für Streuselkuchen, eventuelle Wiedersehensfreude und den Papst natürlich.

Die große Abwechslung lag darin, dass wir auch hin und wieder mit dem

Auto zu ihnen fuhren, und dann aßen wir den Streuselkuchen nicht in Breckerfeld, sondern in Münster oder Recklinghausen und einmal im Jahr auch in Stuttgart bei Tante Ulla. Diese Ausflüge fand ich toll, hauptsächlich wegen der Reisen. Ich sah immer so gerne aus dem Fenster und träumte vor mich hin, während die Landschaft draußen an mir vorbeizog.

Und meine andere Welt damals? Die sah so aus...

Als ich drei Jahre alt war, entdeckte ich etwas an mir, das mir sehr viel Spaß machte. Ich konnte meine Eltern, wenn sie vor mir standen, in einen weißen, endlos langen Tunnel schicken und sie immer kleiner werden lassen. Sie schwebten dann rückwärts direkt in den Lichtstrahl hinein, bis sie nur noch so groß waren wie mein kleiner Finger...

»Mami und Papi, ich kann euch ›weitsehen‹...«
»Was kannst du?«
»Ich kann euch ›weitsehen‹.«
»Was meinst du damit, Nena, was heißt das?«
»Also ›weitsehen‹ geht so: Ihr steht vor mir, und ich gucke euch an. Und dann werdet ihr auf einmal immer kleiner, und ihr geht rückwärts. Und wenn ihr so klein seid, dass ihr fast nicht mehr da seid, hole ich euch wieder zurück... Mir wird dabei auch schwindelig...«

Ich lächle sie an und warte gespannt auf das, was sie jetzt sagen werden...

Sie sagen gar nichts und kriegen einen Riesenschreck.

Sie nehmen ihr Kind in den Arm und drücken es fest an sich. Und weil sie das Ganze so sehr beunruhigt, sitzen sie ein paar Tage später gemeinsam mit ihrer dreijährigen Tochter beim Kinderarzt Dr. X...

Und Dr. X hat eine Meinung: Ein Kind, das seine Eltern durch die Luft fliegen sieht und auch noch Spaß daran hat, muss entweder schwer krank oder verrückt sein. Seine Diagnose: »Verdacht auf Gehirntumor!« Sofortige Einweisung ins Kinderkrankenhaus mit einer dreiwöchigen Behandlung in Isolation. Keine Besuche, kein Spielzeug, kein Kontakt zur Außenwelt. »Das Kind braucht absolute Ruhe! Man muss jegliche Art von Aufregung vermeiden!« Die Eltern stimmten zu, denn man hatte sie bereits mit genügend Angst gefüttert und somit gefügig gemacht.

An diesen Abschnitt meines Lebens kann ich mich besser erinnern als an meine Kindergartenzeit...

Weiß getarnt als Retter in der Not und hoch gelobt von allen, kam Dr. X in mein Leben reinmarschiert. Ich war drei Jahre alt und hatte bis dahin noch nie ein Krankenhaus von innen gesehen.

Ich spürte, dass meine Eltern mir irgendetwas verheimlichten. Sie waren anders als sonst, und als wir durch die Eingangshalle des Krankenhauses gingen, in das sie mich brachten, wurde mir unheimlich. Da waren Menschen in Bademänteln und schlurften an uns vorbei. Manche von ihnen schoben komische Gestelle vor sich her, an denen Beutel und Schläuche mit verschiedenfarbigen Flüssigkeiten hingen. Ich hatte keine Ahnung, was los war, und fing an, mich richtig unwohl zu fühlen. Instinktiv griff ich nach der Hand meines Vaters, fest entschlossen, sie nicht mehr loszulassen...

Natürlich wollte ich ihn fragen: »Papi, was machen wir hier?« Aber ich traute mich nicht und wollte mich lieber ruhig verhalten.

Zügig gingen wir weiter in Richtung Fahrstuhl, stiegen ein und fuhren hoch auf die Kinderstation. Noch ein paar Schritte über die Flure, und wir standen vor dem Zimmer des Kinderarztes Dr. X. Mein Vater klopfte an die Tür, und wir wurden hineingebeten. Man sagte sich »Guten Tag«, und die Erwachsenen fingen an zu reden. Ich hörte nicht zu. Ich dachte an andere Dinge und daran, dass ich mich auf zu Hause freute, denn gleich würden wir ja wieder gehen.

Plötzlich hörten sie auf zu sprechen. Dr. X stand auf und nahm mich mit. Und noch ehe ich meine Eltern fragen konnte, wo der mit mir hinwollte, waren wir schon in einem anderen Raum, wo ein Bett direkt am Fenster stand.

»Wir werden dich jetzt mal untersuchen«, sagte er, und im selben Moment ging die Tür auf und noch zwei oder drei andere Leute in weißen Sachen kamen rein und direkt auf mich zu. Jetzt bekam ich richtig Angst. Ich rief nach meiner Mutter – keine Antwort. Ich rief lauter. Immer noch keine Antwort. Dann schrie ich nach meinem Vater und wollte aufspringen, aber sie hielten mich fest. Und als ich noch mal nach meinen Eltern rufen wollte, spürte ich plötzlich einen stechenden Schmerz in meinem Arm, und alles verschwamm vor meinen Augen...

Als ich aufwachte, wusste ich nicht, wo ich war. Ich lag in einem Bett mit weißen Gitterstäben, und außer mir war niemand da. Plötzlich ging die Tür auf, und Ärzte und Schwestern stellten sich um mich herum auf. Damals erschien mir der kleine Raum voll mit diesen Leuten, aber vielleicht waren es auch nur zwei oder drei. Das weiß ich nicht mehr. »Ich will nach Hause«, sagte ich. »Das geht nicht«, antwortete eine der Frauen. »Du bist sehr krank und musst ein paar Tage hier bei uns bleiben, damit du wieder gesund wirst, deine Eltern kommen dich morgen besuchen!« »Ich will zu meiner Mami«, jammerte ich.

»Das kannst du auch – später«, sagte sie.

Dann ließ sie die Gitterstäbe von meinem Bett runter, und eine Liege wurde reingefahren, auf der sie mich über die Flure in den Fahrstuhl rollten und mich in einen großen, gekachelten Raum brachten. Ich wurde unter eine riesige Lampe gerollt und sollte mich auf die Seite drehen.

»Zieh mal deine Beine an, und mach die Augen zu«, sagte jemand zu mir. Ich spürte etwas Feuchtes, Kaltes im Rücken. Und dann raste plötzlich ein Schmerz durch meinen Körper, der in meinen Händen und Füßen explodierte und mich völlig überwältigte. Es tat so weh, dass ich nicht mehr atmen konnte. Ich bekam keine Luft mehr. Ich wollte schreien, aber es ging nicht. Sie hielten mich fest, und ich spürte einen Druck in meinem Kopf, der sich so anfühlte, als würde er mir vom Hals an aufwärts bis zur Schädeldecke alles auseinander reißen...

Als ich später die Augen öffnete und langsam wieder zu mir kam, lag ich in dem Bett mit den weißen Gitterstäben. Ich hatte keinerlei Orientierung oder Zeitgefühl. Ich drehte meinen Kopf zum Fenster und sah raus in die großen Bäume, sie gaben mir das Gefühl, nicht ganz alleine zu sein...

Die Tür ging auf, der Arzt kam rein und holte mich in seine Welt. Ich hatte Angst vor ihm und fing an zu weinen. »Wo ist meine Mami?«, wollte ich wissen. »Du kannst deine Eltern gleich sehen«, sagte er. »Sie sind hier.«

Sie standen vor der Glasscheibe, durch die man vom Flur aus in mein Zimmer gucken konnte. Sie winkten mir zu. Meine Mutter und mein Vater. »Jetzt kommen sie rein zu mir«, dachte ich, »und bringen mich nach Hause...«

Aber sie kamen nicht. Sie blieben draußen stehen, lächelten liebevoll besorgt und rührten sich keinen Millimeter von der Stelle. Sie bewegten ihre Lippen und schienen irgendetwas zu sagen, aber durch die Scheibe konnte ich sie nicht verstehen...

Meine Eltern standen zum Anfassen nah, ich konnte sie sehen, aber sie durften nicht zu mir reinkommen. Ich konnte das alles nicht begreifen...
»Es ist zu anstrengend für dich, mit deinen Eltern zu sprechen«, sagte der Doktor, der immer noch bei mir im Zimmer war und wohl meinte, dass er mir eine Erklärung schuldig sei.
»Du bist sehr krank«, erklärte er, »und deshalb können sie nicht zu dir kommen. Aber du hast sie ja jetzt gesehen, und bald darfst du ja auch wieder nach Hause!« Jetzt wurde ich panisch... »Ich will zu meiner Mami«, schrie ich, denn ich konnte sehen, wie sie wieder weggingen, und ich sah auch, wie traurig sie dabei aussahen. Ich wollte aus dem Bett springen und hinter ihnen herlaufen, aber da waren die Gitterstäbe und Dr. X...

Am nächsten Tag ging alles von vorne los. Das Rollbett wurde reingeschoben, und ich wusste sofort, was sie mit mir vorhatten. »Muss ich noch mal dahin, wo es so weh tut?«, fragte ich. »Bringt ihr mich wieder in den Raum mit den großen Lampen? Bitte nicht«, flehte ich sie an. Vergeblich, niemand reagierte darauf. In dem Moment wurde mir bewusst, dass ich hier tatsächlich alleine war. Sie konnten mit mir machen, was sie wollten. Keine Eltern weit und breit, niemand, der mit mir sprach, und erst recht niemand, der mir erklärte, was hier überhaupt mit mir passierte und warum ich hier war.

Na ja, so was versteht ja ein dreijähriges Kind auch noch gar nicht, oder, Dr. X???

Nena lehnt sich zurück und atmet tief durch. Sie ist total aufgewühlt.

Ohne Betäubung pumpten sie mir übers Rückenmark Luft ins Gehirn, um irgendwelche Diagnosen zu stellen. Damals machte man das so. Drei Wochen haben sie mich eingesperrt und nach Belieben untersucht.

Ergebnis??? Fehldiagnose! Ich war kerngesund, und sie mussten mich wieder laufen lassen.

Sie zerpflückt eine Feige und kaut zur Beruhigung. Dann sieht sie mich an...

Du fragst dich, warum meine Eltern das zugelassen haben? Du willst wissen, warum sie ihr Kind einem wildfremden Mann überlassen haben im völligen Vertrauen darauf, dass er das Richtige tut? Schließlich hatte er ja den weißen Kittel an...

Sie dachten, ich sei ernsthaft krank, als ich ihnen von meinem »Spiel« erzählte. Sie konnten das nicht verstehen und auch nicht fühlen, dass das harmlos und sogar was Schönes für mich war. Kinder haben andere Wahrnehmungen, und Erwachsene, die damit konfrontiert werden, sind davon lieber eher verschreckt als begeistert. Sie kriegen dann Angst und denken, dass mit ihrem Kind etwas nicht stimmt. Auch meine Eltern haben damals so reagiert. Sie waren ernsthaft besorgt um mich, und ein Arzt war für sie der einzige Ausweg. Heute sehen sie das ganz anders.

Wenn der gute Doktor die Angst der Eltern dann auch noch schürt, statt Ruhe in die Situation zu bringen, hat er sie völlig unter seiner Kontrolle und kann mit ihnen machen, was er will. Sind Eltern schließlich an diesem Punkt, tun sie meistens uneingeschränkt alles, was der Arzt für ihr Kind verordnet...

Auf jeden Fall war das mit dem »Weitsehen« erst mal vorbei. Das hatten sie geschafft, und ich ahnte nicht, dass das nur der Anfang einer »interessanten« Reise durch die Welt der Schulmedizin war.

Ein paar Wochen nachdem ich aus dem Krankenhaus raus war, saß ich mit Halsschmerzen und meiner Mutter im Untersuchungszimmer beim Hals-Nasen-Ohren-Arzt Dr. Y. »Streck mir mal deine Zunge raus und sag ganz laut ›aaaahhh‹«, meinte er zu mir, nachdem er mir davor schon endlose Minuten in meiner Nase und meinen Nebenhöhlen rumgefummelt hatte. Ich machte also meinen Mund ganz weit auf und wollte »aaaahhhh« sagen. Ich kam aber gar nicht dazu, denn im selben Moment steckte er mir einen flachen Holzlöffel tief nach hinten in meinen Rachen. Das löste bei mir einen solchen Würgereiz aus, dass ich dem guten Doktor fast auf den Schoß gekotzt hätte. Das Gefühl war schrecklich, Tränen schossen mir in die Augen, und ich schnappte nach Luft. Irgendwie schaffte ich es aber und röchelte ihm doch noch ein klägliches »Aaaahhh« entgegen.
»Hast du gut gemacht, Kleine«, sagte er, zog das Ding wieder raus aus meinem Hals und drehte sich zu meiner Mutter: »Das Kind hat eine Mandelentzündung, und man muss die Mandeln so schnell wie möglich entfernen.« Dann ging er zum Waschbecken, und während er sich die Hände desinfizierte, erwähnte er beiläufig: »Machen Sie sich keine Sorgen, Frau Kerner, das ist ein Routineeingriff und geht ganz schnell. Mandeln nützen niemandem, sie sind überflüssig, und wenn man sie jetzt nicht rausholt, wird ihr Kind immer wieder diese Probleme haben...«
Klar, was hat Gott sich auch dabei gedacht, uns Mandeln in den Körper zu pflanzen. Wer braucht die schon?

Zum zweiten Mal landete ich im Krankenhaus. Sie schnippelten mir die »überflüssigen Dinger aus dem Hals« und warfen sie in den nächsten Mülleimer. Aus ihrer Sicht war damit das Problem gelöst und der Fall erledigt. Mandeloperationen waren eine echt modische Sache damals... Denn sie wissen nicht, was sie tun!

Als in meinem Hals alles wieder verheilt war, knöpfte sich der nächste

Mann (Arzt) meine unschuldigen kleinen Ohren vor. Läuft mit den Ohren was schief, kann man die jetzt nicht einfach so abschneiden und wegwerfen. Für solche Fälle hatten sie sich was anderes ausgedacht. Etwas, das damals auch sehr populär war...

Ich landete also mit heftigen Ohrenschmerzen und meiner Mutter bei einem Metzger, der sich Arzt nannte und der, nachdem er mich untersucht hatte, eine doppelseitige Mittelohrvereiterung diagnostizierte.

Dr. Z guckte ernst und sagte: »Damit ist nicht zu spaßen, wir müssen sofort die Trommelfelle durchstechen, damit der Eiter abfließen kann, sonst kommt es eventuell zu einem schweren Hörschaden bei Ihrem Kind.« Das reichte, um die Zustimmung meiner Eltern zu erlangen, und sofort brachten sie mich in einen Raum mit dem üblichen kalten Licht und Kacheln an den Wänden.

In der Mitte des Raums stand ein alter OP-Stuhl aus Metall, der schon an einigen Stellen verrostet war. An dem Metallrahmen des Stuhls hingen unten und oben auf jeder Seite zwei breite Lederriemen zum Festschnallen für Hände und Füße. Auf diesem Ding sollte ich »Platz nehmen«. Das blanke Entsetzen stieg in mir hoch. Ich wollte weglaufen, aber zwei Erwachsene packten mich und versuchten, mich auf dieses Ding zu setzen. Ich hab so getobt, geschrien und um mich geschlagen, dass sie Verstärkung holen mussten, um mich, ein vierjähriges Kind, zu bändigen. Sie waren jetzt zu viert und haben mich dann an Händen und Füßen auf diesem Stuhl festgeschnallt. Meine Mutter konnte das alles nicht mehr ertragen und ging raus.

Dr. Z stand jetzt direkt vor mir. Wegen einer Kriegsverletzung hatte er keine Stimme mehr und ein Loch im Hals, da, wo beim Mann sonst

der Kehlkopf sitzt. In dieses Loch war ein Stimmbandverstärker eingebaut, mit dem er sprechen konnte. Das wäre sonst nicht möglich gewesen. Seine Stimme klang wie die eines Roboters. Monoton und metallisch...
Er hatte eine Äthermaske in der Hand und versuchte, beruhigend auf mich einzureden, aber bei mir kam das nur als fieses Surren an, und er machte alles nur noch schlimmer. Dann drückte er mir die Maske auf Mund und Nase. Ich dachte, ich müsste ersticken, bis schließlich alles unscharf und immer leiser wurde.

Das muss man sich mal vorstellen, ein erwachsener Mann, der ein vierjähriges Kind auf einen Stuhl schnallt, um ihm die Trommelfelle zu durchstechen!

Aber ich kann noch mehr erzählen... Ich bin gerade voll drin in diesen Geschichten...

Ein Tennisfreund meiner Eltern, der von sich selbst behauptete, Zahnarzt zu sein, hat mir im Alter von neun bis zwölf Jahren sämtliche Backenzähne zunächst fast vollständig runtergebohrt und anschließend mit Amalgam voll gestopft. Dafür gab es überhaupt keinen Grund, denn ich kann mich nicht erinnern, dass meine Backenzähne jemals irgendwelche Schwierigkeiten gemacht hätten. Er wurde sicher gut bezahlt dafür...

Der Orthopäde gleich nebenan hat bei mir die »Scheuermann'sche Krankheit« diagnostiziert, und auch hier waren meine Eltern sofort bereit zu »handeln«. Alle miteinander verpassten sie mir ein so genanntes Korsett, das extra für mich nach Maß angefertigt wurde. Dieses Monstrum bestand aus einer Kunststoffplatte für den Bauch und einem mit der

Platte verbundenen breiten Stahlbügel, der von vorne nach hinten über meine Hüften und weiter hoch über meinen Rücken bis unter die Schulterblätter lief. Ich musste Schwangerschaftskleidung tragen, weil ich mit diesem Gestell an meinem Körper keine von meinen Hosen mehr über meine neuen Riesenhüften ziehen konnte. Damals war ich elf. Dazu hatte ich noch eine schöne harte Gipsschale, in die ich mich nachts zum Schlafen legen musste – auch der Gesundheit wegen! Und natürlich Einlagen für meine Schuhe, denn das war damals Trend Nummer eins und ließ sich auch sehr gut verkaufen...

Dann wurden mir irgendwann auch die Polypen rausoperiert. Aber das nur am Rande.

Als ich dreizehn war, kamen Blinddarmoperationen groß in Mode. Überall hörte man davon, und jeder fand einen solchen Eingriff völlig normal. Auch hier gab es einen Doktor, der unbedingt MEINEN haben wollte. Und er hat ihn bekommen... »Ist ja keine ›große Sache‹«, sagte er mit einem Augenzwinkern, »ein kleiner Eingriff und völlig harmlos.« Und eine Woche später hatte ich wieder ein Körperteil (Organ) weniger...

Claudia: »Bist du deinen Eltern gar nicht böse?«

Was sollte das bringen? Hier geht es nicht um die Schuldfrage, sondern darum, diese Erfahrungen in mein Leben zu integrieren. Den Eltern böse zu sein für alles, was zurückliegt, bringt gar nichts außer noch mehr Schmerz.

Meine Eltern haben das sicher nicht gerne getan, aber sie waren überzeugt davon, das Richtige zu tun. Sie waren damals einfach noch nicht so weit. Heute sehen sie das ganz anders.

So komisch das auch klingt, sie wollten »das Beste« für ihr Kind. Ihnen fehlten grundlegende Informationen, und das hat sie in die Angst getrieben und manipulierbar gemacht.

Wir können uns selbst nicht in unserer Vollkommenheit wahrnehmen, wenn wir hauptsächlich damit beschäftigt sind, Angst zu haben...

Angst vor Krankheit
Angst vorm Älterwerden
Angst vor der Angst
Angst vorm Leben
Angst vorm Tod
Angst vor der Liebe
Angst vor was überhaupt?

LIEBE ANGST,

wenn ich es zulasse, dass du weiterhin mein Leben beherrschst, dann kann ich nicht die sein, die ich bin. Dann bin ich mehr du als ich, und das will ich nicht...

Ich will wissen, wer ich bin
Ich will wissen, woher ich komme
Ich will wissen, wohin ich gehe

Vielleicht will ich sogar noch mehr wissen, wer weiß.
Und von dir will ich wissen, was du eigentlich von mir willst...

Was willst du von mir?

Warum kommst du mich so oft besuchen, obwohl ich dich nie einlade? Und jedes Mal, wenn du plötzlich vor meiner Tür stehst, zieht mich das so komisch runter, und deine Anwesenheit hält mich auch manchmal davon ab, die Dinge zu tun, die ich tun möchte.

Was willst du von mir?

Ich finde, das Ungewohnte ist eine Tür, durch die es sich lohnt hindurch-zugehen. Wieso versuchst du dich so oft dazwischenzudrängeln?

Willst du nicht, dass ich mir die Dinge ansehe, die ich mir unbedingt anse-hen will? Wenn das so ist, dann ist das ab jetzt auf jeden Fall dein Problem. Aber weil wir uns schon so lange kennen, lasse ich dich damit nicht alleine. Ich gebe dir einen Platz bei mir, einen Ort, wo du dich mal so richtig entspannen kannst und zur Ruhe kommst. Wie wär's? Oder möchtest du noch ewig so durch die Gegend rennen und Menschen erschrecken?

Also, mein Angebot steht, denk drüber nach. Aber vergiss nicht, ab jetzt ist früher vorbei!
Bis dann, Nena

SEPTEMBER 2002

Ich rufe Nena an. Im Hintergrund lautes Getöse und Geschrei. Wie immer. Ich verstehe ihre Stimme kaum.

Nena: »Larissa, sei doch mal ruhig. Ich telefonier gerade mit Claudia!«
Larissa: »Buch-Claudia?«
Nena: »Ja.«

Larissa (brüllt aus dem Hintergrund): »Claudia, rette mich!«
Nena (zu Larissa): »Sie kann dich nicht retten!«
Nena (zu mir): »Claudia, hast du Lust zu kommen?«
Claudia: »Gerne...«

PHILIPP

In der Küche schneidet Philipp Fenchel und Pilze zurecht. Geübte Bewegungen, professionell, fließend. Das kann ich beurteilen, seit ich selbst koche. Lächelnd guckt er zwischendurch hoch und lädt mich zum Essen ein. Ich setze mich an den runden Küchentisch.

»Du schreibst also mit Nena das Buch?«, fragt er. »Ja...«, setze ich gerade an, als die Haustür auffliegt und undefinierbar viele Kinder ins Haus stürmen. Ein Teil verhält sich wie üblich und spielt Horde. Der andere kommt zu uns in die Küche. Sakias ist krank und hat Hunger auf Melone. Die hat aber gerade Simeon aufgegessen. Philipp fordert ihn auf, an dem Obst zu riechen, damit er rausfindet, was gut für ihn ist. (Wann habe ich eigentlich das letzte Mal an Obst gerochen, geschweige denn welches gegessen? Ist Monate her. Ich mag kein Obst.) Sakias riecht alles durch und entscheidet sich für Ananas. Plötzlich stürmt Nena in die Küche.
»Claudi, du bist ja schon da. Isst du mit uns?« Ohne eine Antwort abzuwarten, begrüßt sie die Kinder, küsst Philipp auf die Wange, freut sich, dass er was zu essen macht, und setzt sich zu uns an den Tisch. »Habt ihr euch also schon kennen gelernt... Phil, wie findest du sie denn?«, fragt sie ihn und lacht. Philipp schmunzelt, nickt wohlwollend und stellt den Salat auf den Tisch.

Simeon schüttet sich Unmengen von Meersalz auf eine Avocadohälfte.
Nena: »Magst du Avocado ohne Salz nicht mehr?«
Simeon: »Nee, das hab ich schon Jahre nicht gemögt!«
Nena: »Was hast du denn gemögt?«
Simeon grinst nur breit und steckt sich ein Avocadostück in den Mund.
Nena guckt ihn an und streichelt ihm liebevoll über den Kopf. Plötzlich
fällt ihr etwas ein, es blitzt in ihren Augen.
Nena: »Simeon, was würdest du sagen, wenn dich jemand fragt: ›Wie
findest du deine Mutter?‹«
Simeon: »Gar nix!«
Nena: »Und wenn jemand fragen würde: ›Simeon, gibt's bei euch auch
genug zu essen?‹«
Simeon: »Gar nix!«
Nena: »Es gibt gar nichts zu essen?? Das würdest du sagen??? Oh
mein Gott!« (Der ganze Tisch lacht.)

Während wir essen, erzählt Nena mir von einem Psychospiel, das Amelie
vor ein paar Tagen mit ihr gemacht hat. Eine Wüste musste sie da malen.
Sie will mir gerade den tieferen Sinn erklären, als ihr einfällt, dass wir das
doch ganz prima mal eben schnell spielen könnten.

Wir setzen uns im Wohnzimmer auf den Boden. Nena zündet Räucherstäbchen an und ruft Larissa dazu. Sie hat Lust mitzuspielen. Jede hat ein
leeres weißes Blatt Papier vor sich und einen Stift in der Hand. »Nicht
abgucken«, zische ich Larissa zu, um meine Nervosität zu überspielen.
Psycho-Tests machen mich immer ganz unruhig. Nachher kommt raus,
dass ich völlig gestört bin – man weiß ja nie. Und das wäre sicher kon-
traproduktiv für unser Buch...

Ich krame in meinem Kopf, was ich über Spiele wie dieses weiß: immer alles in Grün malen! Grün ist immer richtig! Das Blöde ist nur: Wir haben alle Bleistifte!

Als Erstes sollen wir eine Wüste malen. Meine hat eine Oase. Dann einen Würfel. Ich male ihn am Himmel, strahlend wie die Sonne. Dann eine Leiter. Die führt bei mir zum Würfel. Warum, weiß ich auch nicht. Vielleicht, weil ich gerade vom Räucherstäbchen-Nebel fast ohnmächtig werde. Als Nächstes ein Pferd (meins steht an der Leiter) und danach Blumen. Ich male dreizehn Stück, quer übers Bild verteilt. Zum Schluss einen Sturm. »Oh Gott, Sturm – das passt ja jetzt gar nicht«, entfährt es mir. Unüberlegt und ungewollt. Damit habe ich mich jetzt mit Sicherheit als unentspannt geoutet. Sturm muss man bestimmt gut finden. Nena hebt schon so komisch die Augenbrauen. »Na gut, dann gibt's eben Sturm«, setze ich schnell nach und male Wind aufs Papier.

Und hier ist die Auflösung: Die Wüste ist die innere Seelen-Landschaft. Nena: »Na, da ist aber ganz schön viel los bei dir!« Sie fängt an zu lachen. »Sehr fruchtbar! Der Kubus bist du. Die Leiter stellt deine Freunde dar, das Pferd ist der Partner, die Blumen sind deine Kinder, und der Sturm zeigt Krisen an und das Wachstum, das du gerade durchmachst...« Sie grinst noch mehr. Und ist gespannt auf meine Reaktion.

Wir vergleichen unsere Bilder. Larissa hat drei Kinder – ich dreizehn! Na ja. In unseren Zeichnungen ist ganz schön was los, aber kein Bild ist so wild wie das von Nena, das sie rauskramt, weil wir es unbedingt sehen und vergleichen wollen. Dass man ein Pferd nicht unbedingt auch als Pferd malen muss, ist mir gar nicht in den Sinn gekommen. Immerhin: Nena hat auch dreizehn Kinder! Sich selbst hat sie in der Bildmitte als strahlenden Stern gemalt, die Leiter führt vom Stern sowohl nach oben als auch nach unten.

An der Tür rutscht mir raus: »Wir haben aber nicht viel geschafft heute...!«
»Wieso?«, antwortet Nena. »Du hast mir deine Seele gezeigt – und ich
dir meine...«

13. SEPTEMBER 2002

In der Berliner Columbiahalle tauche ich – zusammen mit dreitausend-
fünfhundert Zuschauern – in die andere Nena-Welt ein: mein erstes Live-
Konzert mit ihr seit achtzehn Jahren.

Im Saal ein völlig gemischtes Publikum. Alle Generationen sind vertreten,
aber die meisten sind zwischen zwanzig und dreißig.

In ihrer Garderobe spielt eine bestens gelaunte Nena Gitarre, singt dazu
und läuft barfuß und in zerrissenen Jeans hin und her, während Larissa
von Montramé erzählt. Alle möglichen Leute schauen mal kurz rein, begrüßen Nena herzlich und gehen dann wieder.

Es geht los. Ich gucke mir die Show vom Backstage-Bereich aus an –
aus der Bühnenperspektive. Nena und die Band sehe ich dabei nur von
hinten – dafür aber ganz genau die Gesichter des Publikums.

Die ersten Töne. Nena kommt auf die Bühne.

In leichtem Nebel sehe ich sie im Scheinwerferlicht auf ihr Mikro zugehen.
Sie fängt an zu singen und nimmt sofort Kontakt auf. Die dreitausend
Menschen im Saal gehen mit. Nena tobt über die Bühne, singt und tanzt,
flirtet mit dem Publikum, rennt und springt gleichzeitig, und ich staune

über ihre Kraft, ihre Energie, ihre Kondition, ihre Ausstrahlung. Aber vor allem darüber, was das mit mir und allen anderen hier macht.

ZEITSPRUNG

1984, Nena-Konzert in der ausverkauften Alsterdorfer Sporthalle. Damals war ich siebzehn und sah sie das erste Mal live.

Mein Cousin hatte die Karten geschenkt bekommen, und wir waren eigentlich fest entschlossen, cool zu bleiben. Mit siebzehn ist es immer besser, cool zu bleiben. Und ich blieb aber ganz und gar nicht cool – und sogar mein Cousin, der nie eine Miene verzieht, hatte so ein verklärtes Lächeln auf den Lippen, und ich könnte schwören, ein- oder zweimal hat er auch mit dem Fuß gewippt. Mit dem rechten! Und das war bei ihm eindeutig ein Ekstase-Beweis.

Und jetzt? Ich erkenne Nena wieder, und ich fühle etwas Ähnliches. Obwohl alles anders ist.

Beifall brandet auf. Rufe und lautes Klatschen. Die Stimmung kocht hoch. Und das ganz wörtlich. Die Luft wird irgendwie dampfig. Und nebelig. Es wird heiß. Und damit meine ich jetzt wieder nicht nur die Temperatur.

Nena lacht und strahlt, und ich bin absolut geflasht von ihrer Bühnenpräsenz. Wie sie auf die Menschen wirkt. Wie sie das energetisch macht und handelt.

WILLST DU MIT MIR GEHN   83

Neben mir sitzt eine Frau auf einem Barhocker und starrt genauso gebannt auf die Bühne wie ich. Sie trägt eine olivgrüne, weite Hose, einen Pferdeschwanz und Globetrotter-Sandalen. Zart sieht sie aus und auffallend hübsch, aber vor allem – auffallend begeistert! Ich schaue immer wieder irritiert zu ihr hin. Ist sie das oder nicht? Sie ist es, Nenas Mutter. Bislang kannte ich sie nur vom Telefon. Zusammen gucken wir uns das Konzert an.

Als Nena nach der letzten Zugabe von der Bühne geht, nimmt sie ihr Mikrofon mit, und während sie glücklich und verschwitzt nach hinten schlendert, singt sie mit dem Publikum weiter. Keiner will gehen. Die Leute in der Halle singen so laut, dass man sie bis in die Garderoben hört. Und dabei ist das Hallenlicht schon längst wieder eingeschaltet.

Der kleine Garderobenraum ist voll. Nena sieht nicht im Mindesten ange-strengt oder erschöpft aus, rennt von einem zum anderen und strahlt. WestBam ist da, Freunde aus Berlin, Nenas Mutter, Larissa, die Band. Die habe ich zwar schon auf der Bühne gesehen, aber jetzt kann ich sie mir genau angucken: Sie haben alle interessante Gesichter, schöne Körper, tragen lässige Klamotten. Männer, an denen eine Frau nicht ein-fach so vorbeiguckt.
Charmant und höflich sind sie leider auch. Alle stellen sich mir nach und nach vor, schütteln mir die Hand und sind wirklich interessiert zu erfahren, wer ich bin und was ich mit Nena zu tun habe. Ich fühle mich wohl in dieser Atmosphäre, diesem Teil von Nenas Leben, den ich noch nicht kannte.

Für den nächsten Morgen bin ich mit Nenas Mutter verabredet und bleibe deshalb noch einen Tag länger in Berlin.

USCHI

Auch bei Tageslicht sieht sie erstaunlich jung aus. Sie kocht uns einen Kaffee, und wir reden über das gestrige Konzert. Ich frage sie, ob es für sie mittlerweile normal ist, eine Tochter zu haben, die fast jeder kennt.

»Was glaubst du, wie komisch das heute noch für mich ist«, antwortet sie. »Wenn sie irgendwo auftritt und ich dabei bin, habe ich immer noch einen Adrenalinanstieg. Und natürlich bin ich total stolz, wenn ich hinter der Bühne stehe, ins Publikum gucke, und alle sind total begeistert!«

Ich beobachte sie, während sie erzählt. Was erkenne ich in ihr von Nena wieder?

Ich registriere ihre ruhige Ausstrahlung. Aus ihren Augen spricht eine Mischung aus Verletzlichkeit und Stärke, die ich noch nicht einordnen kann. Ihre Zartheit hat etwas Flirrendes...

»Wann fing das eigentlich an mit Nena und der Musik?«, frage ich sie. »Schon in der Schule«, erzählt Uschi. »Nena konnte mit jedem Instrument umgehen und ohne Noten sofort Melodien darauf spielen. Um dieses Talent zu fördern, habe ich sie zum Klavierunterricht überredet. Sie ist auch immer schön brav mit ihrer Notenmappe hingegangen und hat auch zu Hause täglich Klavier gespielt. Ich war begeistert, bis mich eines Tages der Musiklehrer anrief und fragte: ›Sagen Sie mal, Frau Kerner, wollen Sie die Stunden wirklich jeden Monat weiterbezahlen, obwohl Ihre Tochter schon so lange nicht mehr kommt?‹ Ich bin aus allen Wolken gefallen, und mir wurde klar, dass wir sie zu nichts zwingen konnten. Sie hatte nie den Ehrgeiz, ein Instrument wirklich spielen zu können. Aber sie hat immer schon gerne Musik gemacht und saß oft stundenlang am Klavier oder mit ihrer Gitarre da und hat sich eigene Sachen ausgedacht.«

»Willst du sehen, wie sie damals aussah?« Uschi springt plötzlich auf und geht ins Nebenzimmer, um nach alten Fotoalben zu suchen. Ich folge ihr. Sie klettert auf eine Schiebeleiter und kramt im obersten Fach einer endlos hohen Bücherwand herum. Schließlich hat sie gefunden, was sie sucht, und wir setzen uns mit einem Stapel Alben wieder aufs Sofa. Ich sehe schwarz-weiße Babybilder von Nena, ich sehe Uschi, Anfang zwanzig, und Alfons, frisch verheiratet und unglaublich gut aussehend. Fotos vom Skifahren in 50er-Jahre-Steghosen, Fotos vom Strand, Fotos vom Kaffeetrinken. Und Fotos von Nenas Geschwistern. Bei diesem Thema bleiben wir hängen, und sie sagt, dass Nena noch einen Bruder hatte.

»Hat Nena dir eigentlich schon erzählt, dass ihr Sohn Christopher am gleichen Tag und zur gleichen Stunde gestorben ist wie mein erster Sohn Martin?« Ich schüttele überrascht den Kopf.

»Mein Kind war gestorben, und ich war in akuter Lebensgefahr. Ich erinnere mich noch sehr deutlich, dass ich mich auf einem schnurgeraden Weg befunden habe. Auf einem weißen Lichtstrahl. Rechts und links war eine Art Landschaft, aber ohne Berge, Pflanzen oder Blumen. Dieser Lichtweg war einfach wunderbar – wahnsinnig schön und sehr verlockend! Ich war bereit zu gehen...

Auf einmal hörte ich von draußen ein Kind schreien. Erst nach ein paar Sekunden wurde mir bewusst, dass das meine kleine Nena war. Ich hatte sie völlig vergessen. Sie stand ja draußen mit meiner Mutter auf der Straße, denn Kinder durften damals nicht mit auf die Geburtsstation. Sie hat gespürt, dass ich gehen wollte, und so laut geschrien, dass ich mich umgedreht habe und ins Leben zurückgegangen bin.

Nena kann sich daran nicht erinnern, aber als ich es ihr vor zwei Jahren mal erzählt habe, war sie tief berührt...«

NANE

Die Ähnlichkeit ist nicht zu übersehen: die gleichen großen Augen, die gleiche kraftvolle Körperlichkeit und positive Energie. Nane begrüßt mich total offen und superfreundlich. Mit ihr ins Gespräch zu kommen macht sofort Spaß und ist überhaupt kein Problem. Sie lacht viel, während sie erzählt – ich auch.

Ungefragt schwärmt sie erst mal in den höchsten Tönen von ihrer Schwester und gibt eine rührende Liebeserklärung ab: »Sie ist total verrückt, aber ich liebe sie über alles. Wenn es mir schlecht geht, brauche ich sie manchmal noch nicht mal anzurufen. Aber natürlich hat Nena auch tausend Fehler und Macken.«

Claudia: »Habt ihr euch schon immer so gut verstanden wie heute?«

Nane: »Würde ich so nicht sagen! Nena ist fünf Jahre älter als ich – der Altersunterschied war damals einfach zu groß! Als ich auf die Grundschule kam, war sie schon auf dem Gymnasium. Wir haben ganz selten was zusammen gemacht. Nena war meistens für sich oder mit ihren Freunden. Sie war immer unterwegs. Und wenn sie nicht durfte, ist sie trotzdem gegangen.

Als Kind fand ich sie völlig nervig. Mein Bruder und ich waren wie Pech und Schwefel und immer gegen Nena! Egal, was war. Ich weiß noch, dass wir uns fürchterlich aufgeregt haben, als sie das erste Mal Lippenstift trug. Mikel und ich waren grenzenlos als Kinder. Und knallhart! Das war für sie auch nicht so witzig...
Wir haben wirklich keine Gelegenheit ausgelassen, sie zu verpetzen oder ihr Steine in den Weg zu legen. Wir kannten ihre Ausgeh-Zeiten und haben beobachtet, wie sie heimlich abhaute. Wir haben nie eine Sekunde gezögert, das unseren Eltern zu sagen.

Einmal habe ich Nena und Nani beim Rauchen erwischt und es meinen Eltern verraten, weil sie mir immer meine Jeansjacke geklaut hat, und ich musste mit dem völlig verrauchten Teil am nächsten Morgen in die Schule gehen.

Und dann erinnere ich mich noch an ihre ›Kniestrumpf-Phase‹ – da war sie neun oder so. Sie hat die Dinger auch noch kurz unterm Knie einmal umgekrempelt – ganz schrecklich! Aber sie fand es plötzlich schön, so rumzulaufen. Faltenröcke mit weißen Kniestrümpfen, Tenniskostüme mit weißen Kniestrümpfen, Schuluniformen mit weißen Kniestrümpfen und Baskenmütze.«

»Ich glaube schon, dass es unseren Eltern viel Stress bereitet hat, dass Nena ihren völlig eigenen Weg ging«, sagt Nane, während sie in ihrem Kaffee rührt. »Mein Vater hat versucht, sie mit autoritärer Erziehung in den Griff zu kriegen, aber die ist nicht zu bändigen. Das ist sie heute nicht, und das war sie damals nicht.«

GESCHWISTER

Als mein Bruder Michael auf die Welt kam, war ich bereits vier Jahre alt, und ich kann mich sehr gut an das schöne Gefühl erinnern, ein »echtes« Baby im Arm halten zu dürfen.

Und genauso schön war es, als ein Jahr später unsere Schwester Kristiane kam, die sich für ihre Landung genau den gleichen Tag ausgesucht hatte wie unser Bruder. Sie sind beide an einem 7. Januar geboren.

Das war ein komischer Zufall, aber vielleicht wollten sie mit ihrem gemeinsamen Geburtstag auf ihre Verbundenheit aufmerksam machen. In vielen Dingen waren sie sich so ähnlich, sie hätten genauso gut auch Zwillinge werden können. Und sie hatten eine ganz eigene Art, miteinander umzugehen und zu sprechen, und in meiner Erinnerung sehe ich sie oft und gerne lachen. Am meisten über ihre eigenen Witze, für die man, um sie zu verstehen, allerdings einen ungewöhnlichen Humor haben musste. Aber den hatten wir ja alle von unserem Vater geerbt. Andere Leute konnten nicht so richtig was damit anfangen und wussten auch manchmal nicht, wo sie hingucken sollten, wenn meine Geschwister ihre Show abzogen. Ich möchte jetzt keine Beispiele nennen, aber ich weiß, dass die beiden schmunzeln werden, wenn sie das hier lesen, weil sie natürlich genau wissen, wovon ich spreche.

Sie schienen unzertrennlich und waren so etwas wie ein eingeschworenes Team. Es gab sie, und es gab mich, und das war die ersten Jahre absolut unproblematisch. Jedenfalls kann ich mich nicht erinnern, unter ihrer vertrauten Zweisamkeit gelitten zu haben. Sie waren meine Geschwister, ich liebte sie und fand sie meistens amüsant, und es gab auch Situationen, wo wir als Trio unser Unwesen trieben.

Wir haben mal zu dritt eine ältere Frau erschreckt, die es einfach nicht lassen konnte, sich jedes Mal, wenn wir bei unserer Oma zu Besuch waren, über uns Kinder zu beschweren. Und jetzt wollten wir sie mal ein bisschen ärgern. Auf dem Schreibtisch meines Vaters stand das Megafon, das er benutzte, wenn er mit seinen Schülern auf den Sportplatz ging. Ich kannte mich aus damit. Wenn man auf den kleinen roten Knopf neben dem Griff zum Festhalten drückte, wurde die eigene Stimme beim Reinsprechen verstärkt und klang ziemlich bedrohlich und so metallisch, ähnlich wie bei den Sprechtüten von der Polizei. Ich nahm das Ding und stellte mich damit in die Mitte des Raums. Mein Bruder kletterte auf einen Stuhl neben unserem Telefon (es gab ja damals nur solche, die fest an der Wand montiert waren), nahm den Hörer ab und hielt ihn so weit wie möglich nach oben. Meine Schwester wählte die Nummer von der, die immer was zu meckern hatte, und ich wartete auf meinen Einsatz. Es klingelte ein paarmal, bis sie endlich ranging, und dann hörte sie eine bedrohlich klingende Stimme...

»Achtung, Achtung!
Hier spricht die Polizei!
Bitte verlassen Sie sofort das Haus!
Es brennt!«

Wir waren gut, denn sie hat es uns geglaubt. Also rannte sie aus ihrer Wohnung, alarmierte die Nachbarn und stellte wenig später fest, dass weit und breit keine Polizei und schon gar kein Feuer zu sehen war.
Ja, das hat uns Spaß gemacht, und wir wären sicher nie auf so was gekommen, wenn die Frau nicht immer so blöd zu uns gewesen wäre.

Und dann wurden wir alle älter, und meine Geschwister kamen an einen Punkt, wo sie es, ich möchte mich mal vorsichtig ausdrücken, ziemlich überflüssig, ja sogar lästig fanden, eine ältere Schwester zu haben. Und da wurde es plötzlich eng für mich. Sehr eng! Ich war vierzehn, und wenn man in dem Alter nicht nur seine Eltern, sondern auch noch seine Geschwister gegen sich hat, dann kann man sich noch so anstrengen, verbotene Dinge heimlich zu tun und dabei möglichst nicht gesehen, gehört oder erwischt zu werden, es ist praktisch unmöglich. Mein Bruder und meine Schwester hatten plötzlich Spaß daran, mir das Leben schwer zu machen, und ich hatte sie rund um die Uhr an den Fersen kleben. Besonders schwierig war es in der Zeit für mich, unbemerkt nach »draußen« zu gelangen, und sie »erwischten« mich fast jedes Mal, wenn ich manchmal abends möglichst leise durch das winzig kleine Fenster in unserer Speisekammer kletterte, um mich heimlich mit meinem Freund zu treffen. Aber ich war schneller als sie, und noch bevor sie meine Eltern rufen konnten, war ich schon weg und nahm lieber den Ärger danach in Kauf, als auf ein Stündchen Knutschen mit meinem Freund zu verzichten.

Irgendwann ließen sie mich in Ruhe. Und das kam daher, dass sie anfingen, sich an der Oberfläche (im alltäglichen Leben) voneinander zu lösen. Jeder ging mehr und mehr seine eigenen Wege. Meine Schwester war plötzlich in Pferde verliebt, verbrachte jede freie Minute auf der Weide und spielte mit ihrer Freundin »Hanni und Nanni«, und mein Bruder entdeckte den Sport und seine Leidenschaft dafür.

Später, als wir drei in Berlin wohnten, eine Zeit lang sogar alle in derselben Straße, haben wir uns ganz neu kennen gelernt. Jeder folgte seinen unterschiedlichen Vorlieben und Berufungen. Meine Schwester heiratete unseren Bassisten und wurde Krankenschwester auf einer Rettungsstation in Kreuzberg. Sie musste uns oft von ihren Erlebnissen dort erzählen und davon, wie sie das überhaupt aushielt, sich jeden Tag so viel Leid und Blut ansehen zu müssen. Sie hielt es aus, weil sie ihren Beruf liebte und das Gefühl hatte, helfen zu können. Wir haben sie immer bewundert für ihre Stärke, denn wie viel Schreckliches auf so einer Station los ist, kann man sich gar nicht vorstellen.

Mein Bruder fuhr Motocross, war Turmspringer im Schwimmverein, Schüler der Oberstufe und Bulldoggen- und Boutiquenbesitzer gleichzeitig, und ich wurde Popstar. So unterschiedlich unsere Wege auch waren, wir begegneten uns oft und an verschiedenen Orten, in Japan, Hagen und Amerika, und Mikel und ich trafen uns auch manchmal morgens in Berlin beim Zähneputzen, weil wir nämlich eine Zeit lang zusammen wohnten.

Und ein paar Jahre später begegneten wir uns wieder auf anderen Ebenen. Wir fingen an, uns zu vermehren.

Meine Schwester brachte ihren Liebling Lisa zur Welt, und sie als Mami zu erleben war etwas ganz anderes. Fremd und vertraut zugleich, aber vor allem wundervoll.

Mein Bruder war jetzt Banker und führte ein klassisches Junggesellendasein mit Hund und Freundinnen, wobei der Hund öfter in seiner Nähe sein durfte als seine Freundinnen. Und plötzlich wurde er, der nie im Leben Kinder haben wollte, auch Vater, und wir konnten es alle nicht fassen. Damit hatte niemand gerechnet, und es war ziemlich süß, diesen Riesen mit seiner winzig kleinen Tochter auf dem Arm zu sehen.

Und wieder irgendwann später ging unsere Schwester weg aus Berlin und fing woanders noch mal ganz neu an. Sie wohnt heute mit Lisa, ihren zwei Pflegekindern und ihrem Hund in einem Hexenhäuschen an einem wunderschönen Waldrand. Sie ist keine Krankenschwester mehr, aber sie kümmert sich jetzt liebevoll um Kinder, die zu Hause nicht klarkommen.

Unser inzwischen verheirateter Bruder ist sparsamer geworden, lebt immer noch in Berlin, ist überzeugter Banker und erfolgreicher denn je. Und ich bin in Hamburg und schreibe gerade diese Geschichte.

Meinen Bruder sehe ich nicht mehr so oft wie früher, und wir haben uns mal mehr, mal weniger und meistens wenig zu sagen. Meine Schwester sehe ich oft, und wir freuen uns darüber, dass wir uns immer besser kennen lernen...

ALFONS

Er lacht tatsächlich, kaum dass er den Hörer abgenommen hat. An eine besondere Kindheitsgeschichte erinnert er sich nicht, daran, dass Nena als Teenager jegliche Art von Verboten gebrochen hat, allerdings schon. »Nena hat das, was sie erreichen wollte, immer geschafft«, sagt Alfons, »und sie hat das gefunden, was genau richtig für sie ist. Was da an Power hintersteckt, ist für mich unglaublich. Muss ich wirklich sagen. Ich hätte diese Energie nicht, das habe ich ihr schon öfter gesagt.«

»Wie erklären Sie sich das denn? Sie haben sie ja schließlich auf die Welt gebracht...«

»Wo das herkommt, kann ich auch nicht sagen. Von mir hat sie das jedenfalls nicht. Ich bin mehr der introvertierte Typ. Für die Öffentlichkeit bin ich nicht geschaffen.«

Nena: »Was erzählt der denn da?«, und sie lacht, als sie das liest. »Er musste sich doch als Lehrer immer vor seinen Schülern produzieren! Jeden Morgen, fünfmal die Woche, von acht bis zwei! Und er liebte es, sich während der schwersten Abitur-Klausuren in der Aula ans Klavier zu setzen und Melodien zu klimpern. ›Ich spiel jetzt mal was zu eurer Beruhigung‹, hat er dann immer gesagt...«

Alfons erzählt mir, dass die ganze Familie regelmäßig zum Skilaufen gefahren ist. Nach Saas Fee, einem bekannten Skiort in der Schweiz. Schon mit drei stand Nena auf den Brettern. Alle drei Kinder haben es vom Vater gelernt. »Aber dass ich meine Kinder nicht immer nur faul habe die Lifte rauffahren lassen, sondern sie auch mal zu Fuß über den Gletscher geschickt habe, wird mir heute noch übel genommen«, lacht er. »Das war anstrengend, aber das sollte es ja auch sein. Die sollten eben nicht immer nur die Berge runtersausen, sondern auch mal gewisse Strecken gehen. Auf Sport habe ich immer großen Wert gelegt. Vielleicht habe ich es damals übertrieben, ich weiß es nicht. Im Winter sind die Tage kurz, da muss man eben früh raus, wenn man etwas davon haben will. Ich war immer darauf bedacht, die Tage auch auszunutzen.«

FRITZ, DER SKIFAHRER

sitzt wahrscheinlich heute noch in einer Gletscherspalte und kaut an seiner Ledersohle. Er hat sich damit abgefunden.
Ich sitze am Rand der Piste und esse trockenes Knäckebrot. Damit habe ich mich auch abgefunden...

Papi weckt uns. Es ist drei Uhr morgens. Ich steh auf und freue mich wieder genauso doll wie letztes Jahr. Gleich sitzen wir im gemütlichen Auto, fühlen uns warm und kuschelig und reisen durch die Nacht in die Schweiz... Die Skier sind aufs Dach geschnallt und Koffer, Taschen und Essensvorräte intelligent um uns herum gestapelt.

Zehn Stunden später sind wir in Saas Almagell, einem Vorort von Saas Fee, und stehen zum achten Mal vor diesem Haus mit den uralten Fensterläden und dem Schafstall nebenan, wo jedes Jahr pünktlich zu unserer Ankunft zwei Lämmer geboren wurden.

Meine »Hurrawirsindda«-Freude überkam mich jedes Mal in dieser Idylle, und ich konnte es nicht erwarten, erst den Lämmern Guten Tag zu sagen, dann über die Wiese mit den Krokussen runter zum Fluss zu rennen und mich eine kleine Weile auf die Steine zu setzen, um die Berge zu begrüßen.

Mein Vater als überzeugter Zeitsparer kommandierte die gesamte Familie kurz nach unserer Ankunft wieder zum Auto. Und das war immer so. Ich hätte unseren alten Simca auch gerne umgedreht und den Inhalt direkt vor der Haustür ausgekippt..., ging aber nicht, also erst mal zurück ins Familienleben. Der Fluss und die Berge würden morgen auch noch da sein und die Lämmer sowieso, denn die waren ja gerade erst geboren.
In diesem wunderschönen alten Bauernhaus gab es zwei Ferienwohnungen. Wir bewohnten immer die im Erdgeschoss, mit Wohnküche, Standuhr und hohen Daunendecken in den Betten wie die bei meiner Omi damals. Wenn alles in den Schränken verstaut war, kam noch der Gang zum örtlichen »Minimalstsupermarkt«, wo das »Nötigste« für die nächsten zwei Wochen eingekauft wurde. Zum »Nötigsten« gehörte auch eine Tüte mit meinen Schweizer Lieblingsbonbons. »Ich muss erst probieren, ob die nicht giftig sind, Kinder«, sagte Papi immer, bevor er sie verteilte. Er fand das lustig und wir Kinder merkwürdigerweise auch...

Am nächsten Morgen: Der Häuptling der Familie Kerner, strotzend vor Kraft und Ausdauer, ruft seinen verschlafenen Stamm zum allmorgendlichen einstündigen Waldmarsch mit Skiern auf dem Rücken und Skischuhen an den Füßen. Jetzt konnte es losgehen. Im wahrsten Sinne des Wortes. Wir gingen los, und zwar niemals später als 7.30 Uhr, Widerstand zwecklos.

»Der Berg ruft«, schallte es uns jeden Morgen entgegen. Unser Vater lachte, aber wir fanden das gar nicht witzig, denn wir wussten, was uns bevorstand. Schade, dass ich seinen Humor damals noch nicht so verstanden habe, dann hätte ich vieles leichter genommen und mit ihm gelacht.

Wenn die Sonne schien, stand er am Küchenfenster, schaute sehnsüchtig in Richtung Gletscher und schmetterte dem Berg sein Lieblingslied entgegen. »La Montanara« ... Dabei wünschte er sich jedes Mal, noch früher dort oben zu sein, aber da hätten wir anderen auf jeden Fall gestreikt. Um halb sieben in der Früh standen wir nämlich noch im Schlafanzug im Badezimmer und drängelten uns zum kollektiven Zähneputzen ums Waschbecken...

Ab 8.30 Uhr waren die Gondelstationen geöffnet, der Gang dorthin dauerte zirka eine Stunde, Skiabo kaufen und Passbilder machen zwanzig Minuten, also schafften wir auf jeden Fall die erste Bahn hoch auf den Gletscher. Zeitsparer und Tagesausnutzer machen das so.

Ich war ja immer schon sehr naturverbunden und hab mich auch gerne bewegt, aber wir – meine Geschwister, unsere Mami und ich – haben immer ein paar Tage gebraucht, um uns an ein Pensum an Bewegung zu gewöhnen, das wirklich ungewöhnlich war. Wenn andere Familien ihre Pausen einlegten und gemütlich irgendwo einkehrten, wanderten wir, nachdem wir schon einen ausgiebigen Skivormittag hinter uns hatten, erst mal über den Gletscher. Mit Skischuhen an den Füßen und Skiern auf der Schulter ging es durch den Tiefschnee in Reih und Glied unserem Vater hinterher. Das war anstrengend, und ich kam oft an meine Grenzen. Bei jedem Schritt sackten wir fast knietief im Schnee ein, und ich war entweder verzweifelt und hab geheult, oder ich war wütend und fluchte leise vor mich hin.

Aber was auf uns wartete, war immer etwas ganz Besonderes. Auf dem Gipfel angekommen, ließen wir uns erschöpft in den weichen Schnee fallen, und Papi öffnete seinen blauen Rucksack. Es gab Knäckebrot, Äpfel, Schokolade und Tee. Echte Köstlichkeiten nach so einer Strapaze, und unsere Kräfte kamen schnell wieder zurück. Und wenn er uns dann noch zum vielleicht hundertsten Mal unsere Lieblingsgeschichte von Fritz, dem Skifahrer, erzählte, der beim Wandern mal in eine Gletscherspalte gefallen war und seitdem auf den Ledersohlen seiner Schuhe rumkaut, weil er nichts zu essen hat, war die Welt wieder völlig in Ordnung und alle Mühsal vergessen.

Friedlich saßen wir in der Ostersonne ganz nah am Himmel und haben in aller Stille die Berge bewundert. Mit einer Gondel wäre man da nicht hingekommen, aber zu Fuß eben. In solchen Momenten habe ich verstanden, dass das jetzt tausendmal besser war, als in irgendeiner Hütte zu sitzen und Ovomaltine zu trinken. Und dann das Allerschönste. Unsere kilometerlange Abfahrt danach, zurück ins Tal durch eine weiße Märchenlandschaft, das war wie Fliegen...

FRÜHER WAR ALLES ANDERS

Nein, wirklich, das kann man nicht vergleichen.

Als ich acht war, entdeckte ich Papis Schreibmaschine und meine Leidenschaft für Büroarbeiten. Was mich vorher nie interessiert hatte, wurde jetzt zum beliebtesten Spiel erkoren, und ich war entzückt über alles, was ich in seinen Schubladen finden konnte. Eingehend studierte ich den Verlauf des gebogenen Drahts einer Büroklammer, und ich war auch sehr beeindruckt davon, dass ein Locher, wenn er oft genug zum Einsatz kam, fertiges Konfetti spendete. Tagelang wurde alles gelocht, was mir in die Quere kam, und die Ausbeute für nächstes Jahr Karneval in einer Riesenplastiktüte aufbewahrt.

Auf einem festen Platz in der Mitte des Tisches stand seine Schreibmaschine. Tagein, tagaus wartete sie geduldig, bis sie wieder zum Einsatz kam. Meistens wurden darauf Lateinarbeiten getippt oder korrigiert, und wenn sie nicht benutzt wurde, stülpte Papi ihr einen maßgeschneiderten Staubfänger aus Plastik übers Haupt, und ich weiß noch genau – auch ohne Tagebuch –, wie gespannt ich war, als ich die Hülle zum ersten Mal lüftete, um zu gucken, was sich darunter verbarg. Ein Schreibwerkzeug der besonderen Art. Dafür musste ich der alten Dame allerdings so doll auf die Tasten hauen, dass sich schon nach wenigen Tagen eine leichte Hornhaut auf meinen Zeigefingerkuppen bildete. Aber wenn man den Dreh mal raushatte und wusste, wie sie bedient werden wollte, wirbelten ihre filigranen Metallärmchen nur so durch die Luft und führten einen lustigen Tanz auf, und ihre Buchstaben verewigten sich auf dem festen weißen Papier. War man am Ende einer Zeile angelangt, musste man, um weiterschreiben zu können, einen schön geformten verchromten Hebel von rechts nach links rüberziehen, ihn dann wieder loslassen, und schon hatte sich die kleine Walze, auf der das Papier einge-spannt war, exakt drei Millimeter nach oben gerollt.

Meine Leidenschaft für Büroarbeiten ließ sich bestens verbinden mit meinem ewigen Fernweh und der daraus resultierenden Lust zu reisen. Büro-Arbeiten-Reisen. Das Arbeiten in der Mitte ließ ich weg, und übrig blieben die Wörter Büro und Reisen. Die wiederum drehte ich um, schmiss noch das »n« von Reisen raus, und dann eröffnete ich am Schreibtisch meines Vaters mein erstes eigenes Reise(n)büro, und in meiner Eigenschaft als Reisefachverkäuferin tippte ich seitenlange Reise-routen und -berichte für meine imaginären Kunden. Imaginär deshalb, weil keiner richtig Lust hatte, mit mir »Reisebüro« zu spielen. Irgendwie fanden das alle in der Familie doof, und das konnte ich gar nicht verstehen.

Fürs Tippen benutzte ich ausschließlich meinen linken und rechten Zeigefinger, und manchmal dauerte es eine Ewigkeit, bis ich den rich-tigen Buchstaben gefunden hatte. Einmal suchte ich ein »ö« und wurde dabei so ungeduldig, dass ich anfing, laut zu schimpfen. Ich war über-zeugt davon, dass die Leute, die diese Schreibmaschine konstruierten, einfach das »ö« vergessen hatten. »Sie haben das ›ö‹ nicht vergessen«, rief meine Mami aus der Küche, »ich komme und zeige es dir. Hier ist es, siehst du?« Tatsächlich, da war es, ein schönes rundes »ö« und eigent-lich nicht zu übersehen.

So als wollte sie die Gelegenheit nutzen, setzte meine Mutter sich auf Papis Bürostuhl, schob ihn bis an die Kante des Schreibtisches, richtete sich kerzengerade auf und fing an zu tippen. Aber nicht mit zwei Fingern, so wie ich, sie benutzte alle zehn. Sie beherrschte das so genannte Zehnfingersystem. So was hatte ich noch nie gesehen, und ich wusste auch gar nicht, dass sie so was konnte. Ihre Finger flogen nur so über die

Tasten, und es schien, als würde die alte Schreibmaschine klappern und keuchen...

Ich war beeindruckt, und als ich wissen wollte, wo sie das gelernt hatte, erzählte sie mir von ihrer Zeit, als sie noch Büromädchen bei der Stadtverwaltung in Hagen war. Da musste sie so was können, und dort hat sie so lange getippt, bis mein Vater in ihr Leben trat und sie da raushole...

Früher war alles anders ... nein, wirklich, das kann man nicht vergleichen.

Ein Mensch, der noch das Testbild im deutschen Fernsehen kennt (ich gehöre auch dazu), hat zwar im Lauf der letzten fünfundzwanzig Jahre bedeutenden technischen Fortschritt miterlebt, aber oft entwickeln sich die Dinge auch in eine Richtung, die nicht immer nur nach vorne geht. Ich erinnere mich sehr gerne an den offiziellen Sendeschluss auf allen drei Programmen...

Meine Eltern waren im Theater, meine Geschwister schliefen, und ich saß heimlich vorm Fernseher und guckte »Dracula«... Hätte ich damals gewusst, dass ich Christopher Lee Jahre später mal leibhaftig gegenüberstehen sollte und wir uns sogar die Hand geben und uns begrüßen würden ... Auf jeden Fall stieg er gerade wieder aus seinem Sarg, um zum dritten Mal ein und derselben schönen, unschuldigen Frau in den Hals zu beißen. Die Gute lag friedlich schlafend in ihrem Bett und ahnte noch nicht, dass Dracula sie gleich besuchen würde, um ihr Blut wieder mit dem seinen zu vermischen und sie schließlich endgültig mit in seine Grabkammer zu nehmen.

Jetzt half auch kein Aderlass mehr, und wenn sie aufwachte, würde sie über eine Hand voll Knoblauchzehen nur noch müde lächeln... Man hatte nicht mehr ganz so viel Mitleid mit ihr, wusste man doch, dass sie jetzt kein Mensch mehr war. Die Transformation hatte stattgefunden, und ich hab mich jedes Mal wieder zu Tode erschreckt, wenn diese Frauen, die vorher noch so liebreizend und unschuldig ausgesehen hatten, wenig später im Film ihre langen Eckzähne bleckten und hämisch grinsten. Und dann immer die Stelle, wo der beherzte, verliebte Jüngling mit einem erfahrenen Vampirfänger in die Grabkammer runterstieg, um seiner Geliebten schweren Herzens den Holzpfahl in die Brust zu rammen. Nur so konnte er sie erlösen und vom Bösen befreien und ihr im Schlaf einen letzten Liebesdienst erweisen.

Immer an dieser Stelle, nämlich kurz bevor sich der spitze Holzpflock mit einem einzigen kräftigen Schlag durch ihr Herz bohrte, riss die Vampirin noch mal entsetzt die Augen auf und wollte sich wehren. Dabei fauchte sie wie ein wildes Tier und sah zum Fürchten aus. Sie hatte nie eine Chance, denn die Männer waren immer überzeugt von ihrer Mission. Einer von ihnen schlug auf jeden Fall zu. Ein letzter spitzer Schrei, etwas Blut, und dann, wie durch ein Wunder, verschwand übergangslos das Böse aus ihrem Gesicht, die Eckzähne schrumpften auf normale Länge, und aus der Vampirin wurde wieder eine ganz normale Frau, die friedlich in ihrem Sarg lag und nur noch tot war. So, als ob nichts geschehen wäre. Man trauerte um sie und ihr schweres Schicksal, welches sie in einen so frühen Tod getrieben hatte, aber vor allem freute man sich darüber, dass sie erlöst werden konnte und ihr ein Leben mit Dracula erspart geblieben war.

Ich liebte diese Filme, aber ich war danach immer fix und fertig, total angespannt und kaum in der Lage, mich von der Stelle zu bewegen vor lauter Grusel. Und was hat mich dann wieder zurückgeholt auf die Erde?

Mich beruhigt und entspannt? Das Testbild! Darauf konnte ich mich verlassen, denn jetzt war Schluss mit Fernsehen. Jetzt kam nichts mehr, wie im Kino, Vorstellung beendet. Das hatte etwas sehr Beruhigendes, und ich konnte auch nach anderthalb Stunden Gruselfilm am Stück (Werbung gab es damals ja nicht) noch relativ gut schlafen.

Früher war eben alles anders, und Sendeschluss gibt es schon lange nicht mehr.

UNBESCHWERT SEIN

Meine Lieblingstante Ulla war eine kluge, schöne Frau mit viel Humor und einer besonderen Vorliebe für Damenschuhe mit Pfennigabsätzen. Sie trug nie andere Schuhe und hatte davon so verkürzte Sehnen, dass sie selbst unter ihren Pantoffeln kleine Erhöhungen brauchte, um laufen zu können. An ihr und ihren damenhaften Auftritten konnte ich mich bei Familienfeiern nicht satt sehen. Meine »Ich möchte ein Junge sein«-Phase mit Lederhosen und Kurzhaarschnitt war nämlich vorbei, und ich hatte großen Spaß daran, die »andere« Seite in mir zu entdecken. Mit Stöckelschuhen, Lippenstiften und Haarspangen meiner Mami habe ich ausgiebig »Frau« gespielt.

Mehr und mehr fing ich an, mich bewusster wahrzunehmen. Gerne setzte ich mich vor den großen Schminkspiegel meiner Mutter und beobachtete mich und meine Reaktionen auf bestimmte Gefühle... Ich wollte zum Beispiel wissen, ob ich ohne besonderen Grund weinen konnte. Um das rauszufinden, hab ich mich voll auf ein trauriges Gefühl konzentriert und mir dabei so lange in die Augen geguckt, bis sie brannten und mir die Tränen die Wangen runterliefen. Ich war selbst erstaunt darüber, wie gut das ging. So gut, dass ich mir auch überlegt habe, ob ich dieses »Auf Kommando weinen« nicht noch woanders einsetzen könnte, bin davon aber schnell wieder abgekommen und hab es weiter nur für mich und das befreiende Gefühl danach getan.

Meine Omi kam mal überraschend ins Zimmer, als ich gerade »mittendrin« war...

»Ich übe nur weinen«, beruhigte ich sie und erklärte ihr, dass ich das öfter tun würde, weil es Spaß macht und ich mich danach immer so leicht fühlte. Ich glaube, sie hat das verstanden.

Meine Omi hat mich überhaupt sehr gut verstanden, und ich hab sie geliebt. An den Wochenenden war ich meistens bei ihr, und wir hatten es immer sehr gemütlich in ihrer Wohnung unterm Dach. Ich weiß noch genau, wie es bei ihr aussah und welcher Schrank in welchem Zimmer stand. Sie ließ mich »Flipper«, »Lassie« und »Pan Tau« gucken, und ich durfte selbst entscheiden, wann es genug war. Sie ermahnte mich nie, den Fernseher endlich wieder auszumachen. Wir schliefen in ihrem alten Ehebett mit Daunendecken wie Hochhäuser. In ihrem Schlafzimmer wurde nie geheizt, und im Winter war das ein besonderes Erlebnis, unter diese riesigen, eiskalten weißen Berge zu kriechen und nach der Wärmflasche zu suchen, die sie mir immer schon vorher ins Bett gelegt hatte... Tief vergraben in die »weiße Wolke«, konnte mir nichts passieren, und ich fühlte mich grenzenlos geborgen. An meinen Großvater erinnere ich mich gar nicht, er war gestorben, als ich noch ein Baby war.

Sie starb dann, als ich dreizehn war, und für mich kam das sehr überraschend. Ich war traurig darüber, aber ich konnte das auch irgendwie akzeptieren, ohne mich wochenlang schlecht zu fühlen...

Bevor sie beerdigt wurde, sollten wir sie alle noch mal »anschauen«, und ich hatte bis dahin noch nie einen Toten gesehen. Meine Großmutter lag hinter einem großen »Schaufenster«, aufgebahrt in einem ziemlich hässlichen Sarg. Man hatte ihr die Hände gefaltet und ihre Wangen zartrosa geschminkt, wir sollten sie doch in »guter Erinnerung« behalten..., und da musste ich lachen. Ich guckte sie mir ganz genau an und konnte nicht mehr aufhören zu lachen. Ich hatte keinen Heul-, sondern einen Lachkrampf, und noch bevor das irgendjemand mitbekam, rannte ich raus und musste ein paarmal tief durchatmen, um mich wieder zu beruhigen. Hier vermischten sich viele Gefühle.

Meine Mutter tat mir sehr Leid, es war schwer für sie, die eigene Mami zu beerdigen, aber da waren noch die vielen »Trauergäste«, hauptsächlich Leute, die ich noch nie gesehen hatte. Die meisten kamen mir unecht und ferngesteuert vor. Sie benahmen sich verkrampft und unnatürlich... Überhaupt war mir die ganze Zeremonie dieser Beerdigung sehr unangenehm. Ich fühlte mich fremd unter diesen Menschen, die alle schwarz gekleidet waren, und ich hab Gott sei Dank mehr gesehen als nur einen toten Körper und auch noch was anderes gefühlt als Trauer.
Ich ging wieder rein und sah meine Omi ein letztes Mal an. Es war, als wären wir beide ganz alleine und würden miteinander sprechen. »Kind«, hat sie gesagt, »mach dir keine Sorgen, mir geht es gut.« In diesem Moment hatte ich das erste Mal in meinem Leben keine Angst mehr vor dem Tod. Sie gab mir ein unbeschwertes Gefühl, und wir haben uns mit einem Lächeln voneinander verabschiedet.

SCHULD UND SÜHNE

Gehe beichten, denn bevor du empfangen darfst, musst du dich reinwaschen von deinen Sünden.

Ich war mir zwar keiner Schuld bewusst, aber da würde sich doch sicher was finden lassen. Jeden Abend, vorm Schlafengehen, ging ich tief in mich und suchte nach meinen verborgenen Sünden und den schlimmen Dingen, die ich im Laufe meines Lebens verbrochen hatte. Ich war schließlich neun Jahre alt, und in neun Jahren hatte ich bestimmt schon einiges auf mich geladen. Und wohin damit? Wohin mit der ganzen Schuld? In die Kirche zum Pfarrer, denn der Pfarrer steht Gott viel näher als du selbst und ihm musst du alles sagen. Er legt dann ein gutes Wort für dich ein, bei Gott dem Allmächtigen. Wieso sollte aber der Pfarrer mit Gott über mich sprechen? Das tat ich doch selbst und zwar schon, solange ich denken konnte. Der Gott, mit dem ich immer sprach, war mir sehr nah, und ich verstand überhaupt nicht, was die von mir wollten. Ich fand das ganze Theater kompliziert und nicht romantisch genug. Ich fühlte nichts in dieser Angelegenheit, und der wöchentliche Kommunionsunterricht, der uns alle auf den großen Tag vorbereiten sollte, war so öde, dass alle Kinder dort nur ihre Zeit absaßen.

Niemand verstand, worum es überhaupt ging, und der Herr Pastor hat sich auch nicht bemüht, uns das Ganze irgendwie zu erklären. Ich fand es nicht gerade toll, meine Zeit damit zu verbringen, aber ich hab mich auch nicht sonderlich gewehrt dagegen. Dafür war es mir nicht schlimm genug, und außerdem hatte ich mir von meinen Freundinnen erzählen lassen, dass man bei diesem Spektakel eine Menge Geld von den Verwandten bekam. Geld? Wofür denn? Das konnten sie mir auch nicht sagen. Aber egal, das waren richtig gute Aussichten, denn ich träumte schon lange von einer

WILLST DU MIT MIR GEHN 105

braunen Cordhose mit Schlag, und ich wusste auch genau, wo man die kaufen konnte. Und für eine braune Cordhose mit Schlag würden mir ganz sicher auch alle meine Sünden wieder einfallen.

Nach vielen endlosen Stunden Kommunionsunterricht wurden wir einige Wochen später entlassen und für würdig befunden, unserer Einweihung entgegenzusehen. Der große Tag rückte näher, und dann war es so weit. Ich musste in den Beichtstuhl.

Ein Beichtstuhl ist ein schmaler, hoher Kasten aus Holz, der in der Mitte durch eine Trennwand unterteilt ist. Die Trennwand ist auch aus Holz und hat viele kleine, kunstvolle Löcher reingeschnitzt, durch die man sprechen oder sich gegenseitig was zuflüstern kann. Innendrin ist es fast dunkel, sodass man sich nicht sieht, obwohl man sich gegenübersitzt. Auf der einen Seite der Pfarrer und auf der anderen Seite der Sündige. Der Pfarrer drückt sich dann ganz nah an die Trennwand, wenn der Sündige ihm seine Beichte ins heilige Ohr flüstern will. In diesem Fall ja ich, und der Moment war gekommen, wo er mich fragte: »Gabriele, was hast du mir zu sagen?« An dieser Stelle ließ ich mir Zeit für eine ordentliche Schrecksekunde. Dann ein »Hääh?«... Gabriele? Ich hatte wohl nicht richtig gehört? Wieso sagt der Gabriele zu mir? Das machte alles noch unangenehmer für mich. Ich saß in dieser kleinen dunklen Kammer, um einem wildfremden Mann was ins Ohr zu beichten, und dann sagt der auch noch Gabriele zu mir. Ich hätte ja einfach weglaufen können, aber dann wäre die ganze Party geplatzt, und die Verwandten waren auch schon alle da. Also Augen zu und durch. Ich räuspere mich, setze mich gerade hin und fange an zu sprechen. Nicht zu leise und auf gar keinen Fall zu laut: »Herr Pfarrer, ich habe einmal meine Eltern angelogen, aber wirklich nur ein kleines bisschen, eine Notlüge sozusagen, dann habe ich mal beim Bäcker ein Bonbon mitgenommen, ohne zu bezahlen, also ich wollte sagen, dass ich schon mal geklaut habe, ääääähhhh... von meinem Vater habe ich mir Schimpf-wörter abgehört und sie auch schon mal benutzt, so was wie Scheiße und so, und ich habe sogar mal blöde Kuh zu meiner Mutter gesagt. Dann war ich auch manchmal frech zu meinem Lehrer, und ich hab oft keine Lust, am Sonntag zu Ihnen in die Kirche zu kommen. So, das war's!«

Der Pfarrer hat noch irgendwas gefaselt mit »mein Kind« und so, und dann durfte ich den Beichtstuhl wieder verlassen. Ich war jetzt gereinigt und völlig frei von Schuld. Mehr Sünden wären mir auch beim besten Willen nicht eingefallen. War ja nicht gerade viel, und das mit meiner Mami hatte ich mir noch schnell ausgedacht.

Offiziell und groß gefeiert wurde das Ganze und mindestens genauso festlich gestaltet wie Weihnachten und Silvesterpartys in Abend-garderobe. Es war eben eine große Sache, das Fest der Schuld und der Sühne. Und dann die heilige Kommunion als Eintrittskarte in den Club der Gläubigen. Wir Mädchen waren in unschuldiges Weiß gehüllt, teil-weise waren die Kleider auch mit Spitze, Tüll und Schleifen versehen, und die Jungs trugen dunkelblaue Minimänneranzüge. Wir sahen alle putzig und adrett aus, durften nach vorne zum Altar kommen, niederknien und ungestraft dem Pastor die Zunge rausstrecken. So weit wie möglich, denn mit der Zungenspitze sollte die Hostie empfangen werden. Dann wurden wir angehalten, die Augen zu schließen, den Leib Christi in unserem Mund zergehen zu lassen und runterzuschlucken. Der ganze Ablauf war durchchoreografiert und verlief genau so, wie wir das im Kommunionsunterricht geübt hatten.
Ich schluckte freiwillig, obwohl das gar nicht so einfach war, weil mir das Ding halb unterm Gaumen klebte.

Ich hatte ordentlich gebeichtet, mich ordentlich schuldig gefühlt, zumindest habe ich so getan, und ich wurde reingewaschen von meinen Sünden. Ich war jetzt ein festes, unkündbares Mitglied der Kirche, mit einem Berechtigungsschein für den Verzehr von Hostien. Einen Unterschied habe ich nicht bemerkt. Mir ging es nach der Beichte genauso gut wie vorher, und ich hatte nicht den Eindruck, dass ich Gott näher gekommen war. Aber eins war klar. Ich würde nie wieder einem Pfarrer von meinen angeblichen Sünden erzählen. Wenn ich Gott was zu sagen habe, dann werde ich das alleine tun. So wie bisher...

Unsere Familienparty danach war sehr nett. Ich habe einen Teil des Geldes in mein Sparschwein gesteckt und von dem Rest meine braune Cordhose mit Schlag gekauft.

WER ANDERN EINE GRUBE GRÄBT

Familientreffen waren ganz nett oder sogar lustig und manchmal auch ärgerlich. Ich fühlte so was wie Sympathie, aber keine echten Verbindungen, außer zu Cousin Bubi, Tante Ulla und deren Hund Piefke. Es gab eine Pflicht gegenüber der Verwandtschaft, die daraus resultierte, dass man miteinander verwandt war. Natürlich war das auszuhalten, und wir Kinder haben es uns sowieso immer so nett wie möglich gemacht, während die Erwachsenen ihre vier Stunden diszipliniert miteinander abgesessen haben...

An ein Treffen vor vielen Jahren kann ich mich noch sehr gut erinnern. Dafür hatten meine Schwester und ich uns nämlich was Besonderes ausgedacht, weil wir fanden, dass es endlich an der Zeit wäre, uns einmal zu revanchieren für alles, was sie im Laufe der Jahre für uns und den Zusammenhalt der Familie getan hatten. Weihnachten immer angerufen oder mitgefeiert, Geschenke geschickt, Geburtstage nie vergessen, Friedhofsbesuche gepflegt und auch die Grabstätten, Streuselkuchen gebacken, gemeinsame Kirchgänge organisiert und viel gelacht, denn das tun die Kerners gerne. Und wer viel und gerne lacht, freut sich doch auch bestimmt über eine bewusstseinserweiternde Erfahrung, bei der man auf jeden Fall auch lachen muss, dachten wir...

Von einem Freund ließen wir uns beraten, denn wir hatten keine Ahnung. Nach seinen Anweisungen backten wir ein paar leckere Kekse und nahmen dafür nur die besten Zutaten. Alles aus dem Bioladen. Dinkelmehl, brauner Zucker, Eier aus Freilandhaltung und eine leichte Prise Haschisch. Das gab es natürlich nicht im Bioladen. Wir backten für uns gleich mit, denn wir wollten das unbedingt auch mal ausprobieren und waren sehr gespannt auf die Wirkung.

Mit unserer heißen Ware fuhren wir also zum Familientreffen und servierten unsere Kekse am späten Nachmittag zum Kaffee. Einige nahmen gerne davon, andere nicht, aber wir passten auf, dass niemand mehr als einen bekam. Leider habe ich mich, was die Menge betraf, nicht an den Rat unseres erfahrenen Freundes gehalten und gleich vier Stück davon verspeist. Meine Schwester war in weiser Voraussicht und letzter Sekunde noch abgesprungen. Sie wollte ihre erste Kekserfahrung lieber doch noch mal verschieben.

Auf jeden Fall beobachteten wir jede kleinste Regung der anderen und warteten gespannt darauf, ob irgendetwas passieren würde. Dabei hatte ich völlig vergessen, dass ich ja an mir selbst auch irgendwann mal was merken würde.

WILLST DU MIT MIR GEHN

Und dann setzte die Wirkung ein. Übergangslos wurde mir ganz plötzlich ganz anders, und ich wusste nicht, wie ich damit umgehen sollte. Ich war hin und her gerissen davon, ob mir das neue Gefühl jetzt Angst machte oder mir vielleicht sogar gefallen könnte. Und dann stand Onkel Franz plötzlich auf und wollte gehen! Ich erschrak und guckte ihn entsetzt an. Das hatte er noch nie gemacht. Exakt vier Stunden dauerten diese Treffen, und Onkel Franz saß immer bis zum Schluss kerzengerade auf seinem Stuhl, bewegte sich so gut wie nie und sagte nur ganz selten was. Und jetzt wollte er gehen? Zwei Stunden vor der Zeit? Hier stimmte eindeutig nichts mehr, und mir wurde unheimlich. Die anderen wirkten auf einmal auch so verändert und benahmen sich sehr komisch. Fand ich jedenfalls. Was hatte ich denn da angerichtet? Guten Tag, Schuldgefühl, auch das noch. Ging es allen etwa ganz furchtbar schlecht von einem einzigen Keks, den ich ihnen gegeben hatte? Und dann fiel es mir wieder ein. Oh mein Gott, ich hatte ja vier davon gegessen. Verstohlen guckte ich mich um, die sehen mir das bestimmt alle an. Meine Schwester schien alles ganz lustig zu finden, und als sie meine verwirrten Blicke sah, wollte sie mich beruhigen. Nenchen, sagte sie, alles okay?

Nichts war mehr okay. Ich konnte nicht mal mehr antworten, denn jetzt war es klar, ich hatte mich eindeutig dafür entschieden, mein neues Gefühl nicht gut zu finden. Und jetzt kam mich meine Angst besuchen. Heftige Angst, die mir förmlich die Kehle zuschnürte. Und je mehr Widerstand ich entwickelte, desto schlimmer wurde es. Das vermischte sich auch noch mit meinem extrem schlechten Gewissen den anderen gegenüber, und ich machte mir Vorwürfe und bereute meine Tat. Schade, denn so konnte ich meine bewusstseinserweiternde Erfahrung, auf die ich mich doch so gefreut hatte, leider nicht genießen. Ich fing an, die Kontrolle zu verlieren, und das war das Schlimmste für mich. Dabei kann das doch so schön sein. Nein, ich konnte nicht loslassen. Jetzt musste ich aufstehen und gehen, Onkel Franz hingegen hatte sich in der Zwischenzeit längst wieder hingesetzt und lächelte selig vor sich hin. Ich nahm alles nicht mehr richtig wahr, und mein Zustand verschlechterte sich drastisch. Ich saß in einem riesigen Fahrstuhl, der mich und mein Bewusstsein mit Lichtgeschwindigkeit irgendwohin beförderte, wo ich auf gar keinen Fall hinwollte. Jedenfalls damals nicht. Ich wollte aussteigen, aber das ging nicht.

Meine Schwester, die mich besorgt ansah und das Ganze auch nicht mehr so lustig fand wie vorher, war jetzt bestimmt froh, dass sie nichts von unserem Selbstgebackenen gekostet hatte. So unauffällig wie möglich schlichen wir uns in Papis Schlafzimmer. Ich ließ mich auf sein Bett fallen und lag vier Stunden flach auf dem Rücken und konnte mich nicht bewegen. Ich flog durch meine eigene kleine Hölle, und ich hörte Stimmen. Sie riefen nach mir, immer wieder, die Verwandten, denen es ganz offensichtlich richtig gut ging. Gott sei Dank waren Nane und Benni bei mir. Sie mussten mir alle zwei Minuten bestätigen, dass ich ganz sicher nicht sterben würde.

...wer andern eine Grube gräbt...

Und die Moral von der Geschicht? Tu einem andern so was nicht... Auch wenn man etwas in bester Absicht tut, kommt die Absicht doch meistens zum Absender zurückgeflogen.

Also????? Auf keinen Fall nachmachen!!!!!

DEZEMBER 2002

Nena, Phil und die Kinder stecken bei vierzig Grad minus bis zum Kopf im Schnee – in Finnland. Sie ruft mich hin und wieder an, erzählt mir von den mystischen und überirdisch-schönen Polarlichtern, die sie gesehen hat, und dass ihre Wimpern und Augenbrauen weiß gefrieren, sobald sie den Kopf aus dem Fenster steckt. Sie erzählt von der erfolgreichen Suche nach dem Weihnachtsmann, der auf einem Rentierschlitten angereist kam, von faszinierenden Eiskristall-Blumen und vom knisternden Kaminfeuer in der Blockhütte, in der sie wohnen. Vierzig Quadratmeter für die ganze Familie, und Nena findet es urgemütlich. Sie erzählt von der frühen Dunkelheit und der Kälte, mit der sie in den ersten drei Tagen Schwierigkeiten hatte. Und von dem strahlend weißen Schnee, der so tief und so weich ist, wie man ihn bei uns in Deutschland nicht mehr findet, und in dem man bis zu den Knien versinkt, wenn man ihn ohne Schneeschuhe betritt.

Im Januar sehen wir uns wieder und setzen uns an den langen Tisch im Esszimmer. Die Tür geht auf, und Larissa kommt rein.

Larissa: »Ich habe einen Entschluss gefasst!«
Nena: »Und der wäre?«
Larissa: »Alle meine Freunde außer mir und Tracy haben einen Freund! Und ich darf hier zu Hause sitzen und gammeln und warten auf Jona, dass der endlich seinen Arsch hochkriegt ... und Mittwoch...«
Nena: »Mittwoch nimmst du das in die Hand, oder was?«
Larissa: »Leroy, den hab ich auch schon gesehen...«
Nena: »Ach, ein anderer?? Nein! Du willst doch Jona! DEN liebst du doch!«
Larissa: »Nee, vielleicht in zwanzig Jahren... Also, Leroy...«
Nena: »Den hast du schon kennen gelernt?«

Larissa: »Jaja.«
Nena: »Wie alt ist der denn?«
Larissa: »Sechzehn.«
Nena: »Ich hab dir doch gesagt, du sollst dem Jona mal einen Tritt geben –
ins Glück! Glückstritt!«
(Beide lachen)
Larissa: »Ja, aber jetzt gerade hab ich keine Lust darauf.«
Nena: »Verstehe...«
Larissa: »Leroy...«
Nena: »Haste den schon mal gesehen?«
Larissa: »Ja, natürlich! Neulich bin ich mit Alessia an seiner Haustür vor-
beigegangen. Gaaanz unauffällig... Wir hatten so ein Glück: Genau in
dem Augenblick stand er am Fenster und hat geguckt!«
Nena: »Ja DANN soll das wohl so sein!«
Larissa: »Und Samstag ist diese Party, und deswegen bitt ich dich...«
Nena: »Ja, du darfst!«
Larissa: »Darf ich auch bei Alessia schlafen?«
Nena: »Ja.«
Larissa: »Danke!!! Dann treff ich den da...«
Nena: »Sehr gut. Und Sonntag kommst du nach Hause, okay?«

Larissa tänzelt glücklich aus dem Zimmer. Eine Stunde später setzt sie
sich wieder zu uns an den Tisch.

»Worüber redet ihr gerade?«
»Über mich, als ich so alt war wie du jetzt.«

Larissa pult nachdenklich an einem Holzloch auf dem Tisch rum.

»Du, Mami, wie war das eigentlich mit deiner ersten großen Liebe?«

»Das war sehr schön..., obwohl wir nie zusammengekommen sind..., und das tat natürlich auch weh...«

Larissas braune Kulleraugen gucken Nena ein bisschen traurig an.

»Larissa, worüber willst du mit mir reden?«

Larissa schmunzelt. Nena nimmt sie in den Arm.

»Über Jona?« Larissa nickt.
»Komm her, mein Baby! Komm auf meinen Schoß.«

Nena streichelt Larissa übers Haar, die sich an sie kuschelt und am Reißverschluss von Nenas Jacke zupft.

»Hast du Liebeskummer?«, flüstert Nena ihr ins Ohr.
»Nicht direkt, aber so etwas Ähnliches...«

Larissa pult weiter an Nenas Reißverschluss rum.

»Mami, deine erste große Liebe – war das wirklich Hendrik? Ich meine, gab es davor nie einen anderen Jungen, in den du verliebt warst?«

...Ich gucke mein Riesenkind an und werde sentimental. Wie schnell du gewachsen bist, Larissa, es ist doch noch gar nicht so lange her, da warst du noch ein winziges Baby, und jetzt sitzen wir beide hier und reden über die Liebe.

Ob es davor mal einen Jungen in meinem Leben gab? Klar, ich war fünf und verliebt in den Sohn vom einzigen Bäcker in ganz Breckerfeld, und ich hab jede Möglichkeit genutzt, um mit ihm zusammen zu sein. Frag mich jetzt nicht, wie der hieß, das hab ich vergessen, und ich weiß auch nicht mehr, wie er aussah. Und dann gab es einen, als ich schon zur Schule ging. Dritte Klasse. Und der Junge, den ich toll fand, war auch der Sohn von einem Bäcker. Ob das wohl was zu bedeuten hatte?

Und als ich elf war, gab es einen Peter, und den hab ich mir gemerkt. Aber nur aus einem einzigen Grund. Ich war nicht verliebt in ihn, habe ihn nie geküsst und noch nicht mal seine Hand gehalten. Aber er war der erste Junge in meinem Leben, der mir eine wichtige Frage gestellt hat...

Es war kurz nach sieben und noch dunkel draußen, als er auf der Brücke vor meiner Schule stand und auf mich wartete... Er war mir gar nicht auf-gefallen, und als ich völlig ahnungslos und noch ziemlich verschlafen an ihm vorbeiging, zupfte er mich am Ärmel und fragte:

»Willst du mit mir gehen?«

Hä?????...

»Willst du mit mir gehen?«

Gott sei Dank wusste ich einigermaßen Bescheid, sonst hätte ich wahr-scheinlich gefragt: »Wohin soll ich denn jetzt mit dir gehen, so früh am Morgen?« Und zum Glück hat er mir nicht auch noch einen Zettel in die Hand gedrückt, so einen mit Ja oder Nein zum Ankreuzen. Trotzdem stand ich leicht unter Schock und war übergangslos hellwach. Nein, mit ihm wollte ich nirgendwohin gehen. Hätte mich das beim ersten Mal nicht der fragen können, in den ich schon seit Wochen verliebt war?

WILLST DU MIT MIR GEHN

Er war ein netter Junge, und seine Aktion fand ich ganz schön mutig, aber das alleine löste in mir keine Liebesgefühle aus. Ich empfand gar nichts für ihn, und ich wusste auch, dass sich das nicht ändern würde. Aus diesem Film wollte ich so schnell wie möglich wieder aussteigen, aber ich habe mich nicht getraut, ihm das zu sagen...

Das Einzige, was mir einfiel, war: »Ich muss mir das überlegen« ... Aua, das war keine gute Antwort, und ich fand mich so richtig bescheuert, aber er reagierte sehr verständnisvoll und meinte: »Klar, das verstehe ich«, drehte sich um und dampfte ab. Ich war erleichtert und dachte, das war's, und versuchte das Ganze so schnell wie möglich zu vergessen...

Am nächsten Morgen stand er wieder da. Gleicher Ort, gleiche Uhrzeit. Natürlich, er wollte ja eine Antwort, und ich konnte doch nicht ahnen, wie hartnäckig der war. Jetzt musste ich was sagen. Aber was, die Wahrheit? Sollte ich ihm jetzt an diesem frühen, dunklen, kalten Wintermorgen auf dieser Brücke sagen: »Ich kann nicht mit dir gehen, denn leider liebe ich dich nicht«? Ja, das hätte ich tun sollen, das wäre fair gewesen, und ich hätte mich danach besser gefühlt..., aber ich konnte nicht. Warum eigentlich nicht? Ich hatte genügend Zeit, darüber nachzudenken, denn das Ganze ging sechs Wochen so. Sechs Wochen hab ich ihm jeden Morgen das Gleiche gesagt, und in der dritten Woche bin ich dafür nicht mal mehr stehen geblieben.

Augen zu und durch sozusagen, und wenn ich morgens aufwachte, war mein erster Gedanke, dass er gleich wieder auf der Brücke stehen würde und ich ihm wieder keine Antwort geben könnte... Mir wurde richtig schlecht, wenn ich nur daran dachte. Ich brachte es einfach nicht fertig, ihm zu sagen, dass ich seine Liebe nicht erwidern konnte. Ich hatte Angst, ihm das zu sagen, und das war schade, denn es hat weder ihm noch mir gut getan. Ich mochte schon gar nicht mehr zur Schule gehen, und ich wusste nicht, was ich machen sollte. Ich hoffte immer, dass er einfach nicht mehr kommen würde...

Und als ich am Ende der sechsten Woche wieder mit einem schlechten Gewissen über die Brücke gehen wollte und daran dachte, dass er mich gleich ansehen würde mit seinen fragenden Augen, immer noch auf eine Antwort hoffend, da war er nicht mehr da. Ich rieb mir die Augen, weil ich es nicht glauben konnte. Er war nicht da, und er kam auch nie wieder...

Diese Geschichte bin ich lange nicht losgeworden, und ich hab noch eine Weile ein blödes Schuldgefühl mit mir rumgetragen. Sollte mir das noch mal passieren, dass ein Junge mich so was fragt, würde ich auf jeden Fall sagen, was ich fühle, das hatte ich mir geschworen...

»Der Aaaaaaaarme«, sagt Larissa und guckt mitleidig in die Ferne. »Aaaber«, kommt es ihr dann in den Sinn, »er hat dadurch bestimmt auch was gelernt.«

HENDRIK,

ich hab dich geliebt, als ich dreizehn war. Eine Zeit lang kreuzten sich unsere Wege morgens, wenn wir zur Schule gingen. Du in die eine, ich in die andere Richtung. Und immer am Bahnübergang sind wir uns begegnet. Ich habe auch an vielen Sonntagen bei Nani am Fenster gestanden, weil ich hoffte, du würdest dort vorbeikommen, mich abholen, und dann wären wir Arm in Arm in Richtung Sonnenaufgang geschlendert...

Einmal hast du es mir gesagt, dass du mich liebst, aber geküsst hast du mich nicht, und das habe ich nie verstanden...

Und dann fiel dir dein Glas aus der Hand auf Nanis Party. Ich hab die Scherben heimlich aufgehoben und in ein Papiertaschentuch gewickelt. Dabei hat sich ein Splitter in meinen Daumen verirrt und mir einen tiefen Schnitt verpasst... Ein anderes Mädchen lag in deinen Armen, und sie war sechzehn.

Wir haben uns nie mehr gesehen, aber die Scherben von deinem Glas habe ich noch lange in einem kleinen Kästchen aufbewahrt und mit mir rumgetragen...

Das blieb mir also von meiner ersten großen Liebe – die Erinnerung und ein kleiner Scherbenhaufen... Das ist doch so richtig schön dramatisch, oder???

Larissa lächelt sie an, sagt: »Ach Mami« und legt sich in ihren Arm.

Wir schweigen ein bisschen und hängen unseren Gedanken nach. Es ist still im Haus. Und das ist so ungewohnt, dass es irritiert. Nena sagt, wie schön sie es findet, wenn es zwischendurch auch mal so ruhig ist. Dass sie diese Sekunden genauso liebt wie den ewigen Trubel in ihrer Familie...

RRRRRINGGG!!! Das Telefon klingelt. Irgendeine von Larissas tausend Freundinnen. Sie schnappt sich den Hörer und geht, aufgeregt redend, aus dem Zimmer. Ganz offensichtlich ist es mit der Ruhe jetzt doch wieder vorbei.

SCHEPPER!! Die Tür geht auf. Sakias. Nena soll ihn zum Chiropraktiker fahren. Da geht er so gerne hin, weil er sich danach immer so aufgerichtet und leicht fühlt. Nena schnappt sich den Autoschlüssel. »Bin gleich wieder da!«

Ich gehe durch die Räume und sehe ein Foto, das eingerahmt auf dem weißen Flügel im Wohnzimmer steht: ein kleiner Junge mit großen dunklen Augen und einem Schlauch in der Nase. Christopher...

Ein paar Minuten später ist Nena wieder da und lässt den Autoschlüssel auf den Tisch und sich selbst neben mich auf den Stuhl fallen. »Wo waren wir?« Ich will gerade antworten, als Larissa zur Tür reinschaut, den Telefonhörer noch am Ohr, und fragt, ob sie bei ihrer Freundin übernachten darf. Nena dreht auf, karikiert die strenge Mutter, rennt aufgebracht im Zimmer rum und regt sich zum Schein darüber auf, wie verdorben die heutige Jugend mittlerweile doch sei. Zu ihrer Zeit, da hätte es so was nicht gegeben! Larissa verdreht die Augen und hält die Hand über die Hörmuschel, damit ihre Freundin nicht mithört. Nena doziert gerade über »Spaß nach Maß«, als Larissa sie unterbricht. »Mama!! Was ist denn nun?« Nena bleibt abrupt stehen – beide müssen lachen. »Ja, klar«, sagt Nena, ist wieder Nena und setzt sich. »Super!« Larissa macht schnell die Tür zu, um weitere hundert Stunden mit ihrer besten Freundin zu telefonieren.
»Ach, und Larissa??«
Stille.
»Larissa!!« Das ist der Ton, der absoluten Gehorsam fordert. Die Tür geht noch mal auf. Nena guckt auf Larissas Hose: »Sind das meine Jeans?«
Larissa: »Ja...?«
Nena: »Die will ich morgen wiederhaben!«
Larissa grinst und macht die Tür zu.
Nena atmet tief durch, lehnt sich zurück und guckt mich an. »Also, wo waren

wir?« Ihr Handy klingelt. Langsam wird die Frage zum Runninggag. Nenas Telefonat dauert nicht lange, aber es endet mit den Worten: »...Okay, Phili, dann komme ich gleich!« Noch während sie diesen Satz sagt, guckt sie mich an, legt den Kopf schief und zuckt entschuldigend mit den Schultern. Als sie aufgelegt hat, lacht sie: »Tut mir Leid, Claudia, ich bin noch zum Singen verabredet, das hatte ich ganz vergessen! Phil wartet im Studio auf mich. Lass uns für heute Schluss machen und morgen telefonieren, okay?«
Klar ist das okay. Ich habe es doch schon längst kapiert.
Es geht nur – wenn es eben geht.
Und jetzt isses ja auch nicht mehr viel...

JUNI 2003

In der Zwischenzeit sind wir für ein halbes Jahr rüber ins Gartenhaus gezogen. Ich räume auf und überlege, ob wir heute noch was einkaufen müssen.
Larissa und Jil kommen reingestürmt und reden teenagermäßig aufgeregt über Eisprünge, Jungs und darüber, dass Schule doof, aber eben doch wichtig ist. Sie stinken nach Rauch, und ich weiß genau, dass das nicht zu ihnen passt. Es passt nicht zu diesen »kleinen« Göttinnen, die vielleicht schon bald selbst Kinder haben werden. Larissa jedenfalls mindestens drei, das hat sie mir gesagt. Dieser ekelige Zigarettengestank. Ich rieche das auf dreitausend Meter Entfernung, aber wie war das denn bei mir damals?

Ich hab's geliebt zu rauchen, und der Geruch war mir völlig egal. Mit dreizehn ging das los, und mit fünfzehn fand ich Zigaretten ekelhaft, aber kiffen toll. Da spielten Zigaretten nur noch eine Nebenrolle.

NENA

Meinen ersten Eisprung hatte ich mit zwölf. Etwas früh vielleicht, aber wer will das beurteilen. Gibt es das überhaupt – zu früh oder zu spät? Mit Tampons kam ich jedenfalls nicht klar und mit meinen Eltern schon gar nicht. Aber geliebt haben sie mich und mir einen Traum erfüllt. Sie wollten mir was Gutes tun und hofften auch, dass unser angespanntes Zusammenleben dadurch etwas einfacher werden würde...

Wir wohnten sehr schön, direkt am Waldrand in einer alten Villa, und teilten uns das große Haus mit zwei anderen Familien. Es war unser dritter Umzug seit Breckerfeld und die letzte gemeinsame Station, bevor meine Eltern sich trennten.

Unterm Dach gab es so eine Art Studentenzimmer, das leer stand und nur darauf wartete, von mir bewohnt zu werden. Meine Eltern mieteten es für mich, und ich hatte mit fast dreizehn Jahren endlich mein erstes eigenes Zimmer. Ich durfte »ausziehen«! Zwar wohnte ich immer noch mit im selben Haus, aber außerhalb der elterlichen Wohnung, und das war das Entscheidende. Dort oben, dem Himmel viel näher, hatte ich jetzt mein eigenes kleines Paradies und fühlte mich auf jeden Fall reif genug, endlich über mich selbst zu bestimmen.

Ich konnte sofort einziehen. Mein Bett passte perfekt in die Nische unter der Dachschräge, und am Fußende war noch genügend Platz für meinen geräumigen alten Kleiderschrank. Ein guter Platz zum Schlafen war das, und besonders geborgen fühlte ich mich da, wenn ich von meinen heimlichen nächtlichen Spaziergängen ziemlich müde nach Hause kam und mich wie ein Dieb durchs Treppenhaus wieder in mein Zimmer schlich.

Mein Vater schenkte mir seine alte Musiktruhe – so nannte man das: ein kompaktes Möbelstück, in Holz gehalten. Es hatte ein eingebautes

Radio, einen Plattenspieler, auf dem ich mindestens zwanzig Singles stapeln konnte, und einen integrierten Lautsprecher, der einen ziemlich fetten Sound hatte. Wir sägten die Beine ab, weil ich das Ding lieber direkt auf den Boden stellen wollte, damit ich mich zum Musikhören immer schön daneben legen konnte.

Stundenlang hab ich da oben auf dem Boden gelegen, geträumt, Bob Dylan, Neil Young, Pink Floyd und die Rolling Stones gehört und manchmal auch Hausaufgaben gemacht.

Ich wollte geachtet werden dafür, dass ich anfing, eine eigene Vorstellung vom Leben zu entwickeln, aber mein Umzug ins eigene Zimmer unterm Dach bedeutete nicht, dass die Erlaubnis, mein Leben selbst oder zumindest mitzubestimmen, automatisch mitgeliefert wurde. Sie gönnten mir den Luxus der eigenen vier Wände, aber es gab viele Auflagen und vor allem Verbote. Und so konnte ich auch meine Hauptlaster Rauchen und Lieben nur unter dramatischen Umständen und absoluter Geheimhaltung ausleben. Beim heimlichen Rauchen habe ich mich oft so weit aus meinem kleinen Fenster gelehnt, dass ich einige Male fast auf das darunter liegende Garagendach geknallt wäre. Diese Anstrengung war vollkommen unnötig, denn meine Mutter hat es sowieso immer gerochen...
Und mit der Liebe war das auch nicht anders. Denn die, also ihn, musste ich mehr als einmal in meinem Schrank verstecken, wenn meine Mutter wieder mal unangemeldet zu mir hochkam, um nach dem Rechten zu sehen. Das war schrecklich. Elterlicher Kontrollwahn, weil sie merkten, dass sie immer weniger Einfluss auf mich hatten. Sie versuchten den Überblick zu behalten, aber sie hatten keine Ahnung, was in meinem Leben alles los war. Sie wussten nicht, warum ich so gerne tanzen ging, nicht immer pünktlich zu Hause sein konnte, über gewisse Dinge nicht mit ihnen reden wollte, warum ich oft lieber was anderes gemacht hätte,

als zur Schule zu gehen, warum ich meinen ersten Freund Tag und Nacht bei mir haben wollte, warum ich unbedingt zum Konzert von Eric Burdon wollte und wie blöd es war, dass sie mich nicht gelassen haben, und warum ich es trotzdem gemacht habe...

Alles war in Ordnung, wenn sie mich in Ruhe ließen. Aber das taten sie meistens nicht, und ich fing an, mich zu wehren. Bald durfte mir niemand mehr was sagen und wehe, sie kamen im falschen Moment, dann konnte ich so dramatisch laut werden, dass ich zumindest für ein paar Stunden meine Ruhe hatte. Sie waren gegen mich, so hab ich das damals empfunden. Meine Eltern, meine Geschwister und alle Lehrer – und ich dachte, weil die mit sich selbst nicht klarkommen, stürzen sie sich auf mich.

Und trotzdem war das Leben schön ... und wie! Wir waren nicht alleine. Nani und ich sind zusammen durch diese Zeit gerauscht und haben uns das Leben genau angeguckt. Wir haben knutschen geübt und sind von Partys erst wieder nach Hause gekommen, wenn es draußen hell wurde... Das war Pflicht, und hätten unsere Eltern das alles gewusst, dann hätten wir es trotzdem getan.

Wir waren dauerverliebt. Ins Leben, in uns und die Jungs in Hagen. Küssen können mussten sie und mindestens eine eingebildete Gemeinsamkeit mit Mick Jagger haben, sonst lief da gar nichts. Erstaunlicherweise gab es von dieser Sorte genug in unserer Umgebung, und wir mussten uns nie einen teilen...

Wir waren auch verliebt in unsere Sehnsucht und das Gefühl, nicht zu wissen, wo die Sehnsucht herkam, und wenn das zu anstrengend wurde, haben wir uns mit Kissen und Keksen auf den Boden gelegt, Leonard

Cohen gehört und stundenlang darüber geredet, irgendwann mal weit weg zu gehen.

Wenn wir Gefühlspausen brauchten, haben wir kleine Mädchen gespielt und sind mit den Ponys in die Wälder geflohen. Im Galopp über die Wiesen, obwohl ich gar nicht reiten konnte. Aber es ging und war unfassbar romantisch. Da haben wir getankt und eine kleine Weile durchgeatmet, um uns dann meistens schon am selben Abend wieder unserer Sehnsucht nach der großen Liebe hinzugeben.

LARISSA UND MARIE

Arm in Arm sind sie gerade in den Abend geschlendert, in freudiger Erwartung all der Dinge, die sie auch heute wieder auf keinen Fall verpassen wollen..., und dann haben sie sich noch mal umgedreht und mir zugewinkt... Sie lieben sich so, wie wir uns damals geliebt haben. Sie sind verliebt ins Leben und nehmen, was das Leben ihnen gibt.

Wenig später hat Larissa mir geschrieben:

»Liebste Mami... Marie, Sarah, Leif, Sakias und ich sitzen gerade im Auto auf dem Weg ins Kino und genießen unsere Jugend.«

JANUAR 2003

Ich bin bei Nani zu Hause, und sie erzählt mir, wie schön sie es findet, dass Marie und Larissa genauso eng befreundet sind, wie sie und Nena es damals waren und immer noch sind.

»Larissa ist gerade bei uns zu Besuch«, sagt Nani, »nein, besser gesagt bei Marie, denn ich sehe die beiden eigentlich nur kommen oder gehen. Und wenn ich Glück habe – wie heute –, frühstücken wir zusammen. Ich beobachte mich oft dabei, wie ich versuche, für die beiden einen Rahmen aufzustellen. Einen Rahmen aus Regelungen und Vereinbarungen, in dem sie sich bewegen sollen, und dann erinnere ich mich an unsere Zeiten. Die Zeiten der Mütter in dem gleichen Alter und wie wir mit diesem Rahmen unserer Eltern umgegangen sind. Auch sie sahen uns nur kommen, im Zimmer verschwinden und wieder gehen...«

Nena und Nani haben genau die gleiche Stimme und das gleiche Lachen. Ich sage es ihr.
»Wir haben irgendwie denselben Slang, stimmt. Das prägt ja auch, wenn man zusammen aufgewachsen ist.«

»Seit wann kennst du Nena eigentlich?«, frage ich sie.

»Vor über dreißig Jahren haben wir uns das erste Mal gesehen – auf dem Schulhof. Wir waren beide auf diesem Mädchengymnasium, ich war vierzehn und Nena elf. Sie ist mir sofort aufgefallen, weil sie so süß und niedlich aussah. Total unschuldig, wie ein Bambi: ganz klein und zart, dunkle Haare, dunkle Hautfarbe und riesige grünbraune Augen. Sie trug ein beiges Kamelhaarmäntelchen mit zwei großen Knöpfen und weiße Kniestrümpfe. Sie hat mich gerührt, ohne dass ich sie kannte. Ich war ja zwei Klassen weiter, da ist es wirklich schon was Besonderes, wenn man auf Kleinere achtet, die gerade erst anfangen.

Meine Eltern hatten viel Kohle – im wahrsten Sinne des Wortes: Mein Vater hatte einen Kohlenhandel. Egal, jedenfalls war Geld genug da, mir ein paar Ponys zu schenken, und ich bin zu der Zeit sehr viel geritten. Irgendwie muss Nena davon Wind gekriegt haben: Eines Vormittags sprach sie mich an, ob sie nicht mal bei mir reiten könnte. Klar durfte sie. Wir haben uns für den nächsten Tag verabredet und uns gleich supergut verstanden. Wir haben oft lange Ausritte in den Wald gemacht – ohne Sattel natürlich! Nena auf Groupie und ich auf Morphine. Wir fühlten uns wie befreite Wesen auf dem Rücken der Pferde. Meistens redeten wir über Jungs aus dem Strandbad, in wen wir gerade verliebt waren oder welche wahnsinnigen Ungerechtigkeiten unsere Eltern uns wieder angetan hatten. Auf jeden Fall waren wir hoch zu Ross unerreichbar für banale Gedanken oder irgendwelche Spießer, denen wir unterwegs begegneten. Nur der Förster schaffte es, uns auf den Boden der Tatsachen zu holen, wenn er uns mal wieder außerhalb der Reitwege erwischte. Dann gab es eine langweilige Predigt und später einen Anruf nach Hause.«

Nani rührt abwesend in ihrem Kaffee und befindet sich offensichtlich in ganz anderen Zeiten.

»Nena war so richtig meine beste Freundin – ganz klassisch, mit jeden Tag was zusammen machen, dauernd telefonieren und so.«

»Aber du warst doch drei Jahre älter! In dem Alter sind das ja Welten...«

»Das war völlig unwichtig! Wir haben öfter in unserem Wochenend-häuschen geschlafen, einem kleinen Steinhaus mit Pferdewiesen drum herum. Da durften wir alleine übernachten und brauchten dann nur noch den Kontrollanruf abzuwarten. Dann konnten wir losziehen – in die Disco, zu Freunden oder wohin auch immer. Pünktlich um 23.00 Uhr klingelte das Telefon, und wir wurden von den Eltern gefragt, ob wir auch da seien und jetzt ins Bett gingen. ›Natürlich gehen wir jetzt ins Bett, wir sind soooo müde!‹ Kaum lag der Hörer wieder auf der Gabel, verschwand die Müdigkeit von unseren Gesichtern, unsere Füße verschwanden in den Schuhen, und wir entschwanden aus dem Haus. Meistens gingen wir zu Fuß auf den anderen Hügel gegenüber, wo in einer Siedlung viele unserer Freunde wohnten. Die hatten's vielleicht gut. Die meisten von ihnen hatten einen Partykeller und durften am Wochenende Partys feiern. Sie durften einladen, wen sie wollten, und die Eltern kamen auch nie runter, um nach dem Rechten zu sehen. Wir feierten mit, und in den frühen Morgenstunden machten wir uns auf den langen Heimweg.«

Nani grinst.

»Wir hatten einfach Bewegungsdrang. Das Wochenendhäuschen war lange Zeit unser bester Ausgehtrick...

Mir fällt gerade noch eine lustige Geschichte ein! Muss ich dir unbedingt erzählen: Ich hatte Verwandte in Soest auf'm Bauernhof, da waren Nena und ich mal zum Kaffeetrinken eingeladen. Die waren sehr lieb und haben sich totale Mühe gegeben. Sie wollten uns was ganz besonders Gutes tun, deshalb gab es zur Feier des Tages eine große, selbst gemachte Eisbombe. Jeder bekam ein Riesenstück, ob er wollte oder nicht. Wir haben alle ganz andächtig gegessen, nur Nena nicht. Nach dem ersten Bissen legt sie den Löffel zur Seite und sagt laut und deutlich: ›Das Eis schmeckt zum Kotzen!‹ Stille. Entsetzen. Sinkende Kaffeelöffel, offene

Münder, bis nach endlosen Sekunden meine sechsjährige Cousine plötzlich ein schüchternes ›Find ich auch!‹ piepst. Die Tischrunde lacht und ist erleichtert, dass die Spannung wieder gelöst ist. Da war Nena zwölf und genauso authentisch wie heute. Mir war das damals sehr peinlich, aber irgendwie fand ich es auch richtig gut, dass sie so ehrlich war. Die ist absolut unbestechlich!«

Claudia: »Wie würdest du Nenas Persönlichkeit beschreiben?«

»Nena ist total spontan und begeisterungsfähig. Sie setzt sich hundertprozentig für das ein, wovon sie überzeugt ist. Sie träumt nicht von ihren Sachen, sondern sie hat die Idee und macht es. Und sie ist extrem großzügig – das war sie immer schon!
Einmal hat sie mir und Denis (in den ich sehr lange, sehr intensiv verliebt war) für eine Weile ihre Berliner Wohnung überlassen. Sie kannte ihn noch gar nicht, aber sie hat alles schön gemacht für uns und zur Begrüßung den ganzen Kühlschrank mit Champagner und anderen Köstlichkeiten gefüllt.«

Das nächste Date mit Nena habe ich in einem Hamburger Hotel. Sie hat hier ein Interview, und ich hole sie ab, um mit zu ihr nach Hause zu fahren.

Die sechzehn Sekunden im Fahrstuhl fühlen sich an wie - sechzehn Sekunden im Fahrstuhl! Lautlos schwebt er mich in den obersten Stock, die Tür geht auf, und ich stehe in einem Loft mit riesiger Fensterfront. Nena ist noch im Gespräch und hat ganz offensichtlich spitzenmäßige Laune. Sie nickt mir freudig zu und beantwortet die letzten Fragen des sehr aufgeregten Redakteurs locker und charmant. Sichtlich fasziniert und davon sehr erschöpft, bleibt er zurück. »Das ist übrigens Claudia, wir schreiben ein Buch zusammen!« Der Mittdreißiger nickt irritiert. Mit dieser Info kann er nichts anfangen. Auch egal.

Nena und ich verschwinden im Fahrstuhl, und ich erzähle ihr von dem Taxifahrer, der mich gestern Abend nach Hause gefahren hat. »Nach zwei Blicken in den Rückspiegel hat er mir einen Spontanheiratsantrag gemacht und war fest entschlossen, den Rest seines Lebens mit mir zu verbringen, auch als ich vorsichtige Zweifel äußerte, blieb er seiner Sache vollkommen sicher.«

Nena guckt mich völlig fasziniert an, und wir müssen beide lachen.

»Wir würden zusammengehören – das wüsste er einfach und er bräuchte mir auch seine Nummer nicht aufzuschreiben, weil wir uns sowieso wiedersehen würden. Dann hielt er vor meiner Tür, ich stieg aus, und mein zukünftiger Ehemann fuhr weiterarbeiten...«

»Und?... Hast du seine Nummer?«, fragt Nena. »Ruf ihn doch mal in der Taxizentrale an! Vielleicht ist er ja der Vater deiner Kinder!« Sie ist von der Geschichte komplett begeistert.

Wir lachen und steigen draußen in ihr Auto. Ein etwas schraddeliger Fiat! Ich muss erst einen Plastikbecher und diverses Spielzeug vom Sitz räumen, bevor ich mich setzen kann. »Und was machen wir jetzt?«, fragt Nena, startet den Motor und fährt schon mal los, bevor ich antworten kann. »Hast du Lust zu shoppen?«

Shoppen mit Nena geht so: Vollbremsung direkt vorm Laden, parken in zweiter Reihe mit Warnblinker und im Laufschritt durch die Tür stürmen. (Ich hinterher.) Nena sprintet die unverständlich steile Treppe in den ersten Stock hoch und rast durch die Regale. Ich entdecke eine schwarze Achtziger-Bikerjacke und halte sie ihr hin. Sie zieht sie an und posiert vorm Spiegel. Sieht etwas sperrig aus. Unbequem. »Die müsste man ganz lange eintragen...«, überlegt sie. »Oder gar nicht erst kaufen«, sage ich. Wir hängen die Jacke wieder weg. Anprobieren ist nicht ihr Ding. »Meistens schnappe ich mir einen Arm voll Klamotten, probiere sie zu Hause an und bringe den Rest wieder zurück«, sagt sie.

Und dann müssen wir plötzlich los. Sie muss ja die Kinder von der Schule abholen. In Formel-1-mäßigem Tempo geht's nach Hause. Während der Fahrt ruft Sakias an und fragt, ob Michi mit in den Skiurlaub darf.

EINE REISE

Nani und ich wünschten uns nichts lieber, als mit ein paar Freunden im Auto nach Südfrankreich zu fahren. Zelten an der Atlantikküste. Eigentlich nichts Ungewöhnliches, aber wir waren fünfzehn und wollten das erste Mal in unserem Leben alleine los. Wir waren total high von der Vorstellung, drei ganze Sommerwochen am Strand zu liegen, romantische, sternklare Nächte am Lagerfeuer zu verbringen, nette Leute kennen zu lernen und natürlich auch dem einen oder anderen französischen Jungen zu begegnen. Unsere Erwartungen und die Vorfreude auf all das waren so stark, dass es anfing wehzutun, und wir hatten große Sorge, dass unsere Eltern das nicht erlauben würden. Es gab nur ein einziges brauchbares Argument. Wir waren in der Schule beide im Französisch-Leistungskurs. »Wir wollen die Sprache jetzt mal richtig lernen«, haben wir unseren Eltern erzählt, »und das kann man doch am besten in dem Land, in dem sie auch gesprochen wird.« Sie waren sofort einverstanden und fanden unsere Idee sogar richtig gut. Dafür war ich ihnen sehr dankbar, denn wenn sie es nicht erlaubt hätten, wäre das für Nani und mich unerträglich gewesen.

Dass wir uns dann mit den anderen überhaupt nicht verstanden, ja sogar gestritten haben und deshalb schon ein paar Tage nach unserer Ankunft in Frankreich die Nase voll hatten von Campingplatz und Sommernächten an der Atlantikküste, war zwar im ersten Moment schockierend, aber wir hatten nicht vor, aufzugeben und uns diese ersten gemeinsamen Ferien ohne Eltern vermiesen zu lassen.

Zweitausend Kilometer weit weg von zu Hause haben wir uns wild entschlossen mit unseren Rucksäcken an die Landstraße gestellt und gewartet, dass uns irgendjemand irgendwohin mitnimmt.

Und dann, in der brütenden Mittagshitze und in dieser verlassenen Gegend, fühlten wir uns plötzlich ziemlich verloren und überrumpelt von unserer eigenen Courage. Wo wollten wir denn eigentlich hin? Nach Hause auf keinen Fall, aber so was Ähnliches. Wir hatten Lust auf Vertrautes und haben beide im selben Moment dasselbe gedacht. Es gab einen Ort, den wir beide gut kannten und liebten. Einen Ort, von dem wir wussten, dass man dort auch sehr schöne, romantische Sommernächte am Strand erleben kann, mit Lagerfeuer und netten Jungs und allem, was wir uns noch so vorgestellt hatten. Eltern anrufen? Sagen, was los ist? Bloß nicht, dachten wir, erst wenn wir wieder in Deutschland sind...

Wir wollten weg, und zwar so schnell wie möglich. Also, auf nach Norderney. Nach drei Tagen in Südfrankreich mal eben zur Nordsee rüber? Was soll's! Jetzt hatten wir wenigstens ein Ziel und fühlten uns wieder gestärkt. Das komische Gefühl, ganz alleine auf dieser Welt zu sein, verflog, und wir waren wieder ganz die »Alten«, mit euphorischer Grundstimmung und völlig begeistert von unseren neuen Reiseplänen.

Und dann kam ein Auto. Wir hörten es schon von weitem.

Ein Franzose mit einem alten Citroën war der Erste, der uns mitnahm. Er kam uns ein bisschen komisch vor, wir fingen an, über ihn zu lästern, und machten Witze darüber, ob er wohl gleich sein Messer zückt. »Und wenn«, sagte Nani, »dann hau ich ihm eins über die Rübe.« In dem Moment dreht er sich um und sagt in perfektem Deutsch und mit französischem Akzent: »Meine Damen, isch glaube, Sie sollten jetzt bessär aussteigön.« Wir fanden uns sehr undankbar, und das war uns so peinlich, dass wir erst mal eine Weile zu Fuß gegangen sind...

Und dann, nach einer komischen und nicht ungefährlichen Nacht in einigen anderen Autos, sind wir morgens um sechs Uhr in Paris angekommen, haben in der ersten Morgensonne auf den Champs-Élysées Kaffee getrunken und Croissants gegessen und uns unendlich gut gefühlt. Wir waren so glücklich und stolz auf uns, dieses Gefühl war genau so, wie wir uns das immer vorgestellt hatten. So fühlte sie sich an, die große, weite Welt, und wir waren mittendrin. Norderney, wir kommen...

LEHRJAHRE SIND KEINE HERRENJAHRE

Da saß ich nun an diesem Tag in meinem Mädchengymnasium kurz vor Ende der elften Klasse und habe es nicht mehr ausgehalten in diesem öden, verschnibbelten Klassenzimmer. Ich hab mir lange echt Mühe gegeben, Schule gut zu finden, aber ich hab's nicht hingekriegt, und jetzt wollte ich wirklich gehen...

»Wohin willst du gehen?«, fragten meine Eltern.
»Keine Ahnung«, sagte ich, »auf jeden Fall nicht mehr in die Schule.«

Als pflichtbewusste Lehrerstochter hab ich nicht noch am selben Tag meine Siebensachen gepackt, sondern schön brav das Schuljahr zu Ende gemacht. Auf die paar Tage kam es jetzt auch nicht mehr an. Meine Eltern hatten eine Idee für mich und wollten wissen, ob ich mir vorstellen könnte, eine Goldschmiedelehre zu machen. Klar konnte ich mir das vorstellen. Warum nicht, und außerdem kann ich erst dann entscheiden, ob das was für mich ist, wenn ich es ausprobiert habe...

Also habe ich einfach mal Ja gesagt und mir ausgemalt, wo mich das in diesem Leben hinbringen könnte. Wenn ich lernen würde, richtig guten Silberschmuck zu machen, könnte ich überall sein und mit ein bisschen Werkzeug und meiner Gitarre im Gepäck meine selbst gemachten Gürtelschnallen, Ringe und Armreifen vielleicht sogar am Strand verkaufen... Das waren gute Aussichten, also bin ich freudig und in der Blüte meiner Mittleren Reife nach Schwelm gefahren, um mich beim örtlichen Juwelier vorzustellen.

Als ich vor dem Laden stand und erst mal gucken wollte, was es da im Schaufenster so zu gucken gab, war plötzlich alles anders, und ich fühlte ein komisches Stechen in der Herzgegend. Da war kein Silber... Was ich sah, war eine öde Landschaft, gespickt mit Schmuck, den ich niemandem um den Hals gehängt hätte. Ich sah Brillanten, Smaragde und Saphire in Gefangenschaft. Am liebsten hätte ich sie sofort alle befreit. Vor allem die Mondsteine sahen besonders traurig aus in ihren Zwangsjacken aus Edelmetall. Wollte ich da jetzt reingehen? Nein, das wollte ich nicht, und warum ich es trotzdem getan habe, weiß ich nicht.

WILLST DU MIT MIR GEHN

Irgendwie musste das sein...

Ich fühlte mich wie in einem dichten Nebel. Ich ließ mich fremdbestimmen und trat eine Woche später meinen Dienst an.

Weil Schwelm nicht Hagen ist und es mit dem Fahrrad zu weit war, saß ich im Bummelzug auf dem Weg ins Niemandsland. Niemandsland hatte eine eigene Bahnstation mit einer Bahnhofskneipe, aus der schon am frühen Morgen ein Geruchswirrwarr aus Bier, Frikadellen mit Senf und Zigarettenqualm strömte. Nein, ich würde mich davon jetzt nicht verunsichern lassen, mich hier überhaupt nicht willkommen zu fühlen. Ich würde jetzt zügig dorthin schreiten, wo ich, wenn das meine Bestimmung sein sollte, die nächsten drei Jahre meines Lebens verbringen würde. Fünf Tage die Woche, zweimal im Monat auch sechs, immer dann, wenn samstags die Werkstatt geputzt werden musste. Aber davon wusste ich ja jetzt noch gar nichts.

Mit einem zünftigen »Ohne-Fleiß-kein-Preis-Guten-Morgen-Frollein-Kerner« wurde ich von der Chefin des Hauses begrüßt und weitergereicht an ihren kleinen, kugeligen Ehemann, der mich durch den Garten nach hinten ins Werkstatthäuschen brachte...

Hinter dieser Tür verbarg sich eine Welt, die ich mir nur schwer schönreden konnte. An sich eine wunderbare Sache, an einem runden Arbeitsplatz zu sitzen und Mitglied eines kreativen Teams zu werden, aber die Eintrittskarte für diesen Club habe ich nie erhalten.

Meine Begegnung mit einem echten Goldschmiedemeister, einem, dem ich täglich um exakt fünf vor zwölf seinen angeschrammelten Henkelmann mit Vorgekochtem seiner Gattin in heißes Wasser stellen musste als Teil der Hausordnung für Lehrlinge, war eine echte Herausforderung für mich, und richtig brenzlig wurde es, als Frau Chefjuwelierin im Kostüm mit Schleifenbluse hinter mir herlief und sagte: »Frollein Kerner, machen Sie doch mal kleinere Schritte, wie sich das für eine junge Dame gehört.«

Ich hab drei Jahre und zwei Monate durchgehalten, und dann, kurz vor meiner Prüfung, hab ich es doch noch geschafft, mich rausschmeißen zu lassen aus dieser »feinen Gesellschaft«, und nachdem ich die klapprige Werkstatttür so laut hinter mir zugeknallt hatte, dass sie fast aus dem Rahmen gefallen wäre, habe ich ihnen noch ein schönes fettes »Leckt mich am Arsch!« dagelassen. Selbstverständlich habe ich dabei gelächelt.

Und jetzt reicht es auch mit dieser Geschichte... Aber etwas gibt es schon noch zu sagen: In dieser Zeit haben Rainer und ich die STRIPES gegründet, und ohne das hätte ich diese Zeit in Schwelm nicht durchgehalten.

HOME SWEET HOME

Meine Geschwister und ich sind nach der Trennung meiner Eltern mit unserer Mutter in ein kleines Haus mit Garten gezogen. Mami war in Aufbruchstimmung, so als wollte sie was nachholen in ihrem Leben. Und unabhängig wollte sie sein. Endlich unabhängig und ihr eigenes Geld verdienen. Sie war jetzt Studentin und wollte Lehrerin werden, und vorher hatte sie noch mal eben schnell ihr Abitur nachgeholt. Mit einer Scheidung und drei Kindern im Gepäck war das ganz schön viel auf einmal. Mich hat das damals sehr beeindruckt, aber ich hab ihr Leben nicht mehr so richtig mitbekommen, bei mir war ja auch so viel los...

Mit siebzehn zog ich aus, und das war eine völlig schmerzfreie Aktion. Für mich jedenfalls. Wie das für meine Mutter war, weiß ich gar nicht, das muss ich sie unbedingt mal fragen.

Mein Vater kannte eine ältere Dame, die das Dachgeschoss ihres Hauses an Studentinnen und »allein stehende« Mädchen vermietete. Genau das Richtige für mich, und als da mal wieder was frei wurde, hab ich mir für hundert Mark im Monat ein winziges Zimmer mit Waschbecken gemietet. Es gab auch ein Badezimmer, das lag am Ende des langen Flurs, und ich musste es mir mit ungefähr zehn anderen Mädchen teilen. Das war mir alles egal, ich war einfach nur glücklich über mein erstes eigenes Zuhause.

Ich werde nie vergessen, wie ich alle meine Platten in den vierten Stock geschleppt habe und mich jede Stufe angelächelt und mir etwas vorgeschwärmt hat von meinem neuen Leben. Mein altes Bett konnte man bequem in vier Einzelteile zerlegen und transportieren. Die Bettwäsche hatte mir meine Mutter geschenkt. Rosa Blümchen auf beigem Grund, und hier und da tauchte ein neckisches »love« im Muster auf in derselben Farbe wie die Blümchen. Man musste ein bisschen danach suchen, wenn man eins finden wollte. Und meine Gitarre war natürlich auch bei mir. C-Dur, F-Dur, G-Dur..., alles war gut, und mehr brauchte ich erst mal nicht.
Nur noch ein bisschen Geld verdienen, denn ich wollte meine Miete und das, was ich zum Leben brauchte, auf jeden Fall selbst bezahlen. In meiner Lieblingsdisco habe ich an den Wochenenden gekellnert und genug verdient, um alleine klarzukommen.

FEBRUAR 2003

Draußen schneit es in dicken Flocken, und Nena steht am Fenster und freut sich darüber wie ein Kind.

Wir sind in ihrem Wohnzimmer, plötzlich geht die Schiebetür auf, und Frankie kommt dazu. Er macht gerade Malpause von dem Riesengemälde, das er an die Wohnzimmerwand zaubert. Besonders viel erkennen kann ich noch nicht – aber zu meiner Erleichterung scheint es sowieso abstrakt zu sein. Ich verstehe nicht viel von Kunst. Olivgrün ist jedenfalls die dominante Farbe – in allen Schattierungen.

Nena: »Das ist Frank, einer meiner ältesten Freunde. Wir kennen uns schon seit über zwanzig Jahren – aber Sex hatten wir nie! Oder, Frankie?«

Frank lacht, und in seinem Gesicht erkenne ich, dass er sie so gut kennt wie kaum ein anderer, ihre »Spontan-Attacken« eigentlich liebt, aber auch nach all den Jahren immer noch nicht so gut damit umgehen kann.

Frank: »Hör mal zu, Baby, wir waren mal ein Paar – hast du das schon wieder vergessen?«

Nena: »Ach ja!!! Wir haben ja mal versucht, unsere Freundschaft in eine Lovestory zu transformieren...«

Claudia: »Wie habt ihr euch kennen gelernt?«

Beide gucken mich mit großen Augen an – und wissen es nicht mehr. Sich gegenseitig Hilfe suchend angrinsend, versuchen sie sich zu erinnern.

»Auf dem Fest von Sabine, kannten wir uns da nicht schon?«, überlegt Frank und kratzt sich am Kopf.

Nena zuckt hilflos die Schultern und lacht. »Welche Sabine? Als ich anfing, in Hagen Musik zu machen, waren wir auf jeden Fall schon befreundet«, sagt sie, steht auf, geht in die Küche und kommt mit einem großen Tablett voll Essen wieder: Fenchel, Paprika, Avocado, Macadamia- Nüsse und getrocknete Tomaten. Dazu Olivenöl, Kräutersalz und wilder Honig. Wir breiten die Sachen auf dem Tisch aus und greifen uns, worauf wir Appetit haben. Kauen, schmecken und »hmmm« rufen – es ist total gemütlich. Begeistert stippt Frank den Fenchel in den Honigtopf: »Das ist superlecker! Probier mal!« Ich habe keine Lust. Er lässt nicht locker. Na gut, ich will hier nicht rumspießen. Schmeckt nicht – hab ich ja gleich gewusst. Wenn man keinen Honig mag, mag man keinen Honig – egal, worauf er klebt! Nena genießt es, mit den Händen zu essen, und schüttet über alles Unmengen von Olivenöl: »Schmierstoff! Willste auch?« Ich will auch. Und habe noch nie so leckeres Olivenöl gegessen.

Irgendwie kommen wir auf die Nordsee, und ich sage Nena, dass sie mich da unbedingt mal besuchen muss, weil es dort einfach wunderschön ist. »Wo denn genau?«, fragt Frank und stippt ein weiteres Fenchelstück in den Honig. Ich verrate es ihm. Begeistert springt er auf: »Das kenne ich! Da war ich auch schon mal!« Und zu Nena: »Da ist es echt superschön!« Sie ist Feuer und Flamme und will am liebsten morgen schon mit uns losfahren. »Kein Problem, wir können bei meiner Tante wohnen – die hat da ein Seminarhaus«, schlage ich vor. »Nee!!!«, sagt Frank und knallt sein Weinglas auf den Tisch. »Ich fass es nicht!!! Wie heißt deine Tante?« Ich sage es ihm. »Die kenne ich«, schreit er, »da habe ich mal ein Seminar gemacht!« »Nee!!«, schreit jetzt auch Nena. »Das ist ja unfassbar!« Ich muss erst mal einen großen Schluck Wein nehmen. Das ist allerdings unfassbar! Da kommt dieser Mensch von den Kanaren, ich habe ihn noch nie in meinem Leben gesehen – und er kennt schon längst meine Tante, die in einem winzigen Dorf am Arsch der Welt wohnt! Zufall? Schicksal? Auch egal? »Die hat doch diesen Riesen-Holzbottich zum Baden im Keller und Tausende von Kunstbüchern...«, erinnert sich Frank. Ich nicke.

Kommen Menschen automatisch zusammen, die zusammengehören? Nena und Frank? Nena und ich? Frank und ich?

Mir fällt eine Antwort ein, die Nena mir damals bei unserem ersten Interview gegeben hat:

»Ich glaube nicht, dass es zufällige Begegnungen gibt. Es kommen genau die Menschen in mein Leben, die ich anziehe. Oder die sich durch mich angezogen fühlen. Irgendwo sind immer die Schnittpunkte, egal, wo man hingeht.«

»Heißt das, dass man, anstatt überall hinzurasen und die Schnittpunkte zu suchen, genauso gut stehen bleiben kann, weil sie sowieso zu einem kommen?«, habe ich sie daraufhin gefragt.

Sie hat gelächelt und genickt: »So stelle ich mir das vor.«

Frank versucht noch mal, sich daran zu erinnern, wo und wie er Nena kennen gelernt hat. Vergeblich. Aber wie sein Eindruck von ihr war, als er sie zum ersten Mal auf der Bühne gesehen hat – in Hagen, Ende der 70er-Jahre –, das weiß er noch ganz genau.

Frank: »Nena war von Anfang an Nena, und deshalb war sie auch so überzeugend. Sie hat das alles intuitiv gemacht und sich nie verstellt oder versucht, irgendjemand anders zu sein. Ich wusste vom ersten Moment an, dass das genau dahin ging, wohin sie wollte. Ohne dass sie sich dessen bewusst war. Intuitiv eben. Nena ist die mutigste Person, die ich überhaupt kenne. Wenn sie sagt: ›Okay, das mach ich jetzt‹ – dann macht sie das auch. Sie war immer schon so!«

Claudia: »Wie haben die Leute auf sie reagiert?«

Frank: »Super! Es ging ja von Anfang an um dieses ganz bestimmte Lebensgefühl, das Nena vermittelt. Es ging um den Ausdruck! Und der war auf der gleichen qualitativen Ebene wie die Kraft, die da rüberkam.«

Claudia: »Wie war das für dich, als es losging und sie überall im Fernsehen war?«

Frank: »Das war wie ein Wunder! Alles, was man sich jemals gewünscht oder vorgestellt hatte, wurde plötzlich real. Das Gefühl, dass das jetzt immer so weitergeht und dass man wirklich frei ist, hatte etwas absolut Faszinierendes! Vorher fühlte man sich anders als die anderen und hatte auch Ideen und ein kreatives Potenzial – aber dieser Moment, wo das tatsächlich passierte, hat mich nachhaltiger verändert als irgendetwas sonst. Persönlich zu erleben, dass etwas ganz anderes möglich ist als das, was unsere Eltern uns gesagt haben, war der Wahnsinn! Nenas Erfolg war der Grund, dass ich mein Medizinstudium abgebrochen habe, um Künstler zu werden. Ich wusste plötzlich, dass es richtig ist, und hatte Vertrauen, dass ich das auch schaffe, weil Nena mit leuchtendem Beispiel voranging!«

Frank trinkt einen Schluck Wein und grinst Nena an: »Und jetzt spielt sie schon wieder in riesigen Hallen...«

Nena klirrt ihr Glas an seins. »Jawoll!«

Dann springt sie plötzlich auf: »Und ich hab gerade meinen ersten ›Echo‹ bekommen! Wollt ihr den mal sehen?«

Sie verschwindet in ein anderes Zimmer und kommt mit einer silbernen Trophäe wieder. Sie stellt sie mitten auf den Tisch, zwischen Honigtopf und Gemüse. Da steht es, das schimmernde Ding – zwischen den Avocados und den getrockneten Tomaten –, und die Scheinwerfer der Autos, die draußen auf der Straße vorbeifahren, spiegeln sich durch das Wohnzimmerfenster in ihm wider, sodass es permanent blinkt und strahlt.

Ich gucke dem Schauspiel zu und frage mich, was es wohl für ein Gefühl ist, so einen Preis verliehen zu bekommen. Ist man zum Bersten stolz, wenn man so gewürdigt wird? Ich gucke die Person an, die es weiß, und habe den Moment vor Augen, als ihr Name als bester Rockstar national fiel: die übersprudelnde Freude, der Triumph in ihrem Gesicht, als sie jubelnd aufschreit, über Philipp hinwegklettert und in schweren Stiefeln und Minirock Richtung Bühne sprintet. Sie nimmt zwei Stufen auf einmal, kommt vorm Rednerpult an und freut sich, freut sich, freut sich. Mit jeder Zelle ihres Körpers, jedem Blick aus ihren Augen und einem strahlenden Lächeln. Und dann bedankt sie sich. Endlos lange und bei endlos vielen Menschen. Um niemanden zu vergessen, guckt sie ab und zu in ihrer Handinnenfläche nach, denn da hat sie sie kurz vor der Show mit schwarzem Edding aufgeschrieben – die Menschen, deren Namen sie nennen will. Und dann kommt dieser Moment, der das Publikum im Saal und die Zuschauer vor den Fernsehern so verblüfft hat: »Und ich möchte mich auch bei mir selbst bedanken!« Sie hat absolut Recht, denke ich, wann bedanken wir uns schon mal bei uns selbst?

Ich kehre aus meinen Gedanken übers Bedanken zurück ins Wohn-zim-mer. Der Echo liegt inzwischen in Franks Händen. Ehrfurchtsvoll streicht er darüber. »Unglaublich, dass du das noch mal geschafft hast!« Nena lächelt, und wir reden über den ganzen schönen Wahnsinn der ver-gangenen Monate. Über ihren Erfolg, die gigantischen Verkaufszahlen und darüber, wie toll das alles ist.

Claudia: »Du hättest ja auch sagen können: ›Ich habe jetzt vier Kinder, und ich will das nicht noch mal. Das ist mir viel zu anstrengend!‹«

Nena: »Ich hätte, hätte, hätte... Wen interessiert das schon? Sätze, die mit ›hätte‹ und ›was wäre wenn‹ anfangen, sind eine Belästigung für jeden... Auch für die, die es nicht merken.«
(Ich hab's nachgezählt, das Wort »hätte« kommt in diesem Buch genau fünfundachtzigmal vor!)

Claudia: »Und warum wolltest du unbedingt noch mal nach oben? Und oben – was ist das eigentlich?«

Ich wollte es einfach noch mal tun. Ich bin Macher und kein Abwarter. Mach's doch, Nena, ist meine Grundstimmung. Und wenn's passiert, dann geht das ungefähr so: Da kommt ein Impuls angeflogen, klar und stark, kraftvoll und schön. Und ich zögere nicht, ich greife ihn mir und bin begeistert von der neuen Möglichkeit. Die Begeisterung setzt alle nötigen Kräfte frei, und dann geht die Reise auch schon los. Ob nach oben oder unten, ist völlig egal. Das gehört alles zusammen.
Mein Oben ist gleichzeitig auch mein Unten, und alles ist immer in Bewegung.
Das ist das Wunder des Lebens.

Als wir gerade auf alles anstoßen wollen, quietscht die Schiebetür auf, und ein paar Kinder kommen reingestürmt. Sie setzen sich um den Tisch, essen etwas, gucken sich nacheinander den Echo an und gehen wieder. Nach dieser Inspektion kleben auf ihm Avocado-Fingerabdrücke und Tomatenkerne, aber das kann er durchaus verkraften.

Nena guckt auf die Uhr und springt plötzlich auf. Sie wollte mit den Kindern zum Kung Fu, und das fängt gleich an. Lautstark ruft sie alle zusammen, rennt dabei durchs Haus und packt die Sachen. Sekunden später ist Familie Kerner im Auto verschwunden, auf dem Weg zu asiatischen Kampfsportarten. Frank und ich bleiben zurück mit jeweils einem Stück Fenchel in der Hand. Seins mit Honig, meins ohne...

MONTRAMÉ

Am Pariser Flughafen nehme ich mir einen Leihwagen, kaufe mir an einer Tankstelle eine Landkarte und fahre durch endlos weite, menschenleere, abgemähte Kornfeld-Landschaften und Hügel in Richtung Montramé.

Zwischen den riesigen Feldern, Wiesen und umgepflügten Äckern stehen Unmengen von Schlössern und Burgen rum. Provins, die Kleinstadt bei Montramé, ist berühmt für ihre ursprünglichen mittelalterlichen Burgmauern und Kathedralen und wird im Sommer regelmäßig von amerikanischen Touristen überflutet, die ein besonderes Faible dafür zu haben scheinen. Dann gibt's sogar Ritterfestspiele.

An den vielen Kreisverkehr-Kreuzungen stehen Austernbuden statt Imbissstände – Frankreich im Februar. Aus dem Radio kommen gut gelaunte Chansons, und ich am frühen Nachmittag an.

Ein bisschen gruselig sieht es schon aus, dieses Schloss mitten in der französischen Provinz, vor dessen Tor ich jetzt stehe.
Im Innenhof schlägt meine Stimmung um. Der Ort hat etwas Magisches und strahlt eine wohltuende Ruhe aus. Auf einmal bin ich ganz entspannt. Weil ich keine Ahnung habe, wie ich Nena in diesen weitläufigen Gemäuern finden soll, rufe ich sie auf dem Handy an. Sie freut sich, dass ich da bin, hat gerade geduscht und will gleich zu mir runterkommen auf den Hof. Ich setze mich auf eine helle Mauer, aus der der Efeu kriecht, in die milde Februarsonne und blättere in meinen Manuskripten.

Als ich zwischendurch mal kurz hochgucke, sehe ich Nena auf mich zukommen. Gut gelaunt und dynamisch. »Ist das Wetter nicht genial? Als ich heute Morgen laufen war, schien die Sonne wie durch ein Strahlentor. Und dann war da ein ganzes Feld mit Spinnweben, in denen der Morgentau hing. Das sah so schön aus...! Kommst du mit zum Essen?«

Ich folge Nena in einen riesigen Saal. Es stinkt erbärmlich. Nena dreht sich um und grinst: »Das, was du hier riechst, ist Durian, eine der ältesten Früchte dieser Erde mit einer sehr, sehr starken Persönlichkeit (schmunzelt). Ich kann das Zeug selber nicht mal angucken, aber es gibt viele Leute, für die das das Köstlichste auf der Welt ist!«

Sie läuft lachend und mit schnellen Schritten durch den Saal. Ich stolpere hinter ihr her. In der Mitte des Raums steht ein massiver, langer Holztisch, drum herum endlos viele rot gepolsterte Stühle. König Artus' Tafelrunde...

Auf einer Anrichte reihen sich zahlreiche Obst- und Gemüsekörbe aneinander. Nena schreitet davor auf und ab, riecht lange an allem, prüft, nimmt ein Gemüse in die Hand, riecht noch mal, überlegt und tut es dann entweder auf ihren Teller oder zurück in den Korb. Was es mit diesem Ritual auf sich hat und warum sie das tut, wird sie mir ja vielleicht später erklären. Erst mal kann ich nur beschreiben, was ich sehe.

Ich sehe, dass Nena sich setzt. Auf ihrem Teller liegt eine kartoffelartige Knolle. Sie hält sie an die Nase. »Riecht irgendwie nach Grießbrei. Lecker!« Gierig und lustvoll beißt sie rein, ohne sie vorher zu waschen oder zu schälen. Danach gibt es einen eindrucksvollen Berg kleiner Orangen, die sie in Viertel schneidet. Der Saft läuft ihr zwischen den Fingern durch, während sie die Stücke auslutscht. Konzentriert, mit geschlossenen Augen, voller Genuss: »Mmmmhh ... ist das lecker! Ich liebe es, mit den Händen zu essen!«

Es folgt Rotkohl, und zum Nachtisch gibt's Datteln. Ich lutsche an einer Tomate und kriege allmählich ein schlechtes Gewissen, dass ich das Trash-Essen im Flugzeug nicht verweigert habe. »Und was gab's gestern?«, frage ich sie. »Fenchel, Kohlrabi, Ananas und zwei Datteln zum Nachtisch. Sehr lecker!«

Ich finde das alles total spannend und faszinierend. Es ist wirklich Zeit, dass sie mir diese Rohkost-Geschichte endlich erklärt, aber daraus wird erst mal nichts. Als ich Nena frage, sagt sie: »Ich hab jetzt keine Lust, dir das zu erzählen. Wenn's dich wirklich interessiert, mach doch mal ein Seminar hier!«

Nach dem Essen sitzen wir uns in ihrer Kammer auf zwei unbequemen Baststühlen gegenüber. Das Zimmer ist so klein, dass wir fast Knie an Knie sitzen. Was macht sie denn bloß hier in diesem kargen Zimmer mitten im Februar? Warum jetsettet sie nicht um die Welt? Sie könnte doch auch in der Karibik in der Sonne liegen?

»Was muss ich dir denn jetzt noch erzählen?«, fragt sie mich, und es ist klar, dass sie nicht die geringste Lust hat, ihre Lebensgeschichte runterzurattern. Auf meine Fragen antwortet sie einsilbig und gelangweilt. Sie weiß, dass sie eigentlich sollte – deswegen bin ich ja schließlich hier –, aber es bringt ihr keinen Spaß. Und mir bringt es keinen Spaß, sie zu quälen. Deshalb versuche ich einfach, mich auf ihre Stimmung einzulassen. Das geht besser.

Nena zündet Räucherstäbchen an. Draußen regnet es und wird langsam dunkel. Sie guckt aus dem Fenster, an dem kleine Regenbäche runterrinnen...

Nena: »›In der Ruhe liegt die Kraft, Kind‹, hat meine Omi oft zu mir gesagt.«

Claudia: »Heißt das, dass man sich dem Leben einfach überlassen sollte?«

Nena: »Das heißt, dass ich mich auf Gott, auf mich und das Leben verlasse.«

Claudia: »Urvertrauen?«

Nena: »Das Vertrauen, dass ich getragen werde...«

Claudia: »Gelassenheit also...«

Nena: »Die Gelassenheit ist eine anmutige Form des Selbstbewusstseins, hat mir Thomas neulich geschrieben. In der Gelassenheit wohnt für mich der Frieden, und jetzt kann ich nicht mehr reden! Mir fallen die Augen zu. Die Müdigkeit kommt auch von der Entgiftung. Manche frieren den ganzen Tag, andere wollen nur schlafen. Das ist ganz unterschiedlich. Nach drei, vier Tagen pendelt sich dann alles ein...«

»Bring doch morgen 'ne Flasche Rotwein mit!«, ruft Nena mir hinterher, als ich gehe.

Claudia: »Ich denke, du isst hier nur Rohkost...«

Nena: »Rotwein ist doch Rohkost, oder nicht?!«

Wir müssen beide lachen...

Während ich ins Hotel fahre, denke ich über Nenas Aufenthalt hier nach. »Wenn es dich interessiert«, hat sie mir gesagt, »dann probier es an dir selbst aus. Du musst ja nicht gleich alle deine vertrauten Essgewohnheiten ablegen. Du kannst langsam einsteigen und zum Beispiel morgens statt Käsebrötchen, Müsli, Croissant, Milchkaffee, Rührei oder was auch immer mal gar nichts oder einfach nur Obst essen. Ich bin sicher, du wirst den Unterschied sofort spüren.«

LINDENBLÜTENKUSSGESPENST

Eine Woche später, zurück in Hamburg, piepst eine SMS auf meinem Handy:

»Claudia ... klappt wahrscheinlich morgen mit Udo. Er ruft mich mittags an und kann dann so gegen fünf... ich sag dir Bescheid... Gruß... nen.«

WILLST DU MIT MIR GEHN

Udo kann tatsächlich um fünf. Nena nicht. Sie steckt im Stau und kommt zehn Minuten später. Die Bar des Atlantic-Hotels ist um diese Zeit leer. Ich habe freie Auswahl und setze mich auf eine fette Ledergarnitur am Fenster. Hier residiert er also allabendlich, der Panik-Rocker... Wer in Hamburg wohnt, weiß, dass die Atlantic-Bar sein zweites Zuhause ist. Ich schaue mich neugierig um und versuche nachzuvollziehen, was den Reiz für ihn ausmachen könnte.

Was ich sehe, ist eine typische Nobel-Hotelbar. Ganz schön, aber irgendwie auch ganz schön langweilig. Weiter komme ich nicht – Udo schlendert in Richtung Tresen. Gewohnt geschmeidig, mit Sonnenbrille und Hut. Ich begrüße ihn, er kennt mich ja nicht, er setzt sich zu mir aufs Sofa, und wir plänkeln ein bisschen im Smalltalk. Es ist lustig, er riecht gut und ist erstaunlich charmant. Ich bin dabei nur etwas irritiert, weil ich seine Augen nicht sehe und mich stattdessen in den riesigen Gläsern seiner Brille permanent selbst spiegele. Ich sage es ihm. Er nimmt die Brille ab. Das ist angenehmer für mich. Wir reden über seine »Atlantic Affairs«-Tournee und darüber, dass er athletische Frauen mag. Udo prüft meinen Bizeps. In diesem Moment kommt Nena. Zum Glück.

Die beiden begrüßen sich herzlich.

Nena: »Ich hab dir einen Schatz mitgebracht!«

Nena stellt einen Metallkasten mit Udos Briefen auf den Tisch. Udo liest sie alle und ist genauso gerührt wie wir. Nena bestellt derweil Erdbeeren mit Schlagsahne. Als die Erdbeeren da sind und Udo die Liebespost durchhat, die zur Tarnung wahlweise an Frauke Fiedel, Hannelore Hüpf, Prinzess Praline oder Frau Sailor Schmitzig adressiert wurde, erzählen die beiden, wie damals alles anfing: Nena steht in Berlin am Flughafen und will einchecken, als sie plötzlich Udo auf sich zuschlendern sieht, den Hut wie immer tief ins Gesicht gezogen. Im April 1985 sollen die beiden mit vielen anderen deutschen Künstlern in einem Münchner Studio einen Benefiz-Song einsingen.

Nena: »Für ihn war ich damals der angepasste Teeniestar, und er hat in Interviews nicht gerade nett über uns gesprochen...«

Udo: »Und du dachtest, jetzt kommt die Riesen-Auseinandersetzung!«

Nena: »Genau. Und ich wollte dir mal demonstrieren, wozu ein angepasster Teeniestar so in der Lage ist. Ich hatte ja keine Ahnung, wie entspannt du bist! Du warst unglaublich nett und charmant.«

14. SEPTEMBER 1985

Verehrte Frau von Hüpf,
meinem Klienten, Ihrem Törnfreier U. L., geht's d. U. entsprechend gut bis sehr gut.
Da Sie ganz offenbar auf meinen Kunden einen positiven Einfluss ausüben und sich U. L. in excellent condition befindet (von der Firma Gute Laune – staune, staune), darf ich Ihnen heute hiermit versichern, dass ich mich mittlerweile in einen stillen Sympathisanten Ihrer Person verwandelt – und meine anfängliche Position größter Skepsis Ihnen gegenüber verlassen habe.
In Zuneigung, RA C. Coolman (z. Zt. auf Reisen)

Udo: »Ich stand sofort in Flammen! Wir waren in so 'ner Art Höhenrausch...«

Nena: »›Morgen Nacht um fünf vor zwölf treffen wir uns hinter dem Apfelbaum in deinem Garten‹ – hast du zum Abschied gesagt.«

Udo: »Zur Geisterstunde!« Das waren sehr keusche Maßnahmen! Diskrete Annäherung...

POSTKARTE VOM 08.05.1985

An Prinzess Praline, Bärlin-Gespensterhausen
pst... pst... pst
das Lindenblütenkussgespenst steht nachts im Grunewald

Udo: »Wir waren Geheimagenten! Richtige Geheimagenten!«

Nena: »Es war ein Spiel, das uns Spaß gemacht hat. Wir haben uns mal auf Sylt verabredet. Mitten in der Nacht sind Nani und ich dort angekommen. Die Aktion, mich unerkannt durch die Lobby des Hotels zu schleusen, verlief folgendermaßen: Udo kam raus zu uns ans Auto und brachte eine uralte, riesige Militärdecke mit. Keine Ahnung, wo er die herhatte. Er und Nani haben mir das Ding über den Körper geworfen und so drapiert, dass man nicht mal mehr meine Schuhe sehen konnte. Die Decke war so groß, dass sie hinter mir über den Boden schleifte, und so schwer, dass ich damit nur leicht gebückt gehen konnte. Ich kam mir vor wie ein fünfhundert Jahre altes Nachtgespenst...

Es konnte losgehen. Udo zu meiner Rechten und Nani zu meiner Linken, führten sie mich in Richtung Hoteleingang. Es war heiß unter der Decke...

›Jetzt sind wir drin‹, flüsterte Nani mir zu. ›Gleich gehen wir an der Rezeption vorbei. O Mann, da steht der Nachtportier! Achtung ... jetzt ..., er guckt!‹
›Das ist meine Großmutter aus Kanada, die kann nicht mehr so gut laufen‹, rief Udo ihm zu. Das war der Moment, wo ich mich nicht mehr beherrschen konnte, ich hatte so einen Lachdrang, dass ich nach Luft japsen und meinen Bauch halten musste.

So was haben wir öfter gemacht. Einmal bin ich mittags um eins mit einer heftigen Affenmaske auf dem Kopf und Udo an meiner Seite durchs Interconti in Hamburg geschlendert.«

Udo: »Und nachts, zum Rollschuhlaufen in London, haben wir dich verschleiert! Die geheimnisvolle Unbekannte ... Als wir durch die Lobby gingen, haben sie mich gefragt: ›Ist das Nena?‹ ›Nena?‹, habe ich gesagt. ›Die kenn ich gar nicht! Das hier ist meine arabische Nichte!‹«

Nena kreischt vor Lachen.

Nena: »Erzähl doch mal unsere Story mit den Hunden – das kannst du doch am besten!«

Udo: »Ja, die ist unvergessen!«

Nena: »Du hattest ein Haus gekauft am Mittelweg und wolltest versuchen, mal 'ne Weile normal zu leben...«

Udo: »Stimmt. Mit meiner Schwester und so...«

Nena: »Und ich hatte drei Hunde zu der Zeit...«

Udo: »Du hattest nicht nur drei, sondern ganz viele! Große, kleine – Hunde ohne Ende. Nena gab's ja immer nur im großen Kollektiv – im Hunde-Kollektiv.«

Nena: »Und du bist nicht gerade so der Hundefreund...«

Udo: »Meine Wohnung war gerade ganz neu! Alles superteuer...«

Nena: »...mit aufwändigsten Farbgestaltungen an den Wänden...«

Udo: »...marmoriert, wie beim Ölscheich. An den Türen edler Schleiflack...«

Nena: »Ich kam also dieses eine Mal mit den Hunden...«

Udo: »Es war Winter, und die Viecher hatten jede Menge Schneematsch an den Pfoten. Im Treppenhaus haben sie dann rumgekläfft und einen Höllenlärm gemacht. Mitten in der Nacht...«

Nena: »Da war 'ne Dogge dabei, muss man wissen...«

Udo: »Alle fielen aus den Betten! Meine Schwester, meine Tante, der Untermieter!«

Nena: »Die Anreise war schon ziemlich heftig! Aus heutiger Sicht finde ich das auch unmöglich von mir...«

Udo: »Es war halt 'n bisschen alternativ...«

Nena: »Auf jeden Fall haben sich die Hunde irgendwann beruhigt, und wir wollten es uns im Bettchen so richtig nett machen.« (Lacht sich schlapp.) »Und die Hunde...«

Udo: »...wollten natürlich zu Mami!«

Nena: »Ja, sie wollten nicht im Flur bleiben und haben uns durch lautes Jaulen gezwungen, die Tür aufzumachen. Ganz frech haben sie sich der Reihe nach um unser Bett drapiert – schließlich gehört ja der Hund zum Menschen! Hunden ist in einer Wohnung schnell zu warm, also fingen sie an zu hecheln. Und wenn 'ne Dogge hechelt oder ein Schäferhund – das ist echt unangenehm! Dann beschlagen die Scheiben und die Spiegel, und es wird dschungelartig schwül...«

(Nena kriegt sich kaum noch ein vor Lachen.)

Udo: »Treibhausmäßig...«

Nena: »Es wurde echt unangenehm. Sie krochen immer näher und wollten zu uns ins Bett. Als ich die erste Pfote auf dem Kopf hatte...
(wendet sich zu Udo: »Du warst ja auch schon ziemlich angespannt!«),
...haben wir überlegt, was wir mit ihnen machen. Im Auto einschliessen konnte ich sie nicht, draußen war ja Winter.«

Udo: »Ich hatte dann die Idee, sie ins Badezimmer zu sperren. Da konnten sie wenigstens an die Kacheln pissen...«

Nena: »Also hat die Hundemutter ihre lieben Kleinen ins Badezimmer gelockt und ganz schnell die Tür hinter sich zugemacht. Es war mir dann auch egal. Da haben sie dann richtig rebelliert! Gejault, gebellt und gequietscht! Die waren wirklich sehr unentspannt, die Lieben...

Völlig entnervt hast du dich aufgerafft, hast die Matratzen aus dem Bett gezerrt, mit letzter Kraft ins Badezimmer geschleppt – denn du hattest die grandiose Idee, dass wir uns einfach zu ihnen legen!«

(lacht)

»Die Situation verbesserte sich dadurch allerdings nicht entscheidend: Die Hunde drapierten sich wieder um die Matratze, fingen wieder an zu hecheln – der einzige Unterschied war: Wir lagen mittlerweile im Badezimmer! Auf dem gekachelten Boden!«

Udo: »Und irgendwann fingen wir auch an zu hecheln... Und die Krönung kann man kaum erzählen!«

Nena: »Was war denn die Krönung?«

Udo: »Die Krönung war, als eines der Viecher mit seiner nassen, kalten Schnauze meinen Hintern bearbeiten wollte... Da war es echt vorbei! Ich bin total ausgerastet, habe völlig die Nerven verloren und geschrien: ›Hau ab mit deinen Hunden!‹ Und du: ›Wenn du meine Hunde nicht liebst, dann liebst du mich auch nicht!‹«

Nena: »Und dann bin ich abgereist?«

Udo: »Ja. Du warst schwer pikiert!«

Nena: »Das hab ich verdrängt...«

Udo: »Das war alles superdepressiv...«

Nena: »Bin ich dann nach Berlin?«

Udo: »Ja, im ›Morgen-Grausen‹... Wo solltest du denn auch hin mit deinem Zoo?«

Udo lehnt sich zurück und erzählt, wie er ein paar Stunden später telefonisch versucht hat, die Sache zu »easen« (O-Ton Lindenberg), und man sieht ihm an, dass es ihm noch heute Leid tut. Wie heißt es doch so schön in einem alten Soulsong: »Every little bit hurts – and every little hurt counts« – irgendwie war der Vorfall schon ein bisschen der Anfang vom Ende, obwohl die beiden doch eigentlich heiraten wollten.

Nena: »Zu der Zeit haben wir jeden Tag stundenlang am Telefon darüber diskutiert, ob wir mal so richtig altmodisch zusammen Weihnachten feiern sollen. Mit Tannenbaum-Kaufen und allem, was dazugehört...«

Udo: »Ich fand das reizvoll!«

Nena: »Du wolltest das ausprobieren. Wir wollten ja auch heiraten und Kinder kriegen...«

Udo: »Das wurde von dir aber nur kurz in Aussicht gestellt!«

Nena: »Es wurde kurz in Erwägung gezogen! Aber mit dem ›Weihnachten-Feiern‹ wollten wir das einfach mal angehen – dieses ganze ›Normale‹. Du konntest dir damals ja nicht mal selber einen Kaffee kochen, geschweige denn ein Spiegelei braten – völlig lebensunfähig!«

Udo: »Ja, ich wollte mir eine Art Zuhause schaffen.«

Nena: »Eine Zufluchtsstätte für gestresste Rockstars!«

Nena: »Und dann bin ich verreist.«

paar stunden noch, dann sitzt du schon
in einem flugzeug, das fliegt dich weit davon
von mir so weit, weil ich in berlin bin
doch ich hoff, es bringt dich ganz nah zu dir hin
solltest du dich n bisschen allein und traurig fühlen
musste nicht groß im gepäcknetz rumwühlen
mach mal kurz deine sonnenaugen zu
dann siehst du einen knaben im nu
er hat dich lieb, er lacht dich an
es heißt, dass er sogar wärme machen kann
manchmal jedenfalls, vielleicht klappts in dieser minute
denn er denkt an dich und deine süße schmuseschnute
er denkt an dich und zwar immer sogar
es ist, als wäre er jetzt hier sogar
sitzt neben dir in deinem arm
das herz hüpft – es wird ganz warm
die ganze zeit (der wochen zwei)
ist seine liebe stets dabei
easymäßig und einfach so
ist er bei dir und kichert froh
bei reisen weiß man oft nicht so genau
in welche richtung läuft die ganze schau
ich wünsch dir, du mein kleiner astronaut
du törnende zärtlichkeitsweltmeisterbraut
du unbeschreibliche schmuserin
der trip führt dich gut zu dir selber hin

geliebte nena, du selten besondere, ach vermöchten worte auch nur annähernd zu beschreiben, was ich für dich empfinde, also du zucker-süße einmalige exotenbraut.

da ich mich, ich hoffe, du verstehst, in der schule dich auf 'm platz nich anzusprechen (zu bang und erregt ward mir um mein kleines herz, das allerdings gigantisch GROSS für dich in flammen und feuer steht) traute, schreibe ich dir diesen brief, weil ich will dir gestehen, dass ich dich soooooooooooooooooooooooooooooooooooooooooooooooooooooooooo ooooooooooooooooooooooooooooooooooooooooooooooooooooooooooo ooooooooooooooooooooooooooooooooooooooooooooooooooooooooooo ooooooooooooooooooooooooooooooooooooooooooooooooooooooooooo ooooooooooooooooooooooooooooooooooooooooooooooooooooooooooo lieb habe, ich möchte dich gerne zu einem lindenblütentee einladen (so morgen 1 uhr gespensterecke, du weißt schon)
in burning et eternal love, für immer dein dich liebender gerhard g.

Nena: »Ich hatte in einer Zeitung von einer neuen Band gelesen und fand den Sänger ziemlich klasse. Ich wollte mir unbedingt die Platte kaufen, deshalb habe ich das Foto ausgeschnitten und in meinen Filofax gelegt. Ein paar Tage später sitze ich mit Udo im Café, blättere in meinem Kalender, und das Foto fliegt raus...«

Udo: »Ich bin ausgerastet! Ein Foto von einem anderen Sänger, das du extra ausgeschnitten hast – das war für mich too much! Du solltest keine anderen Götter neben mir haben!«

Nena: »Es war ja schon schlimm genug, dass ich keine Jungfrau mehr war...«

(Udo lacht.)

WILLST DU MIT MIR GEHN

Udo: »Ich war halt sehr exklusiv veranlagt!«

In langen Gesprächen – am Telefon, in Cafés und auch bei Nena zu Hause – versuchen die beiden, ihre Beziehung, die gegenseitigen Ansprüche, Eifersüchteleien und Missverständnisse zu klären. Ohne Erfolg.

Verzweifelt greift Udo zum vermeintlich letzten Mittel – einem dramatischen Erpressungsversuch: Entweder du änderst dich, oder ich reise nach Brasilien ab und komme nie wieder!

Nena: »Und darauf habe ich mich halt nicht eingelassen...«

Also reist Udo ab. Nena fährt ihn morgens zum Flughafen, und noch im Auto hoffen sie beide auf ein Happy End. Vergebens. Der Abschied im Auto ist dementsprechend kurz – und schmerzhaft.

Udo: »Ich habe versucht, das cool darzustellen, ohne Tränen...«

Nena: »Einmal hast du mich angerufen aus Rio, das weiß ich noch, und gesagt...«

Udo: »Es geht mir blendend...«

Nena: »Du hättest da 'ne neue Frau gefunden...«

Die Wunden sind noch nicht ganz verheilt – das ist klar. Udo nimmt einen tiefen Schluck Wasser, Nena isst ihre letzte Erdbeere.

Udo guckt sie lange an: »Für mich war es jedenfalls sehr prägend! Ohne dich wäre ich ein ganz anderer Mensch geworden!«

Nena nimmt ihn in den Arm, kommt aber zu keiner Antwort, weil in diesem Moment der Hotelmanager an den Tisch tritt, um beide zu begrüßen. Nena erzählt vom geplanten Umbau ihres Hauses und überlegt laut, ob sie in dieser Zeit nicht auch im Atlantic wohnen sollte. (»Meine Kinder liiiieben Hotels!«) Der Direktor ist begeistert. Udo auch. Sofort werden gemeinsame Spontan-Gigs im hauseigenen Konzertsaal visioniert. Etwas später verabschiedet sich Nena (»Ich habe meinen Kindern versprochen, mit ihnen Harry Potter zu gucken.«) und sprintet im strömenden Regen zu ihrem Auto.

Als ich hinter meinem Steuer sitze, bin auch ich platschnass. Ich denke über das nach, was ich gerade erlebt habe, und beginne zu verstehen, was Nena an ihm geliebt hat – und immer noch liebt. Ich habe selten einen so zärtlichen, fantasievollen, lustigen und feinsinnigen Mann kennen gelernt. Ich muss an den Brief denken, den Udo kurz vor der Trennung an sie geschrieben hat:

30.01.1986

Wenn das Herz in Flammen
und der Körper brennt
und ein schneller Puls durch die Adern rennt,
dann treibt's dich voran
wie 'n Taifun,
denn dann gibt's im Moment nichts anderes zu tun
als hin, nichts wie hin zu deiner Liebe

Die Sehnsucht läuft Amok

und du wirst verrückt,
wenn dir jetzt nicht das schnellste Management glückt

Genialer Detektiv
auf heißer Spur,
jede Sekunde – willst immer nur
hin, nichts wie hin zu deiner Liebe
Sorry, U.

Während ich durch den Regen nach Hause fahre, fällt mir der Song ein, den Udo in der Zeit geschrieben hat. »Horizont« – einer seiner schönsten.

»Zwei wie wir, die können sich nie verlier'n!«

NORDSEE, DAS ERSTE MAL

(»Claudia, wir kommen auf jeden Fall!!«)

Ich schlage Nena per SMS vor, doch mal an die Nordsee zu kommen und da am Buch zu schreiben. Am Strand, in der Sonne, mit der guten Luft – das macht doch viel mehr Spaß. »luff un lich gibt saff un kraff«, wie sie hier oben sagen... Sie ist begeistert und sagt sofort zu. Wir verabreden, dass ich ihr zum Übernachten ein Haus suche. Leichter gesagt als getan – alle Häuser sind voll. Voll mit vierköpfigen Familien.

Ich frage unseren Nachbarn, dessen Haus die längste Zeit des Jahres leer steht, ob Nena mit ihrer Familie ein, zwei Tage bei ihm wohnen könne. Er ist so herrlich unkompliziert. »Klar«, sagt er, »wenn sie mir eine Widmung auf dem Küchentisch dalässt.«

Am nächsten Tag inspiziere ich das Haus. Als ich die Tür aufmache, schlägt mir ein betäubend scharfer Muff-Geruch entgegen. Das geht nicht. Und die Einrichtung ist auch ziemlich schlicht. Sehr schlicht. Das kann ich ihr nicht als Unterkunft anbieten. Außerdem ist es kalt und regnet schon seit Tagen. Ich bin mir plötzlich gar nicht mehr so sicher, ob das Ganze so eine tolle Idee war, Nena in einem muffigen, spärlich eingerichteten Haus bei Regen?? O nee!! Ich schlage Nena per SMS vor, die ganze Nordsee-Geschichte abzublasen. Aber Nena hat nicht vor, sich abblasen zu lassen. Es geht ein paarmal hin und her und endet mit den Worten: »Claudia, wir kommen auf jeden Fall!«

Und dann kommen sie – Nena, Phil und die Kinder –, und Nena ist begeistert. Sie will sofort raus und alles sehen, alles erkunden. Ich gehe mit ihr durch das kleine Wäldchen in Richtung Strand und zeige ihr die »Feen-Wiese«, eine Lichtung, die irgendwie so wirkt, als würden dort nachts die Feen tanzen. Nena ist fasziniert. Sie stellt sich auf die Lichtung, breitet die Arme aus und schließt die Augen. Wie ein Seismograf. »Ja, hier ist wirklich was los«, bestätigt sie. Lachend kommt sie zurück zu mir, und wir gehen weiter.

»Boaahh, ist die Luft genial hier! Ich fass es nicht!«

Sie atmet tief ein. Ihre Schritte werden schneller. Ungeduldiger. Jetzt will sie den Strand sehen, das Meer. Eine Überraschung steht ihr noch bevor, von der sie gar nichts weiß: Wir biegen um eine Kurve, und da steht er – der Leuchtturm! Der schönste Leuchtturm, den es gibt! Nena schreit. Jetzt kriegt sie sich überhaupt nicht mehr ein.

»Ich fass es nicht, ich fass es nicht!«

Sofort will sie umdrehen und Phil und die Kinder holen.

»Das müssen die sehen!«

Im Laufschritt rennt sie zurück zum Haus. Und dabei hat sie ja noch nicht mal das Meer gesehen.
Maulig und etwas irritiert raffen sich Phil und die Kinder aus den Sesseln auf.

»Ich muss euch unbedingt etwas zeigen! Kommt! Schnell!!«

Nena pest aufgeregt in Achter-Schleifen durchs Wohnzimmer, während sich die anderen widerwillig ihre Jacken überziehen. Was gibt's hier schon zu sehen? Aber ich bin erstaunt. Sie kommen alle mit. Sie scheinen diese Art von Begeisterungsanfall gut zu kennen – und zu respektieren.

Im Entenmarsch gehen wir wieder durch den Wald. Nena vorne-weg, Phil und die Kinder hinterher. Nena zeigt alles, was ich ihr ein paar Minuten vorher gezeigt habe. Und auch sie verrät den Leuchtturm nicht. Aber der Showeffekt zieht bei Phil und den Kindern nicht halb so gut wie bei ihr. Ein Leuchtturm, ganz nett, und? Wir klettern auf den Deich, und da ist es, das Meer, die Nordsee mit dem endlosen Strand und den Kuhwiesen davor. Nena ist schon wieder völlig begeistert. Hüpft und schreit und macht Fotos von dem Leuchtturm. Ja gut, es ist schön hier – aber sensationell? Phil und die Kinder sind sichtlich irritiert. Verfroren stehen sie mit hochgezogenen Schultern im Wind und gucken etwas ratlos in Richtung Meer, das mit einem grauen Horizont und regenschweren Wolken verschmilzt. Der Ort präsentiert sich heute wirklich nicht von seiner schönsten Seite. Das geht auch viel besser, mit singenden Lerchen, knallender Sonne, hellem Strand und grünem Wasser. Aber Nena sieht die Substanz offenbar auch ohne solcherlei schmückendes Beiwerk. Sie will weiter. Mehr ans Meer. Die anderen wollen zurück ins Haus. Und werden doch vom Elan ihrer Mutter mitgerissen. Im Laufschritt geht es durch die Kühe, barfuß über den Strand und schließlich ans Wasser. Ins Wasser. Nena wirft Stöcke für Nemo in die Wellen, und der Hund planscht hüpfend wie ein Flummi durch die Brandung.

Später gehen wir beide mit einem Rotweinglas in der Hand zu meiner Mutter rüber. Komisches Gefühl, mit Nena und einem Rotweinglas in der Hand barfuß vor der Haustür meiner Mutter zu stehen. Sie weiß ja gar nicht, dass wir kommen. Hoffentlich erschrickt sie sich nicht. Wir klingeln. Sie macht die Tür auf. Die beiden gucken sich an, wie man sich eben anguckt, wenn man innerhalb von Sekundenbruchteilen versucht herauszufinden, wer der andere ist und ob man ihn mag. »Guten Tag, ich bin Nena«, sagt Nena und lacht. Die beiden geben sich die Hand, und meine Mutter versucht krampfhaft, ganz locker zu bleiben. Sie mögen sich – glaube ich –, denn meine Mutter bittet Nena rein, und Nena geht mit. Wir sitzen zu dritt um den großen, alten Holztisch, der mal in einer Bootskajüte stand und noch Kerben an den Stellen hat, wo besoffene Piraten nach dem Essen ihre Messer reingehauen haben, trinken Rotwein und reden ohne Punkt und Komma. Meine Mutter schaltet ihren Kunsttherapeuten-Blick ein und äußert dauernd ihr verständnisvollstes »Mmmmh...«. Ich sehe ihr an, dass sie Nena sehr mag. Wir reden über Stunden und lachen uns zwischendurch tausendmal schlapp, weil Nena immer wieder die Magnetplatte vom Stuhl scheppert, die meine Mutter da wegen heilender Wirkung bei Rückenschmerzen hingelegt hat. Nena hebt sie völlig nebenbei immer wieder auf, ohne ihre Erzählung zu unterbrechen und vor allem ohne sich über die Platte zu wundern. Sie erzählt meiner Mutter fast ihr ganzes Leben, und ich staune. Es ist, als wäre sie schon tausendmal hier gewesen. Ich beobachte die beiden fasziniert und rede von uns allen am allerwenigsten. Ich kann nicht fassen, wie vertraut das ist.

NORDSEE, EIN PAAR MONATE SPÄTER

»ALSO FÜR MICH HÖRT DAS BUCH HIER AUF«, sagt Nena.

Schock!!

Stille

Phil, Frank und mir fallen synchron die Kinnladen runter. Jeder tut so, als hätte er es nicht gehört.

»Nee, echt jetzt, Leute. Ich finde, das ist hier gerade so ein Punkt – da kommt für mich gar nichts mehr...«

Ich gucke sie an. Sie meint es ernst. Den Ausdruck kenne ich inzwischen. Frank nimmt einen Schluck Wein und hüstelt. Phil liest entspannt weiter. Ich kaue irritiert auf meinem Kuli und versuche, keinen Nervenzusammenbruch zu kriegen.

Die Stille bleibt und wird sehr laut.

Seit dem frühen Nachmittag sitzen wir hier nun schon am Küchentisch in dem kleinen, alten Reetdachhaus an der Nordsee, das Nena für ein paar Monate gemietet hat. Phil und Frank – die uns ihre Hilfe angeboten haben und für dieses Wochenende unsere Lektoren sind – auf der einen Seite des Tisches, Nena und ich gegenüber. Vor uns leuchten drei aufgeklappte silberne Powerbooks, Kerzen flackern, Kinder toben, Lilo kocht. Streichungen, Erinnerungen, Ideen – jeder Abschnitt wird diskutiert, neu formuliert oder rausgeschmissen. Was noch nicht richtig rund ist, landet in der Datei »Kram«. Es wird gelacht und gedacht. Die Einwände und Anregungen von Phil und Frank sind präzise und inspirierend. Vor lauter gegenseitigem Respekt und Sympathie gehen wir extrem höflich miteinander um: »Dürfte ich dazu kurz etwas sagen?« »Nein, bitte, sag du erst« und so weiter. Die Energie-Anballung sprengt fast den kleinen Raum. Ich habe rote Wangen vor Konzentration. Nena auch. Wir arbeiten schnell und intensiv – aber wir sind noch nicht mal bei der Hälfte. Und jetzt plötzlich dieser Satz von Nena. Einfach so, aus dem Nichts heraus.

»Vielleicht wäre das jetzt ein geeigneter Moment, um mal eine Pause zu machen und etwas zu essen«, sagt Frank. Und schon hat Nena ihn dabei ertappt, dass er nur ablenken wollte: »Komm, Frankie, versuch's erst gar nicht...«

Samuel klettert hinter meinem Rücken mit einer extrem knisternden Regenhose auf der Bank rum, Simeon balanciert ein Saftglas über meine Tastatur, Nemo stupst mir immer wieder seine nasse Schnauze in die Hand oder schlingt sich unter dem Tisch um mein Bein. Meine Nerven!! Was machen eigentlich Phils Nerven? Wieso ist der immer so cool?

Nena: »Hier kommt gar nichts mehr! Wir sind fertig!«

Claudia (kreisch): »Und die ganze NENA-Zeit??? Soll die einfach raus-fallen??«

Nena: »Einen Teil davon habe ich doch aufgeschrieben! Was fehlt denn jetzt noch?«

Nena gähnt...

Claudia: »Zum Beispiel die 80er!«

Nena: »Aaaaah – die 80er öden mich so an! Das ist sooo langweilig...«

Pause.

Nena: »Was machen wir da bloß?« (Sie lacht.)

Pause.

Nena: »Einfach so erzählen kann ich das nicht. Das ist mir echt zu unspan-nend. Der Minirock, der ›Musikladen‹ – das weiß doch sowieso jeder...«

»Aber keiner genau«, werfe ich ein.

»Hmmmh« – sie streckt sich wieder. »Lass uns die 80er doch einfach las-sen! Das ist ein anderes Buch!«

Begeistert von dieser Idee guckt sie mich plötzlich ganz wach an und springt auf.

Nena: »Genau! Die lassen wir einfach weg! Wie findst'n das?«

Weiß ich noch nicht. Deshalb zucke ich nur mit den Achseln. Das wird sie mir schon alles noch erzählen, da bin ich mir sicher.

So kommen wir jetzt nicht weiter. Während Frank und Phil erst mal das Buch bis zum Ende durchlesen, das sie im Gegensatz zu uns ja noch gar nicht kennen, trinken Nena und ich erst mal ein Glas Rotwein. Phil kann gar nicht mehr aufhören zu lesen, und Samuel kommt zu uns an den Tisch und bastelt mit Franks Tabak eine Zigarette.

Samuel: »Die Megaprofiraucher ziehen natürlich zwischendurch. So«, sagt er und tut so, als würde er Asche in den Aschenbecher schnippen, »machen die Megaprofiraucher erst, wenn die Asche ganz lang ist.«

Nena: »Sollen wir ein Buch übers Rauchen schreiben?«

Samuel: »Nee! Rauchen ist bescheuert. Das wissen die Leute schon.«

NÄCHSTER MORGEN

Ich komme von draußen auf das Häuschen zu und sehe durchs offene Fenster Nena und Frank vor dampfenden Kaffeebechern sitzen. Frank liest, Nena schreibt. Sieht gemütlich aus. Friedlich. Ich gehe ums Haus und hinein.

Als ich in die Küchentür trete, guckt Nena vom Bildschirm hoch und begrüßt mich: »AHH, FRAU CLAUDIA!! Willkommen in unserer Frauen-gruppe!«

»??«

»Sie wissen ja, dass Sie hier erst mal mit jedem..., bevor überhaupt etwas passiert...«

»Das haben Sie mir bei der Anmeldung aber nicht gesagt!«

»Tja... Also wenn das ein Problem für Sie ist...«

»Nö, nö, gar nicht... Jetzt gleich?«

»Wenn es Ihnen nichts ausmacht, gerne!«

Ich ziehe die Jacke aus, und Frank guckt etwas gequält in seiner neuen Identität als Frauengruppen-mit-Glied. Ich hole mir auch einen Kaffee und setze mich. Wenig später kommt Phil dazu, isst Mango und ist dabei.

Frank und Phil lesen sich weiter durchs Buch.

Nena sagt zum zehnten Mal »So!«, drückt apfel s und starrt dabei auf den Bildschirm. Sie liest uns etwas vor. Es ist unmittelbar und berührend. Sie freut sich über unsere Bestätigung. »Ich bin voll drin«, sagt sie begeistert.

»Mann, du schreibst ja nur mit einer Hand!!!«

Ich zucke zusammen.

»Nur mit rechts??«

Nena springt plötzlich auf.

»Jetzt ist mir alles klar!«

Aha, denke ich, jetzt haben wir wieder Sprechstunde...

»Du steckst vielleicht einseitig fest – in der rationalen Abteilung. Du solltest mal beide Gehirnhälften aktivieren und Übungen mit überkreuzten Armen machen!«

Sie macht es mir vor.

Durch das offene Fenster fliegen Motten ins Licht – und das im Winter! Es ist spät. Spät im Buch und spät am Abend. Wir haben viel gelacht, Nena wollte aufhören, aber es ging trotzdem weiter. Und jetzt isses ja auch nicht mehr viel!

APRIL 2003, KONZERT IN DER HAMBURGER COLOR-LINE-ARENA

Ich entdecke keine Masche und kein Kalkül – und bin ziemlich sicher, dass ich sie entdecken würde, wenn es sie gäbe. Was von ihr rüber-kommt, ist echt, und ich fühle mich wie aufgetankt. Mit diesem Gefühl bin ich nicht alleine. Die rund zehntausend Zuschauer hören gar nicht mehr auf, nach Zugaben zu rufen, und spielen sich gegenseitig riesige weiße Luftballons zu, die seit dem letzten Song überall rumfliegen.

Das Hallenlicht geht an. Nena ist schon längst im Backstage-Bereich und singt immer noch mit den Menschen in der Halle. Die denken gar nicht daran, nach Hause zu gehen. Ich auch nicht. Ich gehe in ihre Garderobe.

WILLST DU MIT MIR GEHN   169

Ein Gang mit grauem Filzboden und Neonlicht, viele Türen. Eine davon steht offen. Lachen, Musik, Stimmengewirr. Ich schaue rein: Nani, Karin und noch ein paar Leute hängen auf den schwarzen Ledersofas, Fans stehen mit Blöcken und hochroten Wangen in der Tür, Kinder laufen kreischend im Kreis. Nena springt quirlig durchs Zimmer, lacht viel und haut mir auf den Arsch, »Na, Claudia, wie isses?«, als ich mich zu ihr aufs Sofa setzen will. Sie hat gerade ein Zweistundenkonzert hinter sich und zeigt keine Spur von Erschöpfung, stattdessen strahlende Augen und gute Laune. Scheini steht in der Tür und mahnt zur Eile. In der VIP-Lounge soll Nena für mittlerweile über sechshunderttausend verkaufte »Nena feat. Nena«-Alben Doppel-Platin bekommen, und alles wartet, dass es losgeht.

»Mein Orchester kommt aber mit«, sagt Nena.

»Das geht aus organisatorischen Gründen nicht«, sagt Scheini, »die Plattenfirma hat das so entschieden.«

»Ohne mein Orchester gehe ich nicht! Die können mich mal!«

»Und wie soll ich denen das jetzt sagen?«

»Genau so!«

Eine halbe Stunde später hält sie im Blitzlichtgewitter die Doppel-Platin-Platte in den Händen. Überflüssig zu erwähnen, dass dabei das komplette Orchester anwesend ist.

Es wird getanzt und gefeiert, Nani zieht Nena immer wieder auf die beschämend winzige Tanzfläche: »Komm, wie früher...«

MAI 2003

Es klingelt an der Haustür.

Nena: »Phil – das Trampolin ist da!«

(Pause)

Die Tür geht auf, und Simeon stürzt aufgeregt herein: »Mami, Mami, das Trampolin wird aufgebaut! Kommst du?«

»Gleich, mein Süßer! Geh doch schon mal vor!«

Simeon tritt aufgeregt von einem Fuß auf den anderen, rast dann aber doch wieder raus.

(Pause)

Sakias zischt atemlos ins Zimmer. Völlig verschwitzt.

»Das Trampolin ist so geil, ey!«

In Sekundenschnelle trinkt er Nenas Wasserglas leer und ist wieder weg.

Ich gehe mit Nena in den Garten. Familie Kerner springt auf einem riesigen grünen Trampolin um die Wette. Samuel versucht Saltos, Simeon rennt barfuß im Kreis.
Wir setzen uns an den verwitterten Gartentisch. Zwei hellbraun gestreifte Katzenbabys streichen um meine Beine, das eine beißt mir mit seinen winzigen Zähnen in die große Zehe. Es kitzelt.

BENEDICT

Benni ist mit seiner Ducati von Zürich nach Hamburg gekommen, um Larissa und Sakias, seine Kinder, zu besuchen. Vier Monate hat er die beiden nicht gesehen, schraubt aber erst mal drei Stunden an seiner Maschine rum. Nena: »Ich reg mich darüber nicht mehr auf! Das kann ich inzwischen akzeptieren. Irgendwie hat es ja auch was: Er liebt sein Motorrad halt über alles! Und seine Kinder auch!«

Er ist kernig, muskulös und männlich, hat große, strahlend blaue Augen und einen sinnlichen Mund. Ich setze mich zu ihm auf den Rasen, und wir kommen ins Gespräch. Während er an seinem Motor rumbastelt, erzählt er mir, wie er zur Schauspielerei – und zu Nena – kam.

Benni: »Mit siebzehn bin ich nach Kanada ausgewandert, um mit den Indianern zu leben und zu lernen, wie man unabhängig von der Steckdose existieren kann. Als ich zurückkam, habe ich mit ein paar Amerikanern eine Rockband gegründet und bin sechs Jahre lang durch Europa getingelt. Irgendwann hatte ich keine Lust mehr und habe es mit der Schauspielerei probiert. Das lief ziemlich gut...!« (grinst mit ölverschmiertem Gesicht zu mir rüber)

Claudia: »Was hast du gerade gemacht, als du Nena kennen gelernt hast, außer dass ihr zusammen in diesem Film gespielt habt?«

Benni: »Theatertourneen und Fernsehen.«

Benni fällt der Schraubenzieher aus der Hand. Er flucht leise vor sich hin.

Claudia: »Wie alt warst du da?«

Benni: »Fünfunddreißig. Nena war sechsundzwanzig.«

Claudia: »Erinnerst du dich noch an den Moment, wo du sie zum ersten Mal gesehen hast? War das gleich Liebe auf den ersten Blick?«

Benni: »Auf den ersten nicht – aber auf den zweiten! Das ging ziemlich schnell. Irgendwie kamen wir nicht aneinander vorbei, würde ich sagen.«

Eine Schraube klemmt. Benni verzieht das Gesicht vor Anstrengung, als er versucht, sie zu lösen. Ein leises Krachen. Geschafft. Er entspannt sich und wischt sich den Schweiß von der Stirn.

Claudia: »Warum hast du dich in sie verliebt?«

Benni: »Das passiert doch einfach! Da dreht jemand einen Schalter an, und schon schwemmt der Fluss dich weg. Das ist kein Mechanismus, den man selber steuert.«

Claudia: »Du kannst es an nichts festmachen? Ihre Augen, ihr Lachen – was weiß ich?«

Benni: »Es ging um ihr ganzes Wesen. Um alles. Ihren Geist, ihren Humor... Der Augenblick, in dem wir uns getroffen haben, war magisch. Ich fand auch toll, dass sie so eine Aktive ist. Ich mag aktive Frauen. Und der Funke, den sie hat, der hat mich auch sehr fasziniert.«

Claudia: »Wann stand für dich fest, dass du mit ihr ein Kind haben willst – ihr erstes Kind?«

WILLST DU MIT MIR GEHN 173

Benni: »Ziemlich schnell. Wir hatten das beide unabhängig voneinander im Kopf. Das lag einfach in der Luft. Irgendwie gab es da so eine innere Stimme, die mir gesagt hat: ›Mit der Frau willst du Kinder haben!‹ Mir ist das so alleine klar geworden und ließ mich nicht mehr los. Und als ich schließlich mit ihr darüber gesprochen habe, war das bei ihr eben auch so.«

Claudia: »Und wie lange dauerte es von der Idee bis zur Umsetzung?«

Benni: »Dreieinhalb Monate nachdem wir zusammenkamen, war sie schwanger! Ich erinnere mich noch genau, wie es losging: Wir waren zusammen im Urlaub in Tunesien. Eines Nachmittags waren wir reiten und entdeckten vor einer Moschee einen Stand, an dem wunderbare Aprikosen verkauft wurden. Wir haben einen Riesenhaufen gekauft, und Nena hat fast alle gegessen. Kurz darauf wurde ihr so elend, dass ich sie dauernd ins Bad tragen musste. Am Ende war sie fast ohnmächtig, deshalb habe ich einen Arzt gerufen. Wenig später kam ein tunesischer Doktor, ganz klein und unscheinbar mit Krawatte und so Fühlfingern, der sie von Kopf bis Fuß abgetastet hat. Als er auf ihren Unterbauch kam, guckt er mich plötzlich an und fragt: ›Ist es möglich, dass sie schwanger ist?‹ Und ich dann: ›Kann schon sein – aber wenn, dann erst seit zwei Tagen!‹«

Claudia: »Wie lief die Schwangerschaft?«

Benni: »Sehr gut! Sie ist ja kerngesund, alles lief ganz natürlich, und das Kind war gut entwickelt.«

Benni lässt sich neben mir auf den Rasen fallen. Und erklärt, was ihn an Nena immer noch fasziniert.

Benni: »Was ich an ihr so liebe, ist, dass sie keine Masche hat. Viele andere, die auf die Bühne kommen, tun irgendwie so oder so. Bei Nena ist es einfach so: Das, was du siehst, das ist es. Das ist pur. Die nackte, ausgelieferte Persönlichkeit. Sie hat ein riesiges Bühnentalent. Das muss sie nicht noch verkonstruieren. Das ist schon so stark, dass es sie in siebenunddreißig Ländern dieser Welt zur Nummer eins gemacht hat.«

Claudia: »Hast du eine Erklärung dafür, woher sie das hat?«

Benni: »Nein, das ist Disposition. Ihre Authentizität ist eine ganz große Gabe. Nena ist nie kalkuliert – die ist einfach wie sie ist, und das ist cool!«

Claudia: »Und woher kommt ihre unerschöpfliche Energie?«

Benni: »Sie ist Widder und außerdem eine der fleißigsten Frauen, die ich kenne. Die arbeitet wirklich von morgens bis abends. Organisiert, nimmt Songs auf, komponiert, hat Besprechungen und so weiter. Ich bin voller Hochachtung und Bewunderung für Leute wie Nena, die ihren eigenen Schedule machen müssen, ihren eigenen Fahrplan, und den dann auch wirklich durchziehen!«

Claudia: »Hast du eine Vorstellung, wo es mit ihr noch hingeht?«

Benni: »Ihr wird mit Sicherheit immer wieder etwas Neues einfallen. Jetzt hat sie Wind unter den Flügeln. Ich bin sicher, dass sie wie Jagger noch mit sechzig oder siebzig auf der Bühne stehen wird. Persönlichkeit und ehrliche Projektion, wie Nena sie bietet, interessieren immer. Das ist vollkommen altersunabhängig, denke ich.«

Benni hat mir etwas mit auf den Weg gegeben, das ich nie vergessen habe:

DAS BESTE IST VOR SICH HIN ZU LEUCHTEN

CHRISTOPHER

Wie oft hab ich angefangen, immer wieder abgebrochen und immer wieder angefangen, um dann wieder irgendwo aufzuhören. Manchmal hatte ich schon nach den ersten drei Sätzen keine Lust mehr, manchmal kurz vor dem Ende, und an anderen Tagen wollte ich mittendrin abbrechen, dann wieder unbedingt erzählen, es endlich fertig haben oder gar nicht erst damit anfangen.
Warum will das nicht fließen?
Warum schiebe ich das schon so lange vor mir her?
Seit gestern Abend weiß ich es. Weil ich diese Geschichte selbst schreiben muss, sonst geht es nicht. Das kann niemand für mich erledigen, durch diesen Teil meines Lebens will ich alleine gehen...

In meiner Schwangerschaft las ich Bücher über Wassergeburten, verschiedene Atemtechniken, Hebammen, die noch wissen, wie man ein Baby, das »falsch« rum im Bauch liegt, natürlich zur Welt bringt, ich erfuhr, dass Fruchtwasser die gleichen mineralischen Bestandteile enthält wie das Meer, und bin bis heute völlig fasziniert davon, ich probierte verschiedenste Geburtsstellungen, und ich stellte mir immer wieder vor, wie schön und natürlich es wäre, in einer Gemeinschaft zu leben, wo die erfahrenen Frauen die Hebammen sind und den jüngeren helfen, ihre Babys zu gebären. Denn am meisten beschäftigt hat mich die Vorstellung, die Geburt zu Hause zu machen. Benni hatte schon einige Hausgeburten miterlebt und mir nur Schönes darüber erzählt. Er war der Einzige weit und breit mit seiner Einstellung. ALLE anderen um mich herum haben entweder die Stirn gerunzelt, wenn ich anfing darüber zu reden, mich skeptisch und verständnislos angeguckt oder mir gleich dringend davon abgeraten. Gefahr Gefahr Gefahr..., überall lauert sie...

Die meisten Menschen um mich herum hatten Angst vorm Kinderkriegen, sprachen in dem Zusammenhang immer nur von Risiken und möglichen Komplikationen und gerne auch davon, auf wie viele verschiedene Arten man sich betäuben lassen kann, damit man die ganze Geburt und den damit verbundenen Schmerz am besten gar nicht mitkriegt.

Und ich? Hatte ich auch Angst? Nein, aber ich habe mich von all dem negativen Gerede immer weiter wegtragen lassen von meinen weiblichen Instinkten, meiner Intuition und meinem Selbstvertrauen. Nach außen hin bediente ich voll das Bild der »modernen«, aktiven Schwangeren, die noch im neunten Monat ihre Wohnung fertig renoviert und einrichtet und dafür von allen gelobt wird, und ich merkte gar nicht, dass ich mich immer weiter von mir selbst entfernte...

Ich habe es nicht zu Hause getan, obwohl Benni mir immer wieder dazu geraten hat, und das ist einzig und alleine meine Verantwortung.

Für die meisten Menschen ist es eben normal, ein Kind im Krankenhaus zu kriegen anstatt zu Hause, ich bin aber nicht krank und mein Kind auch nicht. Also, was sollen zwei gesunde Menschen in einem Krankenhaus, überlege ich mir wieder, als ich mitten in jener Nacht mit leichten Wehen über einsame Flure wandere und mich frage, wo ich eigentlich hingehe. Warum, Nena, bist du hier? Ich sehe endlose PVC-beklebte Gänge, finde das Neonlicht unangenehm, zähle beim Vorbeischlendern die leeren Urinflaschen vor den Krankenzimmern, irgendwo steht eine Tür halb offen, ich höre das leise Wimmern einer Frau und will jetzt unbedingt mal mit jemandem reden. Ich höre Schritte hinter mir und drehe mich um. Eine Frau kommt auf mich zu. Es ist die Hebamme, und ich bin froh darüber, ich kann jetzt gerade nicht so gut alleine sein. Sie lächelt mich an und bittet mich mitzukommen. »Wir möchten die Herztöne Ihres Kindes abhören«, sagt sie. Ich freue mich über die Ablenkung und lasse mich gerne in den Kreißsaal führen. Wir sind gerade angekommen, als mich plötzlich eine Wehe überrascht, die deutlich stärker ist als das, was vorher war. Das Gefühl ist so neu und überwältigend, dass ich für einen Moment lang alles um mich herum vergesse und mich voll konzentriere auf das, was da in meinem Körper passiert. Mein Unterleib zieht sich heftig zusammen, und ich bekomme das erste Mal eine Ahnung von dem, was noch vor mir liegt. Irgendjemand da, der mal kurz meine Hand nimmt? Ja, es sind einige da, aber sie sind alle sehr beschäftigt und lenken ihre Aufmerksamkeit auf andere Dinge. Noch bevor die Hebamme etwas bemerkt, entspannt sich mein Bauch wieder, und ich lande sanft.

»Ich hatte gerade eine stärkere Wehe«, sage ich zu ihr.

»Dann passt das ja jetzt gut«, erwidert sie freundlich, »wir möchten Sie und Ihr Kind nämlich gerne untersuchen.«

Ich soll mich hinlegen und werde verkabelt. Das Herz meines Kindes schlägt ruhig und regelmäßig, und es geht uns gut.

Der Arzt kommt rein, stellt sich vor und drückt dann ein bisschen auf meinem Bauch rum. »Es ist ja so weit alles in Ordnung«, sagt er, »wir denken nur, dass es nicht schnell genug vorangeht, und wir sollten Ihnen besser etwas geben, das Ihre Wehentätigkeit anregt.«

Bitte? Ich verstehe nicht. Natürlich ist alles in Ordnung, und wieso geht es nicht schnell genug voran? Was war das denn vor ein paar Minuten in meinem Bauch? Etwa keine Wehe? Was sollte das denn sonst gewesen sein? Und stark war sie und heftiger als die davor. Also wieso irgendetwas anregen, es ist doch alles im Gang und passiert? All diese Fragen rauschten durch meinen Kopf, und ich muss abwesend gewirkt haben. Auf jeden Fall haben sie mein Einverständnis gar nicht erst abgewartet, und noch bevor ich überhaupt realisiere, was los ist, lasse ich mir widerstandslos eine Ladung Prostaglandine verpassen. Schnell geht das, und dann sind sie auch schon wieder draußen. Ich bin wieder alleine und sehr unruhig und verwirrt. Was war das jetzt gerade? Was haben die gemacht? Ich hab sie das einfach machen lassen, mich hingelegt und machen lassen. Ohne Widerstand. Was ist denn los mit mir? Ich muss mich jetzt wirklich mal sammeln. Mich konzentrieren und vor allem diese Unruhe loswerden. Ich bin hier, um mein Kind zu kriegen, und eigentlich ist doch alles in Ordnung. Ich werde doch jetzt keine Angst kriegen. Wovor denn auch? Ich versuche mir das hier schönzureden, aber es funktioniert nicht. Reiß dich zusammen, Nena. Gleich kommt Benni, und Nane und meine Mutter wollten mich auch besuchen. Aber jetzt bin ich alleine, und es ist mitten in der Nacht. Ich sitze auf diesem Bett und lasse meine Augen durch den Raum kreisen. Gekachelt und hell ist es. Gegenüber auf einer großen Ablage sehe ich ordentlich gestapelte Stoffwindeln, Tücher, Sauger und Flaschen, eine Wanne und eine Babywaage. Auch etwas zum Anziehen liegt bereit. Alles in Miniaturausgabe. Puppenkleider. Ich gehe da hin, nehme ein winziges Babyhemdchen und bin gerührt. So klein sind sie tatsächlich am Anfang. Ich muss ein bisschen weinen, weil ich mich so auf mein Kind freue, und in dem Moment drückt es seine kleine Ferse gegen meine Bauchdecke, und ich denke, dass es nicht mehr lange dauern kann, bis wir uns endlich sehen. Ich setze mich wieder auf den Bettrand.

WILLST DU MIT MIR GEHN

Wie viel Zeit ist eigentlich vergangen, seit ich die leeren Urinflaschen auf dem Flur gezählt habe. Eine Stunde, zwei? Ich hab kein Zeitgefühl und gucke auf die große Uhr im Kreißsaal. Ich will darüber nachdenken, aber das ist jetzt nicht dran. Ich spür sie kommen, die zweite Welle. Von ganz weit her, hinten aus meinem Rücken rollt sie an und schiebt sich, immer größer werdend, voll in mein Bewusstsein. Endlos lange braucht sie, um ans Ufer zu kommen, und dann geht sie doch auch wieder? Alle Wellen tun das. Hab ich ja schon oft genug als Kind am Strand beobachtet. Ich kann mich darauf verlassen. Ich versuche, keinen Widerstand zu haben, aber das gelingt mir nicht, denn der ist schon da, und weil ich mich dagegen auflehne, verkrampfe ich mich, anstatt atmend und konzentriert da durchzugehen. Verdammte Scheiße, ich brauche jetzt jemanden, der mir hilft. Dies ist meine erste Geburt, und hier ist man doch auf so etwas spezialisiert. »Da bist du in guten Händen«, haben sie alle gesagt. Ich bin unerfahren und hab echt nicht den Anspruch, das hier heldenhaft alleine durchzuziehen. Ja, ich habe mindestens zwanzig Schwangerschaftsbücher gelesen, einen klemmigen Yogakurs für Erstgebärende absolviert und kann auch atmen. Aber jetzt bin ich mittendrin und brauche Begleitung. Wo sind die denn alle? Ich fühle mich zum Kotzen. Allein gelassen. Ich will rufen, aber reden geht gerade nicht. Ich muss laut stöhnen und will mich irgendwo festhalten. Eine Urgewalt breitet sich aus in mir. Es gibt den Moment, wo ich denke, ich schaffe es nicht, und genau da fährt mein ganzes System wieder runter auf Normalzustand.

Pause.

Was für eine Kraft. Ich lasse mich aufs Bett fallen und weiß nicht so recht, wie ich mich fühle. Ich kann jetzt nirgendwohin gehen, aber ich muss jemandem in die Augen gucken. Ich muss jetzt jemanden bei mir haben, für den das hier keine Routine ist, sondern ein feierlicher Moment.

Ich trage mein erstes Kind im Bauch und möchte es herzlich empfangen auf dieser Erde, hier geht es nicht nur um mich. Es geht um uns beide und darum, dass wir es so schön wie nur irgend möglich haben. Aber hier ist es nicht schön.

Ist nicht schlimm, dass dieser Raum aussieht wie ein hell erleuchteter OP-Saal und ganz sicher nicht mein Zuhause ist. Schlimm ist, dass es denen hier gar nicht darum geht, dass ich mich überhaupt zu Hause fühle. Das ist so weit weg für die, dass ich erst gar nicht versuche, mir einen Verbündeten zu suchen. Diese Menschen hier sind mir fremd.

Ich möchte mein Kind zur Welt bringen und das ganz bewusst erleben. Ich will nicht in die Angst abrutschen. Angst ist jetzt nur hinderlich und öffnet nicht. Gar nichts. Weder meinen Geist noch meinen Muttermund. Ich fühle mich erschöpft und habe einen Anflug von Selbstmitleid. »Wo bin ich hier nur hingeraten«, frage ich mich und will nach Hause. Ich schließe meine Augen, sehne mich nach Vertrautheit und falle in einen leichten Schlaf. Wie lange, weiß ich nicht, aber es fühlt sich kurz an, als mich die Hebamme, diesmal eine andere, aus meinem Dämmerzustand rausholt. Ich soll wieder untersucht werden. Man möchte nachsehen, wie weit der Muttermund geöffnet ist. Der Arzt stellt fest, dass es eine leichte, aber keine wesentliche Veränderung gibt. Ich weiß nicht, was er mit »wesentlich« meint, ich weiß nur, dass ich mittendrin bin in meiner ersten Geburt, aber ich finde gar nicht statt. Ich werde nicht gefragt, denn ich bin Erstgebärende und nicht kompetent. Ich bin unerfahren, ja, aber ich trage doch dieses Kind in meinem Bauch, und wir sind verbunden, wir beide, im regen Austausch, und ich weiß genau, was los ist. Dafür brauche ich keine Technik und kein Medizinstudium und schon gar keinen Doktor. Dafür brauche ich mein Frausein, Vertrauen, eine schöne Atmosphäre und eine liebevolle Hebamme, die weiß, was sie tut.

Aber das interessiert hier niemanden, und ich kriege jetzt echt Angst, als der Arzt wörtlich und mit einem besorgten Ausdruck im Gesicht zu mir sagt: »Das hat noch nicht gezündet, wir müssen es noch mal machen.« Ich glaube nicht, was ich da höre, und verstehe überhaupt nichts mehr. Ich will mich aufbäumen, mich wehren, ihnen zeigen, mit wem sie es zu tun haben. Aber wo ist das alles? Wieso sage ich denen nicht, dass sie mich in Ruhe lassen sollen? Wieso sage ich ihnen nicht, dass ich diesen ganzen Quatsch nicht brauche, weil ich nicht das Gefühl habe, dass mit mir etwas nicht stimmt, sondern dass ich schon längst auf dem Weg bin, mein Kind zu bekommen? Wieso sage ich all das nicht? Weil sie mit der Angst arbeiten, alles hier riecht nach Angst, breitet sich aus und trifft mich mitten ins Zentrum. Damit kriegen sie mich. Deshalb bin ich wie gelähmt. Nein, ich hab nicht die Kraft, mich zu wehren, weil ich Angst habe.

Ich liege flach auf dem Rücken, bekomme die zweite Ladung Prostaglandine und fange ein paar Minuten später übergangslos an zu schreien. Denn jetzt zündet es tatsächlich. So, wie er gesagt hatte. Es entzündet ein Feuer in mir, ein Monstrum, einen unmenschlichen Schmerz, etwas, das ich nicht mehr ertragen kann. Ich schreie, und sie kommen schnell. Keiner versucht mich zu beruhigen. Ich werde panisch, sie sind es schon und reden alle wild durcheinander. Drei oder vier legen mich auf die Seite, ein anderer kommt mit dieser Spritze. Mir fehlt jegliche Kraft, mich zu wehren, und sprechen kann ich gar nicht mehr, nur schreien... Ich spüre den Einstich hinten im unteren Rücken, verliere das Gefühl in meinen Beinen, habe Todesangst, erkenne noch meine Schwester, die auf einmal da ist, und dann ist alles dunkel.

NANE

Nena guckt mich mit Riesenaugen an und flüstert vollkommen entsetzt: »Nane, ich spür meine Beine nicht mehr.« Und dann war sie weg. Tot. Herzstillstand.

Mit dieser Spritze haben sie sie fast umgebracht. Ich weiß noch genau, wie sie dalag. Das Köpfchen von Christopher war schon zu sehen. Das war grob fahrlässig. Wenn die Geburt so weit fortgeschritten ist, darf man da gar nichts mehr tun.

Der Albtraum begann...

Ihre Füße und Hände waren dunkelblau, die Haut ab Oberschenkel war marmoriert, ihr Körper lag leblos und regungslos auf diesem hässlichen Kreißbett. Herzstillstand, Atemstillstand... Sie war tot. Nenas Mund war leicht geöffnet, und ich glaubte für eine Sekunde ganz fest daran, dass sie gleich losschimpft und das gesamte Personal zur Schnecke macht. Aber sie sagte nichts, stattdessen färbte sich ihr Gesicht blau, und das nahm mir jede Hoffnung. Meine Mutter quetschte meine Hand und schrie: »Was ist denn? Was ist los?« Sie bekam keine Antwort auf ihre Frage, stattdessen brüllte uns einer der hektisch herumspringenden Nichtsnutze an, wir sollten sofort den Kreißsaal verlassen und draußen warten. Aber man hätte Mami und mich da rausprügeln müssen. Wir blieben. Wir blieben die ganze Zeit, so, wie wir es Nena versprochen hatten.

Die Anzahl der Ärzte und Schwestern verdoppelte sich in Sekunden, und es herrschte unorganisierte Hektik, um nicht zu sagen: totales Chaos! Ich versuchte zu Nena durchzudringen, ich wollte sie berühren, mit ihr reden, ich wollte sie aufwecken aus ihrem Tiefschlaf. Aber in diesem

Moment schob man sie in den OP, der zwei Zimmer weiter lag. Ich rannte hinterher und konnte den Finger ihrer rechten Hand berühren. Und da spürte ich es. Ein Teil von ihr war da und lebte.
»Mami, es wird gut, bitte glaube mir, es wird gut!«

Der hochmoderne OP war voll verglast, und Mami und ich konnten alles beobachten. Wir standen vor der Glasscheibe, und mindestens zwanzig Leute wirbelten um Nena herum. Alles ging jetzt sehr schnell. Während die Anästhesisten versuchten, meine Schwester zu reanimieren, machten die Gynäkologen einen Kaiserschnitt. Das Baby..., oh Gott, das Baby.

Ich sah auf den Monitor, mit dem Nena verkabelt war, und sah nichts außer einer langen, unendlichen weißen Linie. Jemand hatte Nena intubiert und an das Beatmungsgerät angeschlossen. Atme, Nena! Lass dein Herz schlagen! Plötzlich Herzaktion auf dem Monitor. Regelmäßig, wie Wellen am Strand. »Sie lebt! Sie lebt!«, schrie jemand. Die Hebamme kam aus dem OP. Sie hielt eine Decke im Arm. »Es ist ein Junge«, und sofort rannte sie in ein anderes Zimmer mit meinem Neffen. Dort warteten die Kinderärzte und nahmen ihn mit.

Ich ging zurück zu Mami, die sehr weinte. Kurzer Blick auf die Herzwellen meiner Schwester, oh ... nächster Blick auf riesige Blutlachen! Wo kommt das ganze Blut her? Ich schnappte einige Fachausdrücke auf und kannte sie alle: »HB 4,2; TPZ kleiner fünf Prozent; RR stabil; Puls unregelmäßig. Wie ist ihre Blutgruppe? Schnell in die Blutbank, holt alles, was da ist!« Meine Schwester verblutete, sie blutete überall. Sie verblutete vor meinen Augen.

Was an Blut in sie reingepumpt wurde, lief unten wieder raus. Ihre Gerinnung, das ganze System versagte. Die Blutkonserven gingen aus.

Die Feuerwehr wurde in ein anderes Krankenhaus geschickt – Blut holen. Dann rief jemand: »HB 4,6...!« Erleichterung in den Gesichtern, Tendenz steigend. »Wir müssen sie auf mindestens sechs HB hochpumpen!« (Wie ich diese Krankenhaussprache hasse.) Nächster Test, zehn Minuten später. Erneuter Abfall des HB-Wertes: 4,3. Oh Gott...

Die neuen Blutkonserven kamen und wurden angehängt. Angehängt an die Schläuche, die sich in den zarten Armen meiner Schwester befanden. Aber Nena blutete weiter. Dann spürte ich es, und ich hörte es auch: Die Ärzte diskutierten über eine operative Entfernung der Gebärmutter. Die Blutung war nicht in den Griff zu kriegen, und die OP schien die letzte Möglichkeit zu sein.

Das könnt ihr doch nicht machen! Ihr dürft ihr doch nicht noch die Gebärmutter rausnehmen...

Und dann, wie durch ein Wunder, hörte die Blutung auf.

BENNI

Es war katastrophal. Ich habe die Welt nicht mehr verstanden. Viel mehr möchte ich dazu nicht sagen. Unser Baby war kerngesund und Nena hätte es auch völlig normal zur Welt gebracht. Aber in diesen Krankenhäusern meinen sie ja, die Frauen seien krank, wenn sie schwanger sind. Die wollen einfach nicht wahrhaben, dass Frauen schon seit zehntausenden von Jahren ihre Kinder alleine bekommen. Um ein Kind zur Welt zu bringen, braucht es eine ruhige, erfahrene Frau, eine Hebamme, die die Gebärende leitet. Sonst nichts. Der Arzt braucht nur zur Verfügung zu stehen, falls irgendetwas ist. Ansonsten hat er sich gefälligst rauszuhalten und die Frauen nicht nervös zu machen. Wir Männer haben davon im Grunde doch wirklich nicht die geringste Ahnung. Genau in dem Moment, wo ich dachte, jetzt nur noch ein, zwei Wehen, und dann ist er da, basteln die eine Spritze zurecht.

Ich war dabei, bis zu dem Moment, wo sie fast verblutet ist. Da musste ich dann raus.

Ich habe nur noch gebetet. Ich bin ein Beter.

Ich hab weder meine Verwandten von oben gesehen, noch war ich in einem Tunnel und bin ins Licht gegangen. Stattdessen wache ich auf und gucke direkt in die Dreitausend-Watt-Birne eines Halogenscheinwerfers.

Lebe ich, oder bin ich tot?

Wo ist mein Körper?

Ich kann nur meine Augen bewegen, sonst nichts. Ich bin nicht tot. Ich sehe Benni und meine Mutter neben mir. Sie weinen, und ich möchte etwas sagen. Ich kann nicht sprechen, ich habe irgendetwas Großes im Hals stecken, und im gleichen Moment spüre ich, dass ich nicht atmen kann, weil eine Maschine meinen Brustkorb aufpumpt. Bei vollem Bewusstsein erlebe ich, dass ich atmen kann, aber nicht darf, weil ich sonst ersticke. Gegen die Maschine hab ich keine Chance, ich muss mich ergeben, mich ihrem Rhythmus unterwerfen und meinen Willen, zu atmen, vollkommen unterdrücken. Ich glaube, das sind die konzentriertesten Minuten meines Lebens. Die Ärzte um mich herum gucken wie gebannt auf mich, und innerlich flehe ich sie an, endlich dieses Ding abzustellen. Ich kann mich nicht bewegen, und ich kann nicht reden, aber meine Mutter spürt, dass ich etwas sagen will. Sie legt mir ein großes weißes Blatt auf den Bauch, schiebt mir einen Stift zwischen Daumen und Zeigefinger und führt meine Hand zum Papier. Ich schaffe es, schreibe vollkommen unleserlich, aber was ich sagen will, ist klar...

Dann beugt sich ein Arzt über mich und sagt: »Wir wagen es jetzt« und zieht mir den Tubus aus dem Hals. Ich würge und huste meine Erlösung, meine Wiedergeburt. Benni beugt sich über mich und weint vor Freude. Mehr nehme ich nicht mehr wahr. Ich bin so erschöpft, dass ich nicht mitbekomme, was dann geschieht.

Irgendwann später wache ich auf, diesmal auf der Intensivstation. Ich liege auf dem Rücken und spüre, dass alles noch dran ist an mir. Ich nehme meinen Körper wahr, und langsam kommt mein volles Bewusstsein zurück.

Ich möchte denken, überlegen, sortieren, aber das geht nicht. Denksperre im Kopf. Vielleicht auch einfach nur eine Denkpause. Ich weiß es nicht. Ich akzeptiere das und bin ganz ruhig. Der Raum ist dunkel, ich sehe das Leuchten der Apparate, mit denen ich verkabelt bin. Mein Mund ist ausgetrocknet, und mein Hals tut weh. Alles tut weh. Wenn mir bloß jemand etwas zu trinken geben würde...

Da geht die Tür auf, und ein Engel kommt rein. Dieser Engel ist meine Schwester und legt mir einen Eiswürfel auf die Lippen. Ich genieße die kühlen Wassertropfen, sie wandern meine Kehle hinunter, und es ist, als würde das Leben wieder in mich hineinfließen. »Du darfst eigentlich gar nichts trinken«, sagt sie, aber das ist mir scheißegal. Ich lächle sie an und kann jetzt wieder klarer denken. Ich möchte meinen Körper anschauen. Nane hilft mir, mich aufzurichten. Ich sehe kaum noch hautfarbene Stellen an mir. Alles ist tiefblau oder violett. Noch nie in meinem Leben habe ich mich so zerschlagen gefühlt. Es ist gut, dass ich nicht alleine bin, denn jetzt kommt alles zurück. Erst kleinere Sequenzen, und dann setzt sich in meinem Hirn irgendetwas zusammen. Ich fange an, mich zu erinnern. Mir wird schlagartig bewusst, dass mein Kind nicht hier ist. »Wo ist er?«, frage ich meine Schwester. »In einer Kinderklinik in Neukölln«, sagt sie. »Fünf Kilometer weit weg von hier.« Ich weiß nicht, wie ich mich gerade fühle, es ist alles so verschoben. Es fällt mir schwer, richtig klar zu bleiben, und Nane fängt an zu reden über das, was passiert ist, von dem Moment an, wo ich ganz weit weg war. Sie erzählt mir die ganze Geschichte, auch dass sie meine Gebärmutter rausnehmen wollten wegen der Blutung, die aber wie durch ein Wunder, kurz bevor sie schneiden wollten, zum Stillstand kam. Sie hat sie »angeblutet«, ist mein Impuls. Vor lauter Empörung. Aber ich fühle nicht viel in diesem Moment. Nane sagt: »Es kann sein, dass du neurologische Ausfälle hast. Du hattest einen schweren Sauerstoffmangel, und es ist ein Wunder, dass du überhaupt reagierst.«

Ich kann mich nirgendwo andocken. Ich weiß nicht, was ich empfinde. Ich bin weder wütend noch traurig, eher suchend. Ich kann nur in kleinen Schritten denken, alles andere ist sehr verwirrend. Da kommt Benni rein, und ich freue mich so, ihn zu sehen. Er beugt sich runter zu mir, guckt mir in die Augen und sagt, dass er gerade von Christopher kommt und ich so schnell wie möglich zu ihm muss. Ganz klar und liebevoll hat er das gesagt, und ich habe verstanden. Ich muss auf die Beine kommen und zu meinem Kind gehen. Wir überlegen zu dritt, wie wir das am besten organisieren, und verabreden, dass Nane mir, sobald ich von der Intensivstation runter bin, einen Transport organisiert. Eine Schwester kommt rein und spritzt mir irgendetwas in die Kanüle in meinem Hals. Ich werde jetzt schlafen. Mich ausruhen, denn ich muss bald hier raus.

Zwei Tage später werde ich morgens auf eine andere, »normale« Station gerollt und kann es jetzt nicht mehr ertragen. Offiziell darf ich mein Bett nicht verlassen, die Ärzte weigern sich, aber ich bin nicht mehr zu halten. Ich muss mein Kind sehen, sonst drehe ich durch. Auf mehreren Formularen bestätige ich, dass ich auf eigene Verantwortung gehe, und weil ich nicht laufen kann, werde ich im Rollstuhl und im Krankenwagen nach Neukölln transportiert.

Wir kommen an. Benni rollt mich in den Fahrstuhl rauf zur Intensivstation für Frühchen und Neugeborene. Die Fahrstuhltür geht auf, mein Puls schlägt mir bis zum Hals. Nur noch ein paar Meter. Überall Brutkästen, Geräusche von Herzmonitoren und Beatmungsgeräten. Ich sehe noch eine Mutter, die ihr Baby streichelt, das nicht größer ist als meine Hand, und dann sind wir da. Ich rolle mich ganz nah ran an den Brutkasten, umfasse ihn mit beiden Armen und schaue meinen Sohn an. Ich erstarre.

Mir wird eiskalt. Ich öffne das kleine Fenster, strecke meine Hand aus und berühre mein Kind zum allerersten Mal. Benni, der schon ein paarmal bei ihm war, erklärt mir, was los ist. Die Magensonde in der Nase hat er, weil er nicht selber essen kann. Kein Schluckreflex. An den Herzmonitor ist er angeschlossen, weil er manchmal vergisst zu atmen. Er kann seine Arme und Beine nicht bewegen und muss alle halbe Stunde oder öfter mit einem speziellen Gerät in Mund und Nase abgesaugt werden, da er sonst an seiner eigenen Spucke erstickt, weil er ja nicht schlucken kann.

Ich fühle, wie mein Gehirn das alles abspeichert. Ich kriege alles ganz genau mit, aber nur aus der Ferne. Tränen laufen in Strömen über meine Wangen, ich gebe mir die Schuld für alles und krümme mich vor Schmerzen. Es ist, als würde mir jemand mein Herz rausreißen. Alles verkrampft sich, ich raufe mir die Haare und bin so verzweifelt wie noch nie in meinem Leben. Ich weine und weine. Alles fließt durch mich durch. Vor meinem inneren Auge rast mein ganzes Leben an mir vorbei. Stationen und Erlebnisse im Zeitraffer. Mein Zusammenbruch trägt mich viele Stunden durch eine Gefühlswelt, die so stark ist, dass ich mich nur ergeben kann. Widerstand zwecklos. Es ist eine Reise der besonderen Art. Hört das je wieder auf? Es geht weiter und weiter bis in meine Kindheit, und ich sehe mich selbst als kleines Mädchen im Krankenhaus liegen. Einmal Achterbahn durch mein Leben. Jetzt ist er greifbar, der ganze Wahnsinn der letzten Tage.

Ich hätte in diesem Tal versinken können. Das war ein großer Sog, und es wäre auch in Ordnung gewesen, ihm nachzugeben, mich aufzugeben und zu sterben. Warum ich es nicht getan habe, ist genauso in Ordnung und ganz natürlich. Ich liebe mein Kind, und es braucht mich jetzt und ich werde es nie wieder alleine lassen...

Die Lebensfreude hat mich doch nicht verlassen. Ich entscheide mich fürs Leben, weil ich ans Leben glaube.

Ich gebe mir noch etwas Zeit. Im Rollstuhl kann ich mein Baby schlecht versorgen. Aber den brauche ich zwei Tage später auch nicht mehr. Ich kann wieder laufen, packe meine paar Sachen und ziehe sofort ins Kinderkrankenhaus. Ich bin angekommen und verschwende keine Zeit damit, mich zu akklimatisieren. Ich will jetzt erst mal nur bei ihm sein. Er liegt nicht mehr im Brutkasten, das sehe ich schon von außen, denn das kleine, schlauchartige Zimmer, wo er in einem winzigen Bett liegt, ist komplett verglast wie alle Wände hier auf der Intensivstation. Es ist Teil der Sicherheitsmaßnahmen.
Ich gehe rein, stelle meine Tasche ab, und es wäre das Natürlichste auf der Welt, ihn jetzt in die Arme zu nehmen. Aber dafür sind die Scheißkabel nicht lang genug. Das akzeptiere ich nicht. Wir wollen zusammen sein. So nah wie möglich. Ich beuge meinen Oberkörper so weit nach vorne ins Bett rein, dass ich meinen Kopf neben seinen legen kann. Für ein paar Minuten berühren sich unsere Wangen. Es ist wunderschön. Er riecht so gut, und seine Haut ist samtig weich. Ich muss mich wieder aufrichten, sonst kriege ich einen Krampf im Rücken. Ich setze mich an sein Bett, lächle ihn an und sage ihm, dass ich jetzt bei ihm bleibe. Ihn nie wieder alleine lasse und sehr glücklich bin, ihn zu sehen. Er versteht, was ich sage. Von Anfang an. Das fühle ich. Seine Augen sind wach und aufmerksam. Trotz all der Geräusche um uns herum und dem

hektischen Treiben auf so einer Station gelingt es uns, die Stille zu erzeu-
gen, die wir beide so sehr brauchen. Stundenlang sind wir so zusammen.

Aber irgendwann werden wir doch rausgeholt aus unserer Zweisamkeit.
Ärzte und Schwestern kommen rein. Wir stehen uns gegenüber. Sie sind
freundlich distanziert... Sie gucken mich mitleidig an und geben mir sofort
zu verstehen, dass sie meine Situation und den Zustand meines Kindes
für absolut hoffnungslos halten. Ich tue ihnen Leid, und sie raten mir, dieses Kapitel meines Lebens so schnell wie möglich abzuschließen. Was
für eine aufbauende Begrüßung. Dann gehe ich doch am besten einfach
aus dem Zimmer, wenn mein Kind das nächste Mal vergisst zu atmen,
und vergifte mich anschließend selbst, oder was?

Immer wieder bin ich solchen Menschen begegnet in meinem Leben.
Damit schließe ich jetzt ab. »Leckt mich am Arsch«, denke ich, mit euch
halte ich mich nicht mehr auf.

Ich sage ihnen, nur einmal, dass sie keine Energie darauf verschwenden
sollen, mir Angst zu machen, mich zu belehren oder mich in irgendeiner
Form runterzuziehen. Das zieht bei mir nicht mehr.

Ab sofort bleibe ich Tag und Nacht bei meinem Sohn und werde ihn
selbst versorgen mit allem, was nötig ist. Ich bitte sie, mir alles einmal zu
zeigen, damit ich sofort damit anfangen kann. Außerdem verlange ich
nach längeren Monitorkabeln, denn ich möchte mein Kind tragen und
ganz nah bei mir haben. So, wie es normal ist. Sie gucken mich jetzt noch
mitleidiger an. Sie wirken grotesk. »Die steht unter Schock und hat einen
Realitätsverlust. Sie sieht nicht die Wirklichkeit und dass das alles gar
keinen Zweck hat«, höre ich sie denken. Egal, hier geht es um uns, und
ich will mich jetzt nicht mehr mit denen befassen. Sie sind unwichtig. Sie

akzeptieren, was ich ihnen sage, und wehe, sie hätten es nicht getan. Ich bin jetzt hier, und meine Kräfte sind zurück. Stellt euch nicht in meinen Weg. Nie wieder, sonst mach ich euch alle platt. Ja, genauso fühle ich mich, ich lasse das alles raus, und das tut gut, ich bin's, Nena.

Als Erstes lasse ich mir das mit der Verkabelung zeigen. Das geht schnell und ist das Einfachste. Das Absauggerät ist auch nicht schwer zu bedienen, aber bei der Vorstellung, dass ich damit mein eigenes Kind malträtieren muss, wird mir schlecht. Jetzt muss erst mal seine Sonde erneuert werden. Einmal täglich. Nie wieder lasse ich das andere Leute machen.
Vorsichtig ziehe ich den kleinen weißen Schlauch aus seiner Nase. Es ist ihm so unangenehm, und mir kommen das erste Mal, seit ich hier bin, die Tränen. Scheißegal, Nena, da musst du jetzt durch. Besser, du machst es als irgendjemand sonst. Das Ding ist draußen. Jetzt kommt der schwierigere Teil, und meine Gefühle sind nur hinderlich. Das muss gemacht werden und Schluss. Ich nehme eine neue Sonde und führe sie langsam durch sein Nasenloch. Ich muss den Weg durch die Speiseröhre finden, ohne irgendwo anzustoßen, denn das würde ihm wehtun. Es ist so schon schlimm genug für ihn. Gott, bitte hilf mir. Ich gucke ihm direkt in die Augen dabei und suche vorsichtig den Weg nach unten. Es ist eine Prozedur für ihn, und es tut mir so Leid, ihn damit quälen zu müssen. Aber ich hab's getan, die erste Hürde genommen, und das ist gut. »Wir beide schaffen das«, sage ich ihm, »und ich werde das von Tag zu Tag besser machen. Das verspreche ich dir.« Ich spüre, dass er mir vertraut.

Ich bin jetzt seit neun Stunden hier. Draußen ist es inzwischen dunkel geworden, ich sitze auf diesem Stuhl neben seinem Bett und genieße seinen friedlichen Schlaf. Jetzt hat er weder Schmerzen noch Kummer. Er fühlt sich leicht und geborgen. Das fühle und sehe ich. Vor genau fünf Tagen bin ich in ein Krankenhaus gegangen, um ihn zur Welt zu bringen, und es ist viel geschehen seitdem. Was so alles in ein einziges Leben passt, kommt mir gerade unvorstellbar vor.

Wo bleiben sie, all die Geschichten, die wir Menschen so durchleben? Und jeder hat seine eigene. Das hier ist meine. Meine eigene Geschichte, ich kann nicht sagen, wie ich mich damit fühle, aber ich weiß, dass ich sie angenommen habe.

Jetzt ist alles anders. Es gibt keine vertrauten Strukturen mehr. Mit Lichtgeschwindigkeit bin ich in ein anderes Universum versetzt worden. Ich bin mittendrin in einem völlig neuen Leben, und es macht mir keine Angst. Ich fühle mich immer noch zu Hause auf dieser Erde und erkenne meine Herausforderung. Ich möchte meine Trauer durchleben, ohne von ihr beherrscht zu werden. Natürlich darf ich weinen, so viel, wie ich will, und ich darf hadern mit allem und auch zwischendurch den Mut verlieren, aber aufgeben werde ich niemals. Dafür bin ich zu gerne in diesem Leben. Und außerdem geht es hier nicht nur um mich. Schritt für Schritt werden wir da durchgehen. Mein Sohn und ich. Egal, was kommt. Wir sehen, was das Leben uns bringt. Ich werde aufmerksam sein, diesem Kind zuhören und seine Wünsche respektieren. Was immer es ist. Wir sind auf einer Ebene, und ich verstehe seine Sprache. Ich weiß, dass ich von ihm lerne. Es hat längst angefangen. Was er ausstrahlt, ist Liebe und Kraft. Wer das nicht sieht, vermag nicht die gewohnten Wege zu verlassen, und bleibt in einer anderen Wahrnehmung. Aber es ist wunderschön, hinter den Vorhang zu gucken und noch etwas anderes zu sehen außer der Tatsache, dass hier ein schwer krankes Kind liegt. Hoffnungslos ist es deshalb noch lange nicht. Mir fällt auf, dass sich der Raum um mich herum erweitert.

Mir fallen die Augen zu. Mein Mund ist trocken, und mir ist ein bisschen schlecht. Ich kann jetzt nicht schlafen, ich muss erst etwas trinken. Ich gehe auf den Flur, um eine Schwester zu fragen, wie das hier so läuft, und überhaupt, »Wo sind denn die Mütter und Väter von den vielen Kindern, die hier liegen?«, frage ich sie. Sie sagt, es sei in dieser Klinik nicht üblich, dass Eltern über Nacht bleiben, und man ist überhaupt nicht für so etwas eingerichtet. Deshalb gibt es auch nichts zu essen oder zu trinken. »Wenn Sie das wirklich vorhaben, müssen Sie sich selbst versorgen und auf einem Stuhl schlafen. Ich kann Ihnen aber einen bequemeren anbieten als den, der in Ihrem Zimmer steht.« Ich finde das sehr nett von ihr. Etwas zu trinken kriege ich auch, aber sie bittet mich, das ab morgen selbst zu regeln. »Früher« hätte ich mich über so was aufgeregt. Ich kann nicht sagen, dass es mich kalt lässt, wie die hier sind, aber ich werde ihnen für die Zeit, die ich da bin, einfach aus dem Weg gehen. Ich bin hier, weil mein Kind hier ist, und ich werde alles tun, dass wir beide diesen Ort so schnell wie möglich wieder verlassen können.

Auf dem Weg zurück über den langen Flur schaue ich mich um. Ich gucke durch die vielen großen Fenster und sehe überall kleinste Menschenwesen. Die meisten nicht größer als eine Hand und nicht schwerer als fünfhundert Gramm. Frühgeburten. Auch von unserem Zimmer aus kann ich sie sehen. Ich kann sehen, wie sie untersucht und rund um die Uhr betreut werden. Die meisten von ihnen werden künstlich beatmet, und das Geräusch der Luftpumpen hört man hier überall. Ich habe mich schon daran gewöhnt. Das gehört hier eben dazu, und ich finde es nicht schlimm. Was richtig bedrückend ist, ist, dass all diese Kinder alleine sind. Mütter und Väter werden hier zwar geduldet, aber willkommen sind sie nicht... wie absurd.

Ich höre ein lautes Piepen und weiß sofort, wo es herkommt. Der Herz-

WILLST DU MIT MIR GEHN

monitor. Ich renne los, unser Zimmer ist nur noch ein paar Meter weg. Er hat vergessen zu atmen, ist ganz blau im Gesicht, und ich erlebe das zum ersten Mal. Ich rüttele ihn am Oberkörper, und als die Schwester angerannt kommt, ist schon alles wieder gut. Ich habe ihn nur etwas angestupst, und der Atemreflex kam wieder.

In den ersten Tagen in der Klinik passierten diese Atemausfälle sehr häufig, und ich war danach immer fix und fertig. Mir fehlte jegliche Routine, und ich wollte mich auch gar nicht an diesen Zustand gewöhnen. Die ständige Auseinandersetzung mit dem Tod war anstrengend und schockierend. Auch weil mir so klar wurde, dass ich dieses Thema bisher aus meinem Leben ausgeklammert hatte. Der Tod war immer in der Nähe, unser ständiger Begleiter. Ich musste mich damit auseinander setzen, und ich wollte ihn mir nicht zum Feind machen. Das hätte keinen Sinn gehabt, und so habe ich versucht, ihn zu integrieren in meinen neuen Alltag. Und irgendwann ging das. Irgendwann war der Tod nicht mehr mein Feind. Nicht mehr nur dunkel und beängstigend – er war einfach auch da und ein Teil unseres Lebens.

Ich hab meinem Sohn dann gesagt, dass ich ihn loslasse und ihn nicht daran hindern werde, wenn er gehen will. Nur dabei sein wollte ich, falls er stirbt. Darum habe ich ihn gebeten, aber solange ich von ihm den Impuls bekomme, dass seine Zeit hier noch nicht vorbei ist, würde ich alles tun, was möglich ist. Das war unser Abkommen, und damit war auch eine große Frage beantwortet. Die Frage, die ich mir häufig gestellt und an mich selbst gerichtet habe. Nämlich, ob ich überhaupt das Recht hatte, ihn immer wieder zurückzuholen.

Inzwischen sind fünf Wochen vergangen. Ich kenne jeden Winkel auf dieser Station und halte nur noch durch, weil ich mein Kind bedingungslos liebe, einen weisen Mann an meiner Seite habe, weil es Annerose gibt und ich an Gott glaube. Annerose ist unsere Physiotherapeutin und kommt jeden Tag. Diese eine Stunde mit ihr ist immer etwas Besonderes, und ich schaue ihr so gerne dabei zu, wenn sie mit Christopher »arbeitet«.

Ich sitze auf dem Stuhl, der gleichzeitig mein Bett ist, gucke aus dem Fenster und lasse meinen Blick über Berlin schweifen. Von hier oben kann man weit sehen. Aber ich sehe nichts. Gar nichts. Ich bin heute nicht stark und nicht zuversichtlich, ich verspüre keinerlei Lebensfreude, mein Herz ist verschlossen, und ich weiß nicht, was ich tun soll. Ich hab die Schnauze voll. »Ist Selbstmitleid etwas, das ich mir nicht erlauben darf?«, frage ich mich. Egal, was es ist, auf jeden Fall ist mir schlecht, aber draußen scheint die Sonne, und ich muss hier raus. WIR müssen hier raus, denn hier geht es nirgendwohin. Hier könnte man nicht mal in Ruhe und mit Würde sterben...

Ich kann nicht mehr. Ich ziehe alle Kabel raus, nehme mein Kind, wickle ihn in eine Decke und laufe zum Fahrstuhl. Ich werde ihm jetzt die Sonne zeigen. Unten angelangt, gehe ich mit meinem Baby auf dem Arm in Richtung Leben. Da ist eine große Wiese und ganz »normale« Luft. Es ist ein schöner Tag. Die Sonne tut gut, und wir fühlen uns sofort befreit. Befreit von diesem Sog, der immer so stark nach unten zieht und nicht in mein Leben gehört. Wie schön es hier draußen ist. Wie »normal«, wie anders. Ich bin glücklich und schockiert zugleich darüber, dass er heute zum ersten Mal in den Himmel guckt. Warum hab ich das nicht schon früher gemacht?? Aber ich möchte mich jetzt nicht mit Schuldgefühlen quälen... Alles fühlt sich schon wieder leichter an, und ich will in diesem Moment gar nichts. Das ist ein ganz neues Gefühl. Ich will nirgendwohin, und ich will nirgendwo sein. Wir sind hier.

Ein paar Minuten stehen wir so da in der Sonne auf der Wiese, und dann sehe ich zwei Menschen auf uns zulaufen. Nicht schwer zu erkennen, dass sie ziemlich aufgeregt sind. Sie kommen näher, machen wilde Bewegungen mit ihren Armen und schreien mich übergangslos an. »Wie kann man nur so verantwortungslos sein«, sagt die eine Krankenschwester, während die andere schon ihre Hände ausstreckt, um mir das Baby vom Arm zu nehmen. »Wollen Sie, dass Ihr Kind eine Lungenentzündung kriegt? Sie müssen sofort wieder reinkommen.«
»Wagen Sie es ja nicht, mein Kind auch nur anzurühren«, sage ich der einen und gucke ihr direkt in die Augen dabei...

Mir reicht es endgültig, die sind hier doch vollkommen wahnsinnig. Ich lasse sie stehen auf der sonnigen Wiese und gehe zurück auf die Station. Wir müssen jetzt dringend hier weg.

Ich lege mein Baby wieder ins Bett. Er ist ganz ruhig. Ich nicht. Ich fahre nach unten in die zweite Etage, dort gibt es die einzige öffentliche Telefonzelle im ganzen Haus. Ich rufe meine Schwester an. Es klingelt ein paarmal, dann nimmt sie Gott sei Dank den Hörer ab. »Kannst du herkommen?«, frage ich sie. »Ich muss dringend nach Hause.« Eine halbe Stunde später ist sie da, und ich fliege in meine Wohnung in der Rankestraße. Ich schließe die Tür auf, gehe rein und stelle mir vor, wie schön es wäre, bald wieder ganz hier zu sein. Aber jetzt geht das noch nicht... Wo sind die Telefonbücher, ich weiß nicht mehr, wo ich sie hingelegt habe. Scheiße, ich will meine Zeit jetzt nicht damit verdödeln, die Dinger zu suchen. Ich finde sie..., und irgendwo in dieser Wohnung wird es doch wohl auch etwas zum Schreiben geben. Ich kenne mich hier nicht mehr richtig aus, und außerdem bin ich aufgeregt. Ich hab mir vorgenommen, heute noch ein neues »Zuhause« zu finden.

Vor mir liegt ein weißes Blatt Papier, und drei Stunden später ist es voll gekritzelt mit Namen, Telefonnummern, Kringeln und Blümchen. Ich habe mit mindestens zehn Kinderkrankenhäusern, Sekretärinnen und Ärzten telefoniert, aber noch nicht das Richtige gefunden.

Und dann...

»Sekretariat Professor Dr. Spohr, was kann ich für Sie tun?« Wow, die erste Stimme heute, die so freundlich, hell und lustig klingt, dass mir ein kleiner Schauer über den Rücken läuft. Wir kommen sofort in ein schönes Gespräch, sie ist wirklich interessiert an meiner Geschichte und hört aufmerksam zu. »Wissen Sie was, Frau Kerner«, sagt sie, nachdem ich zu Ende erzählt habe, »ich rede jetzt mal mit unserem Professor, und dann rufen wir Sie gleich zurück.« Ich bin ihr so dankbar und kann den Rückruf kaum erwarten. Es dauert auch nicht lange, und der Herr Professor meldet sich persönlich bei mir. Er ist genauso warmherzig und offen und bittet mich, so schnell wie möglich zu ihm zu kommen, damit wir uns gemeinsam, ich betone das Wort gemeinsam, überlegen, was zu tun ist. Heute noch.

Ja, das ist genau das, was ich mir gewünscht habe, und ich bin echt glücklich, denn ich weiß jetzt schon, dass wir bei ihm landen dürfen und er genau der Richtige ist. Etwas später sitze ich ihm gegenüber. Er ist toll. Ich kann es fast nicht glauben. Eine völlig andere Welt hier und ein Arzt, den ich jetzt schon in mein Herz geschlossen habe. Er möchte die ganze Geschichte, und zwar ausführlich, und ich kann mir endlich mal etwas von der Seele reden. Ich fühle mich fast geborgen hier, nicht mehr so alleine. Das Gefühl ist wunderbar. Wir beschließen, den »Umzug« noch für den nächsten Tag zu organisieren, und zum Abschied sagt er, dass er sich auf uns beide freut. Das ist alles zu schön, um wahr zu sein, aber es ist wahr.

Dann führt mich eine Krankenschwester auf die Station und zeigt mir noch, wo wir in Zukunft wohnen werden. Ich bin sprachlos, ein schönes, freundliches Zimmer mit Terrasse und Zugang zum Garten. Ganz für uns alleine. Ein Klappbett steht auch rum, ich muss hier also auch nicht mehr auf einem Stuhl schlafen. Das ist mehr als ein Geschenk, und ich fliege zurück zu meiner Schwester und meinem Baby. Ich fühle mich königlich, denn gleich werde ich allen dort verkünden, dass wir morgen abreisen. Ich habe starken Aufwind und stürme auf die Intensivstation.

Und dann bin ich zum Chefarzt gegangen und habe ihm gesagt, dass wir in ein anderes Krankenhaus gehen und ich mich jetzt von ihm verabschieden möchte. Aber anstatt sich mit mir zu freuen oder uns alles Gute zu wünschen, guckt er mich empört an und macht ein betroffenes Gesicht. Na gut, denke ich, drehe mich um und gehe, und was macht der? Er läuft mir hinterher. Dass der so weit geht, hätte ich nie gedacht, und ich fand ihn echt peinlich, denn er war so leicht zu durchschauen. Der war keineswegs besorgt um mein Kind, er wollte unter keinen Umständen einen »guten Patienten« verlieren.

Was macht so einer dann? Er spritzt das Angstvirus. Direkt und unmissverständlich. Intravenös, das wirkt am schnellsten.

»Der Gesundheitszustand Ihres Sohnes ist über alle Maßen kritisch«, faselt er, während er mich über die Flure zurück zu meinem Zimmer begleitet. Aha, denke ich, die übliche Tour. Er spürt, dass das bei mir nicht zieht, und outet sich jetzt endgültig und schamlos als überzeugter Angstmacher. Einer, der mit Angst arbeitet, um sich einen anderen Menschen gefügig zu machen. Er guckt mich an und sagt, ohne mit der Wimper zu zucken: »Ihr Sohn würde einen solchen Transport wahrscheinlich nicht überleben.«

Bums, das ist angekommen. Ich erschrecke mich und muss tief durchatmen. Das ist ein echter Angriff, und ich fange an zu zittern. Ich fühle mich so, als hätte mir jemand ohne Vorwarnung einen Schlag in den Bauch versetzt. Hier wird mit allen Mitteln gearbeitet. Dieser Mann lässt nichts aus. Innerhalb weniger Sekunden überprüfe ich mein Vertrauen und meine Überzeugung. Alles noch da. »Wir gehen morgen«, sage ich, »so oder so«, und merke jetzt erst, dass einige Leute von der Station dazugekommen sind, sich über mich aufregen und ihrem Chefarzt beipflichten. Der zieht jetzt alle Register und droht mir damit, sofort den Staatsanwalt einzuschalten, denn ich würde das Leben meines eigenen Kindes gefährden, und dafür gibt es Gefängnisstrafen.

Ein Gefühl, das mir immer besonders wehtut, ist Wut. Und ich war so wütend auf diese Leute, dass ich heulen musste. Noch eine letzte lange Nacht an diesem unerfreulichen, dunklen Ort, und dann waren wir weg aus dem Krankenhaus in Neukölln.

Aus rechtlichen Gründen durften Benni und ich unser Baby nicht selbst fahren. Aber das war okay. Nur ein bisschen komisch, dem eigenen Kind, das mit Blaulicht im Krankenwagen transportiert wird, auf der Stadtautobahn hinterherzudüsen.

Als wir ankamen, wollte ich die letzten Wochen hinter mir lassen und neu anfangen. Ich freute mich so darauf, und wir richteten uns gemütlich ein in unserem neuen Zuhause... Die Einzige, die ich jetzt schon vermisste, war Annerose. Sie hatte mir immer so viel Kraft gegeben...

Professor Spohr kam mit ein paar Schwestern, alle begrüßten uns herzlich und wir versammelten uns um Christophers Bett. Er lag da und war sehr blass. Anstrengend war der Transport für ihn gewesen, aber gestorben ist er daran nicht.

Und dann begann eine schöne Zeit. Morgens schien die Sonne in unser Zimmer, und wir konnten in den Garten gucken. Ich lernte andere Mütter kennen, die auch hier wohnten, und es tat mir gut, mich mit ihnen auszutauschen. Wir haben auch oft Besuch bekommen, und ich hab mir dann ein bisschen erzählen lassen von dem, was draußen in der Welt so los ist. Aber wirklich interessiert hat mich nichts, außer, bei meinem Kind zu sein, und am besten fühlte ich mich, wenn wir beide alleine waren.

Wir machten die ersten gemeinsamen Spaziergänge, und ich war unendlich stolz, ihn endlich auch mal im Kinderwagen vor mir herzuschieben. Es war einfach wunderbar, ihn dabei beobachten zu können, wie er in den Himmel und in die Bäume schaute. Unser Leben war nicht mehr ganz so dramatisch, wir sind dort beide sehr zur Ruhe gekommen, und seine Atemausfälle kamen immer seltener vor.

Das Gefühl, bald nach Hause gehen zu können, festigte sich von Woche zu Woche, und eines Morgens geschah ein Wunder, das mir den letzten nötigen Anstoß dafür gab. Die Krankengymnastin kam, und ich legte ihr mein Baby mit der Bauchseite auf den Schoß. Sie fing an, seinen Rücken abzuklopfen, um den Schleim zu lösen, und es war schön zu sehen, wie gerne er das hatte...

Offensichtlich löste es in ihm noch sehr viel mehr, denn er fing urplötzlich an, erst wohlig zu stöhnen, und dann kam ein endlos langer, ausgedehnter, tiefer Seufzer aus ihm heraus. Für eine »normale« Mutter und ein »normales« Kind sicher nichts Ungewöhnliches, aber mir schossen Tränen in die Augen, und ich konnte es nicht fassen. Ich fiel auf die Knie und dankte Gott für diesen Moment, denn ich hörte das erste Mal die Stimme meines Babys. Es hatte bis dahin noch nie auch nur den kleinsten Laut von sich gegeben.

Unsere Heimreise war jetzt nicht mehr aufzuhalten. Mein Freund Prof. Spohr hatte mich immer in allem unterstützt und fand auch diese Entscheidung richtig. Das tat mir gut, denn ich wollte auf jeden Fall mit seinem Segen gehen. Ich kaufte mir alles Nötige, um mein Kind zu Hause auch medizinisch versorgen zu können, und dann konnte es losgehen.

Ein echt spezieller Morgen war das, mit einem sehr speziellen Gefühl. Schon in der Nacht davor konnte ich kaum schlafen und war sehr aufgeregt. Die Taschen standen fertig gepackt auf dem Boden, und wir wollten uns jetzt verabschieden. Das war schon sehr bewegend. Nach vielen Umarmungen und ein paar dicken Abschiedstränen trug ich mein Baby und mich raus in ein neues Leben.

Das neue Leben begann in der Rankestraße. Rankestraße Nummer drei. Ich hatte dort eine wunderschöne Altbauwohnung mit Engeln aus Gips an der Decke und sonnendurchfluteten Räumen, im Herzen der Stadt und nur ein paar Meter entfernt von der Gedächtniskirche. Und wer Berlin kennt und vor allem gerne Falafel isst, weiß auch, dass sich dort der beste Falafelladen der Stadt befindet...

Unsere Ankunft war ziemlich undramatisch. Es fühlte sich eher normal an, jetzt zu Hause zu sein, und Christopher war, nachdem ich mit ihm einmal durch alle Räume gegangen bin, selig in unserem riesigen Bett eingeschlummert. Ich hab mich zu ihm gelegt und bin auch sofort eingeschlafen. Irgendwann schreckte ich hoch, und mein erster Gedanke war: Du hast den Herzmonitor gar nicht angeschaltet. Ich gucke nach

WILLST DU MIT MIR GEHN

meinem Baby, aber er schläft immer noch und atmet ruhig. Ich finde sowieso, dass er sich jetzt schon nach diesen paar Stunden zu Hause ganz anders verhält als im Krankenhaus. Er sieht viel entspannter aus. Ich beschließe, es zu wagen und den Monitor auch für die Nacht nicht anzuschließen. Irgendwie fühle ich, dass wir das Ding gar nicht mehr brauchen. Als sich das am nächsten Morgen bestätigt und wir gemeinsam und lebendig aufwachen, ist meine Freude groß, und es fühlt sich an, als hätten wir einen Riesenfortschritt gemacht. Eine Maschine weniger.

Die Sonne scheint jeden Tag in unser schönes großes Schlafzimmer, und ich lege entweder Tracy Chapman oder Mozart auf. Wir lauschen und wir schweigen, es ist wunderbar still. Wir lieben die Stille. Ich lege mein Kind auf meinen Bauch, und wir liegen stundenlang, tagelang, wochenlang einfach so rum. Ich muss nirgendwohin, und mir fehlt auch nichts. Wenn die Trauer kommt, lasse ich sie durch mich hindurchfließen. Manchmal fühlt sie sich an wie ein kleiner Fluss, und an anderen Tagen reißt sie mich mit in die Tiefe. Ein paarmal habe ich auch gedacht, dass ich mehr nicht tragen kann, aber irgendwie geht es doch immer weiter. Es lohnt sich weiterzumachen, weil das Leben eben so ist. Lebenswert.

Ich konnte erkennen, wie unendlich wertvoll diese Herausforderung für mich war. So unfassbar und traurig sich manche Passagen für mich immer noch anfühlen... Es war eine gesegnete Zeit, und ich danke Gott, dass ich daraus gelernt habe und nicht daran zerbrochen bin.

Am 19. Januar 1989 ist mein Kind gestorben, und ich war dabei. So, wie wir es verabredet hatten. Nichts hätte ihn aufhalten können, auch nicht unsere Liebe füreinander.
Die bleibt, denn ohne Liebe sind wir nichts.

DAS LEBEN GING WEITER

Ich war bereit zu empfangen, denn ich hatte nicht vor, meine Vision von einer Großfamilie aufzugeben. Ich wollte noch immer Babys. Viele Babys. Und dann, ein paar Monate später, war ich plötzlich wieder schwanger...

Eines Tages verriet mir mein Körper, dass ich in »anderen Umständen« war. Meine Schwester und ich gingen noch am selben Tag zu meinem Frauenarzt, und was wir dann auf dem Ultraschallbild sahen, hat uns schlicht umgehauen. Da war nicht ein kleiner schwarzer Punkt zu sehen, da waren zwei. Zwei kleine schwarze Punkte. Ich sprang von der Liege, und meine Schwester und ich schrien gleichzeitig so laut, dass unser Freund, der Frauenarzt, zusammenzuckte, die Sprechstundenhilfe reingestürmt kam und ganz besorgt fragte, ob alles in Ordnung sei. »Jjaaaaa«, rief ich, »es ist alles mehr als in Ordnung, ich hab Zwillinge im Bauch.«

Noch nie hatte es in unseren Familien so etwas gegeben, weder bei Benni noch bei mir. Ich war so überwältigt, dass ich mich erst mal wieder setzen und durchatmen musste. Mein Arzt holte auch tief Luft, denn er wollte uns unbedingt etwas sagen. »Bitte freut euch nicht zu früh, es kommt sehr häufig vor, dass zwei Eier befruchtet sind und eins davon wieder abgeht, ohne dass die Frau etwas merkt.« Diesen Moment werde ich nie vergessen, denn ich war ohne jeden Zweifel und wusste genau, dass das bei mir nicht passieren würde. Ich lächelte ihn an und sagte ihm, er solle sich keine Sorgen machen, ich würde diese Kinder zur Welt bringen.

Meine Schwester brachte mich nach Hause, und als ich wieder alleine war, wurde mir langsam bewusst, was hier eigentlich los war. Ich war »doppelt« schwanger und würde bald mit zwei Babys statt mit einem auf dem Arm durch die Gegend laufen. Ich musste laut lachen bei der

Vorstellung und fand, dass mein Leben bisher noch nie auch nur eine Sekunde langweilig gewesen war.

Ziemlich erschöpft von der ganzen Aufregung, ließ ich mich auf mein Bett fallen. Ich schlief ein, und plötzlich tat sich vor mir eine große weiße Leinwand auf. Das Ganze war wie ein Kurzfilm. Die Bilder eindeutig, klar und ohne jeden Zweifel real. Ich sah meine Kinder von rechts nach links durchs Bild laufen, sie waren ungefähr vier Jahre alt. Christopher schwebte über ihnen wie eine kleine Wolke und begleitete sie. Ein Mädchen mit rötlichen Locken und ein Junge mit blonden, glatten Haaren. Sie guckten mir direkt in die Augen. Meine Tochter lächelte mich an und sagte: »Mami, mach dir keine Sorgen, es ist alles in Ordnung.« Dann nahm sie ihren Bruder an der Hand, und sie gingen auf der anderen Seite wieder raus aus dem Bild. Schnitt.

In dem Moment öffnete ich meine Augen und war hellwach. Es kam nicht der leiseste Zweifel in mir auf. Mich hatten tatsächlich gerade meine Kinder besucht. Ich hab sie gesehen, gehört und gefühlt. Mit einer absoluten Selbstverständlichkeit kamen diese beiden Wesen einfach mal lange vor ihrer Geburt bei der Mutter vorbei, um ihr zu sagen, dass sie sich keine Sorgen machen soll. Ich fühlte mich unglaublich gestärkt.

Ich konnte mir nicht verkneifen, meinen Arzt anzurufen. »Denni«, hab ich gesagt, »es gibt noch eine schöne Neuigkeit, die Zwillinge werde ich zur Welt bringen, das hab ich dir ja schon heute Morgen gesagt. Was du aber noch nicht weißt, ist, dass in meinem Bauch ein Mädchen und ein Junge sind. Das Mädchen ist größer als ihr Bruder und wird zuerst geboren.«
Und genauso war es, als sie am 7. April 1990 in Berlin zur Welt kamen.

Durch die riesigen Glasscheiben konnte ich beobachten, wie es draußen langsam dunkel wurde. Das warme, indirekte Licht im Kreißsaal verbreitete eine schöne Atmosphäre. Hier war alles anders, und auch unsere Kerze, die wir angezündet hatten, als wir am Morgen hierher kamen, brannte ruhig vor sich hin.

Ich war mitten unter Larissas Geburt und im Frieden mit allem. Ab und zu musste ich weinen, weil alles so schön verlief. Die Wehen kamen und gingen und wurden langsam und ganz natürlich immer stärker und intensiver. Ich blieb entspannt, und wenn mir zwischendurch vor Schmerzen die Luft wegblieb, hörte ich wieder Larissas sanfte Stimme in mir... »Mami, mach dir keine Sorgen, es ist alles in Ordnung.«

Eine aufregend schöne Geburt war das. Man ließ mich in Ruhe und war da, wenn ich jemanden brauchte. Alle waren lieb und fürsorglich. Ich hab fest geschlafen in den kurzen Wehenpausen und wieder genug Kraft gesammelt, um durch den nächsten »Sturm« zu gehen. Bis sich dann zum allerletzten Mal alles in mir aufbäumte, um meiner kleinen süßen Tochter den endgültigen Abschiedstritt zu verpassen.
Sie landete sanft auf meinem Bauch. Noch »verkabelt« und leicht zerknittert, gab sie wohlig schmatzende Laute von sich, und sie fühlte sich wundervoll an. So wundervoll, dass ich für einen Moment glatt ihren Bruder vergessen hatte.

Wir liessen die Nabelschnur auspulsieren, durchtrennten sie und dann musste ich mein Kind wieder hergeben. Das war ein komisches Gefühl.

Jetzt sollte es weitergehen, aber es passierte erst mal gar nichts. Irgendetwas stimmte nicht. Die Wehen setzten wieder ein, aber sie waren nicht intensiv genug. Was war los? Es war schon fast eine Stunde vergangen seit Larissas Geburt, und er war immer noch drin. »Willst du nicht, oder kannst du nicht?«, fragte ich ihn...

»Er kann nicht«, sagte die Hebamme nach einer kurzen Untersuchung. »Die Plazenta seiner Schwester liegt im Weg, da ist kein Durchkommen.« Seine Herztöne veränderten sich, und dann musste alles sehr schnell gehen. Kaiserschnitt.

Ja, ich flehte sie an, es nicht zu tun. Klar hab ich auch wieder geheult und fand das alles nicht gerade toll, aber ich vertraute ihnen, und außerdem musste mein Baby da raus. Schneller, als ich denken beziehungsweise sprechen konnte, wurde ich in Formel-1-mäßigem Affenzahn samt Bett in den OP gefahren. Bloß keine Zeit verlieren. Unterwegs kippten sie mir, ohne zu zielen, eine ganze Flasche braune Soße (Desinfektionsmittel) über den Bauch, und sie schafften es sogar noch, mir die nötigen Stützstrümpfe (macht man so wegen Thrombosegefahr) über meine zu der Zeit nicht gerade schlanken Beine zu zerren. »Schnell, schnell«, riefen sie immer wieder, aber keiner von denen wirkte panisch. Alle waren hochkonzentriert und wussten genau, was sie zu tun hatten. Völlig undramatisch. Ich hatte keine Angst, ich fühlte mich nur so komisch benebelt und nahm alles wie in Trance wahr.

Der Letzte, dem ich in die Augen sah, war der Anästhesist. Zack, hatte ich die Kanüle im Arm beziehungsweise in meiner gut durchbluteten Vene, dann drückte er ab, und weg war ich.

Als ich aufwachte, sah ich meine Mutter neben meinem Bett sitzen. »Wo sind sie?«, fragte ich. »Mami, wo sind meine Kinder?«
»Larissa ist auf der Säuglingsstation«, antwortete sie, »und Sakias gleich nebenan in der Kinderklinik. Es geht ihm gut, sie wollen ihn nur noch ein paar Stunden beobachten.«

Ich dachte, ich höre nicht richtig. Ich war übergangslos in heller Aufruhr und alles andere als gelassen. Bilder aus vergangenen Tagen drängten sich in mein Bewusstsein und vernebelten mir die Sicht. Ich glaubte niemandem. Nicht mal meiner eigenen Mutter. Ich musste mich selbst überzeugen und konnte mich jetzt auf gar keinen Fall entspannt zurücklegen und die Nachwehen der Narkose ausschlafen.

Ein Rollstuhl musste her, und zwar schnell, denn mit einer frischen Kaiserschnittnarbe läuft es sich schlecht nach unten auf die Straße und hoch ins andere Gebäude.

Rollstuhl, Kinderklinik, Brutkasten..., das hatte ich alles schon mal. »Was sollte das jetzt«, fragte ich mich, und mein Herz schlug mir bis zum Hals. Meine Mami versuchte mich zu beruhigen, aber ich hab das kaum wahrgenommen, so verunsichert war ich vor lauter Sorge um meine Kinder.

Nur wenige Minuten später waren wir da. »Ihr Sohn liegt in dem Bettchen ganz hinten rechts«, sagte eine Krankenschwester. Ich war so aufgeregt, ich wäre am liebsten aufgesprungen und losgerannt. Meine Mutter schob mich ganz nah ran, und dann sah ich ihn da liegen. Was für ein schöner Anblick! Er sah so wundervoll aus, und ich konnte mich endlich selbst davon überzeugen, dass alles gut war.

Dieses Gefühl ist unbeschreiblich, wenn man zum ersten Mal das eigene Kind berührt, streichelt und anschaut. Und während ich das hier gerade schreibe, läuft mir ab und an ein kleiner Schauer über den Rücken, weil ich mir durchaus vorstellen kann, es in diesem Leben »noch mal zu tun«. Allerdings müsste ich meinen ältesten Sohn, dessen Geschichte ich hier gerade erzähle, davon überzeugen. Er findet nämlich, dass es reicht. Er liebt Kinder über alles, aber Babys, sagt er, hatten (haben) wir in dieser Familie doch wohl genug...

»Jetzt gehen wir deine Schwester holen«, sagte ich zu ihm. Und als wir drei dann endlich zusammen waren, konnte ich es kaum fassen und wunderte mich über dieses Wunder. Zwei Babys auf einmal...

Drei Tage später waren wir alle zu Hause, und mein neues Leben war auf jeden Fall ein schlafloses. Meine überaus temperamentvollen Kinder hielten mich rund um die Uhr auf Trab. Wenn einer schlief, wollte der andere essen. Immer im Wechsel.

In der ersten Woche hab ich mich total verrückt gemacht. Ich hatte einen echten Perfektionswahn und wollte mich ständig selbst übertrumpfen mit dem Vorhaben, eine »gute Mutter« zu sein. Ich gönnte mir keine Ruhe und kein Durchatmen, wollte alles doppelt schön und richtig machen und bin genau davon krank geworden.
Erst reagierte meine Haut auf den selbst produzierten Stress mit einem Ausschlag, der sich über meinen ganzen Körper verteilte. Dann meldeten sich die Gelenke mit heftigen Rheumaschüben, und ich konnte kaum noch laufen, so weh tat das.
»Nena, du bist bescheuert«, sagte ich zu mir selbst, »wozu soll das gut sein? Du hast dich da selbst reinmanövriert, und jetzt holst du dich da auch wieder raus.«
Mit jeweils einem Baby auf jeder Seite machte ich es mir bequem in unserem riesigen Bett und stand ab sofort nur noch fürs Nötigste auf. So konnte ich in jeder Sekunde, die sie mal gleichzeitig schliefen, einfach die Augen zumachen.

Seit ich entschieden hatte, mir und den Kindern nichts mehr beweisen zu müssen, wurde ich ruhiger und gelassener. Mein Körper dankte es mir. Die Symptome verblassten schnell und kamen auch nie wieder.

Ein ganzes Jahr ging das so mit der Nichtschlaferei, aber ich habe nicht zwölf Monate mit ihnen im Bett gelegen. Nach acht Wochen sind wir das erste Mal rausgegangen und haben angefangen, die Umgebung zu erkunden. Am liebsten waren wir im Wald, Spielplätze fanden wir nie wirklich anziehend.
Zu ihrem ersten Geburtstag konnten sie plötzlich laufen, und ab da waren wir viel beweglicher. Wir sind viel gereist mit den beiden, und schon in ihren ersten drei Jahren haben sie viel von der Welt gesehen.
Benni zeigte uns seine geliebte Toskana, fuhr mit uns im Wohnmobil durch Kanada, um seine Indianerfreunde zu besuchen, ich brachte uns nach Jamaika und Barbados, und sooft es ging, sind wir in die Berge gefahren. Mit zwei Jahren standen die beiden das erste Mal auf Skiern, und zwischen unseren Beinen konnten wir mit ihnen alle Abfahrten machen. So hat mir das mein Vater beigebracht, und so haben auch sie Skifahren gelernt. Ein Jahr später waren sie so weit und konnten alleine fahren. Da musste ich oft an meine Kindheit denken und war meinen Eltern dankbar dafür, dass sie mir diese Welt gezeigt haben und ich das jetzt meinen Kindern weitergeben konnte. Ich habe sie bis heute noch nie im Tiefschnee über den Gletscher gejagt, aber es würde ihnen sicher gut tun.

LARISSA UND SAKIAS

Ich sitze auf dem Sofa und Larissa an ihrem Schreibtisch. Ihre beste Freundin liegt auf dem Bett und hört uns zu. Larissas Zimmer ist total gemütlich, indisch-orange mit Dachschrägen und den rohen, alten Holzbalken. Friedlich wirkt es hier, aber das kann natürlich auch täuschen. Dafür weiß ich zu wenig von ihrem Leben, ihren Wünschen, Sehnsüchten und Gedanken. Larissa und ich sind noch ein bisschen holperig miteinander, weil die Situation so ungewohnt ist: Bislang haben wir immer nur rumgealbert, sind auf Mallorca zusammen ins Meer gesprungen und jetzt sitzen wir uns hier gegenüber und machen plötzlich ein seriöses Interview. Dass sie meine alte Jeansjacke cool findet, hilft ein bisschen. »Ich lass das Tonband mal so ganz unauffällig hier liegen...!«

Wir fangen an. Rührend ernsthaft und aufmerksam guckt Larissa mich mit ihren braunen Riesenaugen an. Ihre Stimme hat den gleichen Klang, wie die von Nena.

Claudia: »Habt ihr ein offenes Verhältnis? Erzählt ihr euch alles?«

Larissa: »Früher habe ich ihr alles erzählt, heute nicht mehr. Aber ich weiß, dass ich es könnte, und das ist ein gutes Gefühl!«

Claudia: »Wie nennst du sie?«

Larissa: »Mum oder Mami.«

Claudia: »Wie findest du denn deine Mutter überhaupt?« (Larissa lacht.)

Larissa: »Ich liebe meine Mutter. Ich find's super, wie sie so drauf ist: Es gibt Grenzen, aber es ist nie verklemmt oder verspießt. Sie ist locker mit uns, und das finde ich schön! Natürlich schreie ich auch manchmal und finde, dass sie eine blöde Kuh ist, aber es macht viel mehr Spaß, wenn wir uns verstehen und lustig miteinander sind.«

Claudia: »Ich habe das Gefühl, dass es Richtlinien gibt: nicht aufstehen, bevor alle aufgegessen haben, nicht anfangen, bevor alle sitzen...«

Larissa: »Da liegst du aber nicht ganz richtig mit deinem Gefühl. Wir versuchen zwar manchmal, so etwas einzuführen, aber das klappt meistens nicht lange. Das sind keine grundsätzlichen Regeln. Zufällig heute, wo du da bist, haben wir es wieder mal probiert!«

Claudia: »Gibt es Strafen wie Hausarrest oder so was?«

Larissa: »Sie findet es nicht richtig, mich einzusperren oder mich zu bestrafen. Sie sagt, das ist nicht ihr Recht. Manchmal macht sie sich aber Sorgen, wenn sie spürt, dass ich Ruhe brauche und ich davon gar nichts wissen will, weil ich ja meistens denke, ich könnte irgendetwas verpassen. Aber sie weiß das in dem Moment besser als ich. ›Larissa, jetzt ruhst dich mal ein paar Tage aus‹ bedeutet so viel wie nicht verabreden und hauptsächlich zu Hause bleiben! Den ersten Tag schaffen wir es und ziehen das ›streng‹ durch. Aber in solchen Situationen erinnert Mami sich immer an ihre eigene Teenagerzeit und weiß genau, warum ich es in letzter Zeit nicht so lange zu Hause aushalte. Sie nimmt dann schnell alles wieder mit einem Lächeln. Was sie gar nicht akzeptiert, ist, dass ich hin und wieder rauche.«

Claudia: »Ist ja echt auch noch etwas früh für Zigaretten...«

Larissa: »Ist es auch, aber trotzdem rauche ich manchmal. Aber ich dürfte das nie in ihrem Beisein tun. Andererseits sagt sie, dass sie keine Kontrolle hat, wenn ich woanders bin, und sie mich auch gar nicht kontrollieren will. Das gibt mir ein Gefühl des Vertrauens.«

Claudia: »Wie ist das überhaupt, so eine berühmte Mutter zu haben? Kriegst du das getrennt?«

Larissa: »Was meinst du damit? Was soll ich denn da trennen? Sie ist meine Mami.«

Claudia: »Möchtest du mal etwas Ähnliches machen wie deine Mutter?«

Larissa: »Ich weiß auf jeden Fall, dass ich etwas Kreatives machen will, und es soll nicht vierzig, fünfzig Jahre lang von morgens bis abends das Gleiche sein. Ich möchte mich bewegen und vieles ausprobieren.«

Claudia: »Was sagt Nena dazu?«

Larissa: »Für sie ist wichtig, dass ich mache, was ich wirklich will. Sie würde mich nie zu irgendetwas zwingen.«

Claudia: »Wie steht sie überhaupt zur Schule? Ist es wichtig, dass du gute Noten hast?«

Larissa: »Menschen für irgendetwas ›gute‹ oder ›schlechte‹ Noten zu geben, findet sie nicht richtig. Es geht ihr darum, dass ich meine Talente entdecke und das tue, was mir Spaß macht. Auch in der Schule. Sie findet, dass Kinder selber entscheiden dürfen, was sie lernen wollen und was nicht. Aber sie findet es auch gut, sich durch etwas durchzuarbeiten, und dazu gehört eben auch manchmal Disziplin. Seit dem Sommer bin ich auf einer neuen Schule, die ich sehr mag. Dort lernt man auch Russisch, und als ›Neue‹ musste ich alles nachholen, was die anderen in meiner Klasse schon seit ein paar Jahren machen. Das war Bedingung. Ich sollte eine Sprache lernen, die mir so fremd war wie das Land, in dem sie gesprochen wird. Von Russland wusste ich einfach gar nichts. Am Anfang war es schrecklich, und ich fand das zum Kotzen. Wofür sollte das gut sein? Und dann war ich auch verzweifelt, weil ich nicht wusste, wie ich das schaffen sollte. Na ja, und da hat meine Mutter mich auf einen guten Weg gebracht. Wenn du dort bleiben willst, hat sie gesagt, musst du dich Schritt für Schritt da durcharbeiten, und es kann gut sein, dass es dir unterwegs sogar richtig Spaß macht. Und so ist es auch gekommen. Ich finde, Russisch ist eine tolle Sprache, und das hätte ich nie für mich entdeckt, wenn ich nach dem ersten Versuch aufgegeben hätte.«

Claudia: »Wie würdest du dich selber einstufen: Bist du diszipliniert oder eher nicht so?«

Larissa: »Kommt drauf an, in welchem Bereich. Also mit meinen Hausaufgaben bin ich zurzeit sehr diszipliniert, weil es mir plötzlich Spaß macht. Ich stehe auch immer überpünktlich auf, komme dann aber manchmal doch zu spät, weil ich noch so lange mit meinen Freunden quatsche.«

Claudia: »Was hast du von deiner Mutter geerbt?«

Larissa: »Das Selbstbewusstsein und die Offenheit.«

Claudia: »Findest du irgendetwas an ihr total blöd?«

Larissa: »Total blöd nicht, aber sicher gibt es Dinge an ihr, die mir nicht gefallen.«

Claudia: »Wird bei euch oft geschrien?«

Larissa: »Ja, sehr oft. Hat bei uns so etwas Italienisches – Discorso eben.

Ich kann das beurteilen, weil meine sieben Halbgeschwister alle Italiener sind!«

Claudia: »Müsst ihr da nicht irgendwann auch lachen, wenn ihr euch so anbrüllt?«

Larissa: »Doch! Eben! Manchmal schreien wir auch nur aus Spaß, um den Wasserfall vom Tag abzulassen.«

Claudia: »Gibt es auch Streite, wo man sich tagelang nicht wieder verträgt?«

Larissa: »Wir sind alle temperamentvolle Leute, die ab und zu auch aufeinander knallen. Aber niemand von uns ist lange böse oder beleidigt.«

Claudia: »Wie findest du es, wenn deine Mutter bei Konzerten und Veranstaltungen von Tausenden angehimmelt wird?«

Larissa: »Ich kenne dieses Anhimmelungsgefühl nicht. Und wenn ich das bei ihren Konzerten miterlebe, finde ich das witzig und interessant, weil ich sie ja auch zu Hause erlebe. Ich bin dankbar, so eine Mutter zu haben. Weil sie einfach klasse ist. Ich finde cool, was sie macht – und vor allem, wie sie es macht!«

Claudia: »Was wünschst du dir am meisten von ihr?«

Larissa: »Noch ein Baby! Eine Schwester!«

Claudia: »Und wenn du drei Wünsche frei hättest?«

Larissa: »Weniger oft Abschied nehmen im Leben. Weniger Streit.

Kein Hass mehr in der Welt – und Mamis Kreditkarte zum Shoppen.«

Claudia: »Stört es dich, dass deine Mutter so viel weg ist in letzter Zeit?«

Larissa: »Grundsätzlich nicht. Wir freuen uns ja alle über ihren Erfolg, und sie geht auch gerne weg, wenn sie ihre Konzerte hat. Das macht sie am liebsten, und das ist ganz wichtig für sie. Wir wissen auch immer, wo sie ist und was sie gerade macht. Und wenn ich sie manchmal nicht erreiche, lese ich in der Bibel. Das hilft.«

Claudia: »In der Bibel?«

Larissa: »Ja! Ich habe meinen Glauben und versuche, das auch so gut wie möglich zu leben. Meine Freundin und ich haben eine echt schöne Gemeinde entdeckt. Der Gottesdienst dort ist lebendig und nicht so vertrocknet. Ich gehe freiwillig und gerne da hin, das will schon etwas heißen. Wenn ich traurig bin und die Bibel aufschlage, finde ich meistens sofort einen Psalm, der total in meine Situation passt. Und danach geht es mir besser.«

Claudia: »Hast du einen Lieblings-Psalm?«

Larissa: »Ja, habe ich, und es gibt auch eine Geschichte, die mich immer wieder sehr berührt und mir zeigt, dass ich, egal in welchen Zeiten, nie alleine bin. Diese Geschichte hat eine Frau geträumt und aufgeschrieben wie ein Gedicht. Wenn du willst, lese ich es dir mal vor?
Es heißt:

SPUREN IM SAND

Ich träumte eines Nachts
Ich ging am Meer entlang
Mit meinem Herrn
Und es entstand vor meinen Augen
Streiflichtern gleich mein Leben.

Nachdem das letzte Bild an uns
Vorbeigeglitten war
Sah ich zurück und stellte fest
Dass in den schwersten Zeiten
Meines Lebens
Nur eine Spur zu sehen war.

Das verwirrte mich sehr
Und ich wandte mich an den Herrn
Als ich dir damals alles,
Was ich hatte, übergab
Um dir zu folgen, da sagtest du
Du würdest immer bei mir sein
Warum hast du mich verlassen
Als ich dich so verzweifelt brauchte.

Der Herr nahm meine Hand
Geliebtes Kind
Nie ließ ich dich allein
Schon gar nicht
In Zeiten der Angst und Not
Wo du nur ein Paar Spuren

In dem Sand erkennst
Sei ganz gewiss
Ich habe dich getragen.«

Larissa: »Das ist echt angekommen bei mir!«

Claudia: »Ich kriege eine Gänsehaut! Was ist Gott für dich?«

Larissa: »Gott ist für mich das Licht, das wir brauchen, um in der Dunkelheit zu sehen!«

Claudia: »Was für eine Konfession hast du?«

Larissa: »Gar keine! Ich bin nicht getauft, und meine Mutter lebt sowieso nicht katholisch, auch wenn sie so erzogen wurde! Ich will mich aber auf jeden Fall taufen lassen, so richtig mit einem großen Fest!«

Claudia: »Hast du dann in Bezug auf Jungs auch den Grundsatz: kein Sex vor der Ehe?«

Larissa: »Da schwanke ich! Auf jeden Fall möchte ich das wirklich in Liebe tun! Ich denke, es gibt eine Vorzeit, in der man sich kennen lernt und sich näher kommt und die guten und die schlechten Seiten sieht. Ich weiß es nicht, vielleicht bin ich dafür auch noch zu jung! Es kommt, wenn es kommt.«

Claudia: »Sind Jungs und Verlieben ein großes Thema?«

Larissa: »Natürlich, man lernt viele kennen, aber ich bin nicht so, dass ich mich mal in den und dann in den verliebe. Das passiert dann doch eher selten, aber wenn, dann richtig.«

Claudia: »Wie wichtig sind dir Klamotten?«

Larissa: »Schon wichtig! Ich mag es einfach, mir jeden Tag etwas Schönes anzuziehen und mich damit sehr wohl zu fühlen.«

Claudia: »Ist es dir wichtig, dass du gut aussiehst?«

Larissa: »Ja, vielleicht sogar manchmal ein bisschen zu sehr. Wenn ich zum Beispiel stundenlang vor dem Spiegel stehe und mich ständig frage, ob denn auch wirklich alles okay ist, nur weil eine kleine Haarsträhne falsch sitzt, dann ist das einfach zu viel Theater. Aber ich finde es schön, mich selbst gern zu haben.«

Claudia: »Möchtest du so werden, wie deine Mutter ist?«

Larissa: »Nein! Sie ist super – aber sie soll die Einzige sein, die so ist, wie sie ist. Jeder Mensch ist einzigartig.«

Claudia: »Siehst du deinen Vater oft? Hast du zu ihm eine ähnliche Beziehung wie zu deiner Mutter?«

Larissa: »Ich sehe meinen Vater immer dann, wenn wir Lust haben, uns zu sehen. Meine Beziehung zu ihm ist anders als zu meiner Mutter. Mein Vater ist der Mann mit der großen Reisetasche, haben Mami und ich manchmal gesagt. Und ich liebe ihn, anders kann ich das nicht beschreiben. Eine Zeit lang war ich ein bisschen sauer auf ihn. Da war ich zu jung, um zu begreifen, dass er so ist, wie er ist. Heute weiß ich, dass er mich liebt und wir tief verbunden sind. Ich kann nur das nehmen, was er mir geben kann – und das ist sehr viel! Wenn wir zusammen sind, lachen wir oft stundenlang, und ich bewundere es, dass er mir so viel über das

Leben und die Bibel erzählen kann. Außerdem macht er die beste Pasta dieser Welt! Ohne Scheiß!«

Claudia: »Wie ist euer Alltag hier? Ganz normal oder ganz unnormal?«

Larissa: »Ganz normal durchgeknallt.«

Claudia: »Und wenn du aus der Schule kommst, steht Nena mit 'ner Schürze in der Küche und hat gekocht...«

Larissa: »Früher war das immer so. Seit Mami das mit der Rohkost entdeckt hat, hat sich einiges in unserem Alltag verändert, und ich streiche mir die Tage im Kalender rot an, an denen sie mal für uns kocht. Zwei-, dreimal im Jahr...« (lacht)

Claudia: »Hat sie dir als Kind zum Einschlafen immer etwas vorgesungen?«

Larissa: »Ja. Mit der Gitarre. Vorlesen hat sie nie gepackt, weil sie nach dem ersten Satz schon eingeschlafen ist. Auch wenn es mittags war. Sie schläft dabei einfach ein.«

Claudia: »Wie feiert ihr Weihnachten und Geburtstag?«

Larissa: »Ganz normal und traditionell. Dieses Jahr Weihnachten haben wir in Finnland Urlaub gemacht – bei vierzig Grad minus! Die ganzen zwei Wochen haben wir gelebt wie die meisten Familien, mit Frühstück, Mittag- und Abendessen. Und immer hat sie alles gemacht, und wir waren sogar im Supermarkt einkaufen. Na ja, zwangsweise, es gab halt weit und breit keinen Bioladen. (Sie lacht laut.) Für uns war das eine echte Ausnahme, und wir haben es genossen. Aber ich habe inzwischen durch eigene Erfahrung das mit der Rohkost schätzen gelernt und liebe es, wenn unser Haus nach frischen Früchten duftet.«

Claudia: »Hast du eine Vision, wie es mit deiner Mutter weitergeht?«

Larissa: »Aus meiner Erfahrung weiß ich, dass meine Mutter das erreicht, was sie erreichen will. Und sie hat noch vieles vor! Irgendwann wird sie auf jeden Fall mal ein Kinderhaus aufmachen. Meine Mutter kann super mit Kindern umgehen. Das habe ich, glaube ich, von ihr übernommen. Ich liebe Kinder über alles. Ich möchte auch Babys haben.«

Claudia: »Machst du dir manchmal Sorgen, dass sie das kräftemäßig alles schafft?«

Larissa: »Das schafft sie. Unsere Mutter hat Power. Die setzt sich durch – sie ist stark. Sie macht sich höchstens Sorgen, dass sie zu wenig für uns da ist.«

Mit Sakias rede ich unten im Wohnzimmer auf dem Sofa. Nena bringt oben Simeon ins Bett.

Claudia: »Larissa hat erzählt, dass sie sehr gläubig ist. Ist das bei dir auch so?«

Sakias: »Ja, ich glaube auch an Gott!«

Claudia: »Was ist denn das für dich – Gott?«

Sakias: »Liebe! Ich denke, dass Gott nur aus Liebe besteht. Für mich ist er wie ein Vater – ein dritter Vater. Und er hilft mir.«

Claudia: »Zu welchen Gelegenheiten betest du? Jeden Tag zu einer bestimmten Uhrzeit oder eher, wenn irgendeine Krise ist?«

Sakias: »Ich bete nicht nach einem festen Zeitplan, eher spontan, wenn ich Lust dazu habe.«

Claudia: »Was sagt Nena dazu?«

Sakias: »Mami glaubt auch an Gott, und sie denkt, dass er in jedem von uns ist. Was ich auch super finde, ist, wenn Simeon erzählt, dass er manchmal Engel sieht.«

Claudia: »Du bist ja der ältere Bruder, versuchst du deine jüngeren Brüder darin zu bestärken, dass sie das weiter ausbauen, wenn sie so etwas sehen? Und dass sie nicht denken, sie sind verrückt?«

Sakias: »Das wissen sie sowieso! Bei uns in der Familie hat bestimmt jeder schon mal einen Engel gesehen. Ich finde das super. Das ist doch eine so wundervolle Erfahrung.«

Claudia: »Themenwechsel: Wie findest du deine Mutter?«

Sakias: »Ich liebe sie!! Ich bin ziemlich stolz auf sie, weil sie so viel arbeitet. Ihr tut das oft Leid, aber das darf ihr nicht Leid tun, weil sie sich trotzdem noch so um uns kümmert. Sie ist eine tolle Mutter. Und ich möchte ihr echt danken, dass sie uns gesagt hat, dass man auch anders essen kann! Tiere haben wirklich etwas Besseres verdient, als von uns aufgegessen zu werden. Ich kann ihr alles sagen, und ich finde es cool, dass sie Musik macht, weil ich selber voll von Musik bin.«

Claudia: »Wie nennst du sie?«

Sakias: »Ich nenn meine Mama Mama! Nena könnte ich sie niemals nennen.«

Claudia: »Was würdest du dir wünschen, wenn du drei Wünsche frei hättest?«

Sakias: »Dass ich fliegen kann. Das war immer schon mein größter Wunsch. Dass es keinen Krieg mehr auf der Welt gibt. Und dass alle Menschen miteinander gut umgehen und dass es keine Armen mehr gibt. Gar nichts zu haben außer Verzweiflung, tut mir echt Leid.«

Claudia: »Fühlst du dich streng erzogen?«

Sakias: »Nein, gar nicht. Mama ist mit allem superlocker. Wir dürfen ziemlich viel und fast alles.«

Claudia: »Möchtest du so werden wie sie – außer dass sie eine Frau ist, natürlich?«

Sakias: »Nee. Jeder Mensch hat etwas Eigenes, und das finde ich schön.«

Claudia: »Das wird ja sicher auch gefördert, das Anderssein.«

Sakias: »Auf jeden Fall! Meine Mutter zwingt uns zu nichts, wir gehen unseren Weg.«

Claudia: »Was für Musik magst du?«

Sakias: »Ich höre gerne Rage Against The Machine, BB King (habe ich von meinem Vater Benni), James Brown, Bob Marley, Bobby McFerrin, Absolute Beginner, Seeed, Gentleman, Blumentopf ... und noch vieles mehr. Ich höre gerne verschiedene Musik, aber Techno und Schlager mag ich nicht.«

Claudia: »Du willst ja auch Musiker werden...«

Sakias: »Ich mache einfach gern Musik, weil Musik ziemlich viel ausdrückt.«

Claudia: »Spielst du auch ein Instrument?«

Sakias: »Schlagzeug und Gitarre.«

Claudia: »Denkst du, dass deine Mutter ein ganz besonderer Mensch ist?«

Sakias: »Jeder Mensch ist besonders – aber ich kenne ja nicht jeden! Meine Mutter hat echt 'ne besondere Art. Sie weiß auf ganz viele Sachen 'ne Antwort, meistens eine, die ich gar nicht erwartet hätte. Wenn ich verletzt bin zum Beispiel, dann hat sie Ideen, was ich machen kann.«

Claudia: »Wie verstehst du dich mit Philipp?«

Sakias: »Super! Er ist für mich wie ein zweiter Vater, ich bin mit ihm aufgewachsen. Ich hab nicht meinen richtigen Vater lieber als ihn – ich hab beide lieb.«

Claudia: »Möchtest du noch mehr Geschwister haben?«

Sakias: »Nein, gar nicht! Geschwister zu haben ist schön – aber es reicht!«

Die Schiebetür geht auf, Larissa kommt rein und setzt sich zu uns aufs Sofa.

Claudia: »Gibt's eigentlich irgendein Erlebnis mit eurer Mutter, an das ihr euch besonders gerne erinnert?«

Larissa zu Sakias: »Dieses Wochenende, wo sie mit uns weggefahren ist – weißt du noch?«

Sakias schreit begeistert: »Ach ja! Das war echt cool!«

Larissa: »Meine Mutter war länger nicht da und hat deshalb vorgeschlagen, dass wir ein Wochenende einfach irgendwohin fahren, um mal wieder so richtig zusammen zu sein. Nur sie, Sakias und ich. Wir haben eine Karte eingepackt, Geld und Schlafklamotten – sonst nichts – und sind Freitagmittag einfach losgefahren. Erst zur Nordsee, dann zur Ostsee. Abends haben wir ein Zimmer gesucht, aber nirgends war ein Hotel frei. Irgendwo mitten auf dem Land haben wir ein schönes Haus gesehen, an dem ›Zimmer zu vermieten‹ stand. Wir freuten uns schon, hier die Nacht zu verbringen. Drinnen war es dann aber plötzlich total gruselig. An den Wänden hingen tote Tierköpfe – so jagdhausmäßig–, und durch eine Seitentür schlurfte eine Oma an, die unglaublich fies und finster aussah. Ich kann mich noch genau an ihren Blick erinnern, denn ich kannte bis dahin nur nette Omis. Sakias und ich haben sofort Mamas Hand genommen. Die Frau wollte uns auch gar kein Zimmer geben, und wir sind schnell wieder abgehauen. Kurz haben wir überlegt, einfach am Strand zu schlafen, aber es war ziemlich kalt. Am Ende sind wir in einem schnieken Hotel gelandet, das Mama nicht so schön fand, aber es war einfach nichts anderes frei.«

Sakias: »Da waren wir neun.«

Claudia: »Habt ihr es genossen, eure Mutter mal ganz für euch zu haben?«

Sakias: »Ja natürlich, aber das machen wir ja öfter und ich genieße es jedes Mal. Aber auch wenn Samuel und Simeon dabei sind, ist es sehr schön. Ich liebe meine Geschwister, auch die in Italien.«

Claudia: »Wie ist es, wenn ihr mit ihr durch die Stadt geht und sie wird erkannt?«

Larissa: »Sie merkt das oft gar nicht. Und wenn, dann lächelt sie die Leute meistens an. Neulich bin ich mit ihr einkaufen gewesen, und JEDER, aber auch wirklich jeder, der an uns vorbeigegangen ist, hat sich mit offenem Mund nach ihr umgedreht. Das war lustig.«

Claudia: »Gibt's auch irgendein schreckliches Erlebnis?«

Beide: »Jaaa!! Silvester in Montramé!!«

Larissa: »Wir sind zweimal Silvester nach Montramé gefahren! Wir haben sie noch Tage davor angefleht, nicht zu fahren – auf dem Boden, auf Knien! Montramé ist toll, wenn man sich gesund ernähren will – aber nicht Silvester!!! Wir wollten Party und Spaß. Wir wollten nicht als Sektersatz Palmennektar schlürfen!«

Claudia: »Eure Mutter hat so viel von Schmitti erzählt. Was bedeutet sie euch?«

Larissa: »Meine Schmitti ist eine Omi zum Kuscheln. Sie ist so wie die Omis aus meinen Kinderbüchern, und ich liebe sie!«

Sakias: »Ich liebe sie auch! Sie ist immer noch eine sehr, sehr wichtige Person in meinem Leben. Ich könnte stundenlang mit ihr kuscheln, und ich liebe es, bei ihr zu sein...«

SCHMITTI

Ihre Stimme klingt so wackelig und gleichzeitig liebenswert, wie sie bei älteren Damen immer klingt. Dazu kommt ihr großartiger Berliner Dialekt– die »Berliner Schnauze«. Immer geradeheraus und das Herz auf der Zunge. Ich muss mehrmals gerührt schmunzeln, während sie erzählt.

Schmitti: »Nena hat immer gesagt: ›Schmitti, du brauchst nichts zu machen, Hauptsache, du bist da!‹ Eines Morgens schließe ich wie immer die Tür zu Nenas Wohnung auf, und sie liegt noch im Bett, grinst und sagt: ›Schmitti, ich bin schwanger!‹ Ich freue mich. ›Ja‹, sagt sie dann, ›und es sind zwei!‹«

Claudia: »Nena hat erzählt, dass sie im Wesentlichen in einem riesigen Bett mit den beiden rumlag.«

Schmitti: »Immer! Die hatten damals ein riesengroßes Bett, und wenn Nena weg war, habe ich da drin mit den Zwillingen gelegen. Ich musste immer in der Mitte liegen, auch als sie größer wurden. Die kannten das nicht anders. Und irgendwann fing Nena ja auch wieder an, Musik zu machen. Nena und ich haben uns sehr gut verstanden. Es war immer lustig!«

Claudia: »Können Sie sich an spezielle Erlebnisse und Geschichten aus der Zeit erinnern, die Sie mit Nena und den Zwillingen verbracht haben?«

Schmitti: »Natürlich, jede Menge!! Wir sind nach Zermatt in den Urlaub gefahren in ein Häuschen auf der Alm. Da waren die Zwillinge erst drei Monate alt. Nena hat sich eines Tages mal als Almliesel verkleidet, so richtig mit langen Zöpfen und Dirndl, und ist immer über den Balkon die Leiter runtergeklettert. Einfach so aus Jux und Dollerei. Sie hat eben immer schon gerne Quatsch gemacht.

Im Winter 1990/91 waren wir drei Monate in Südfrankreich – über Weihnachten und Silvester. Die Kinder, die Hunde und zwei aus ihrer alten Band. Nena hatte dort zwei Häuser gemietet, um Songs zu schreiben... Ich hatte ihr vorher gesagt: ›Da werde ich nicht mitfahren können, weil meine Kinder und Enkelkinder mich wenigstens Weihnachten haben wollen, wo ich so schon kaum da bin. Das geht nicht!‹ ›Dann fliegste eben über Weihnachten nach Hause und kommst wieder!‹ So war es dann auch. Silvester kamen dann noch Nenas Mutter und eine Freundin, das haben wir dann kurzärmelig gefeiert, weil es da schön warm war.

Im Sommer 1991 wollten wir mit Benni und den Kindern auf Sardinien Urlaub machen – an der Costa Smeralda. Nach der ewig langen Autofahrt und der Nachtfahrt mit der Fähre landeten wir ungewaschen, ungekämmt, zerknittert und verschwitzt in einem Luxushotel. Das war gar nicht vorgesehen, aber wir haben erst mal nichts anderes gefunden. Nena hatte ja absichtlich nichts gebucht vor der Reise, sie wollte durch die Gegend fahren mit uns und immer da unterkommen, wo es uns gerade gefiel.

WILLST DU MIT MIR GEHN

Auf jeden Fall waren in diesem Hotel jede Menge feine Leute, die uns sehr pikiert angeguckt haben. Nena hat das nichts ausgemacht, sie hat sich darüber amüsiert, aber mir war das total peinlich. Ich bin ja auch eine andere Generation. Wir hatten natürlich auch keine entsprechende Garderobe dabei – ich besaß eine entsprechende Garderobe überhaupt nicht. Und auch meine Frisur, meine Fingernägel – man sah mir meinen mangelnden Reichtum eben deutlich an. Ich habe mich sehr unwohl und sehr unerwünscht gefühlt unter all den millionenschweren Frauen mit ihren teuren, riesigen Sonnenhüten. Drei- bis viermal am Tag haben die sich umgezogen. Und deshalb habe ich zu den Kindern immer gesagt: ›Die Leute gucken so komisch, weil sie nicht wissen, dass ich die Prinzessin Anastasia von Russland bin. Ich bin ja in-kock-niiee-to hier mit euch unterwegs, damit wir nicht so viel belästigt werden!‹ Nena hat sich darüber kaputtgelacht. Nach drei Tagen kam sie dann zu mir und sagte: ›Schmitti, wir müssen hier mal ganz schnell wieder verschwinden. Hier gefällt es mir nicht, und außerdem ist dieser Laden unverschämt teuer. Das Geld geben wir lieber für schönere Dinge aus.‹ Und als wir dort wieder draußen waren, haben wir gemerkt, dass wir richtig erleichtert waren. Irgendwie befreit.

Einmal hatte Nena irgendwo in Deutschland einen Auftritt, und wir sind mit Kind und Kegel und der Band zum Flughafen Berlin-Tempelhof gerast, um den Flieger zu kriegen. Wir kamen gerade noch rechtzeitig an – bis wir dann merkten, dass der Flieger von Tegel gegangen wäre. Da haben wir dann am Flughafen erst mal in Ruhe gefrühstückt und den Kindern die Schnürsenkel zugebunden. Wie Nena dann zu dem Auftritt gekommen ist, weiß ich nicht mehr.

Ein Geburtstag von mir wurde mal in Köln gefeiert, weil Nena an dem Tag einen Fernsehauftritt hatte. Nena hat ein Restaurant für mich gemietet, es gab Torte, alle haben gesungen, es war wunderschön. Plötzlich fängt hinter mir eine Stimme noch mal an, ›Happy Birthday‹ zu singen, und ich denke, ›Nanu? Geht das jetzt schon wieder los? Das haben wir doch gerade alles durch?‹

Ich drehe mich um, und da steht meine Tochter mit ihrem jüngsten Sohn im Arm. Ich habe geweint vor Freude. Nena hat sie extra für mich aus Berlin einfliegen lassen. So ist Nena! Sie hat eben auch andere nie vergessen.«

GUNTHER

dreht an seinem Glas rum und erinnert sich daran, wie Nena damals vor seiner Studiotür stand und ihm alles aus dem Gesicht fiel...

Gunther: »Ich sollte Nenas neues Album produzieren und war deshalb mit ihr verabredet. Nachmittags klingelt es an der Tür zu meinem Studio, ich mache auf, und Nena steht vor mir mit einem Gitarrenkoffer in der Hand. In dem Augenblick ist irgendetwas in mir explodiert – aber so richtig!! Ich war total paralysiert. Meine Sekretärin hat nur noch den Kopf geschüttelt. Es war wirklich heftig. Ich habe mich noch nie in meinem Leben so schnell so unfassbar verliebt. Die sprichwörtliche Liebe auf den ersten Blick! Das war eine wahnsinnige Erfahrung. Sehr, sehr intensiv. Wir haben ein bisschen gearbeitet, dann habe ich sie zurück ins Hotel gefahren und wir haben stundenlang im Auto geredet – und irgendwann habe ich ihr spontan einen Heiratsantrag gemacht.«

Claudia: »Das hat sie mir erzählt! Dass jemand sie so hundertprozentig wollte, wild entschlossen, scheint sie sehr beeindruckt zu haben...«

Gunther: »Ich habe das nicht gemacht, um sie zu beeindrucken. Mit solchen Sachen spielt man nicht. Ich war mir sicher, dass sie die Frau meines Lebens ist. Absolut sicher.«

Claudia: »Und wie ging's weiter?«

Gunther: »Schnell! Ein paar Wochen später sind wir zusammengezogen.«

Claudia: »Wie war es, mit ihr zusammenzuleben?«

Gunther: »Spannend! Die Zeit mit ihr war kurz, aber sehr intensiv. Ich war teilweise so berührt, dass ich geweint habe! Vor Glück! Die Gespräche, die wir geführt haben, waren schon toll. Ich bin mit Nena sehr gewachsen, geistig und spirituell. Auf ihre ganz spezielle Art hat sie mich an Dinge herangeführt, die ich vorher nicht kannte. Ich war es nicht gewohnt, dass jemand so mit mir umging, wie sie mit mir umging: spontan, ohne Zweifel und einfach positiv.

Mit den Kindern habe ich mich von Anfang an gut verstanden, wir hatten ein sehr freundschaftliches Verhältnis. Nena ist eine der besten Mütter, die ich in meinem Leben getroffen habe. Die Souveränität und Ruhe, mit der sie das handhabt, ist absolut bewundernswert! Die flippt selbst im größten Chaos nicht aus und bleibt ganz locker, auch wenn sie selber gerade völlig fertig ist.«

Claudia: »Hat Nena dein Leben verändert?«

Gunther: »Auf jeden Fall! Bis dahin hatte es keiner geschafft, mich an bestimmte Themen oder Gedanken heranzuführen. Sie hat eine totale Gabe, beruhigend und motivierend zu wirken. Dadurch habe ich viel ausprobiert, von dem ich heute noch profitiere: Meditation, Ernährung, Sport, Spiritualität. Wir hatten ein paar wunderschöne Monate.«

Claudia: »Was ist Nena für dich?«

Gunther: »Ich habe einen Mega-Respekt vor ihr als Mensch – nicht nur als Frau. Auch wenn sie ein allein erziehender Mann wäre, würde ich meinen Hut ziehen. Der psychische und körperliche Stress und die Ver-antwortung, die sie als Mutter von vier Kindern hat, sind unvorstellbar. Nena ist einer der großzügigsten Menschen, die ich kenne. Und zwar so lange, bis das Geld alle ist. Ohne zu kalkulieren. Das schätze ich total an ihr, weil ich genauso bin. Insofern hatten sich da zwei gefunden, die sich gegenseitig übertrumpfen wollten!«

Claudia: »Du hast Nenas besondere Energie und positive Ausstrahlung angesprochen. Hast du eine Erklärung, warum das so ist und woher sie das hat?«

Gunther: »Ich denke, das ist in erster Linie eine Gabe Gottes. In zweiter Linie ist es ihr eigenes Verdienst. Sie tut eine ganze Menge dafür, ihren Körper, ihre Kraft und ihre Seele zu steuern. Sie hat viele Dinge ausprobiert, ist an ihre Grenzen gestoßen und hat Antworten gekriegt.
Natürlich ist sie teilweise auch niedergeschlagen oder depressiv gewesen. Aber sie hat immer wieder Mittel und Wege gefunden, sich da rauszuziehen – und zwar selbst. Ich glaube, dass sie bis zu Philipp im psychologischen Sinn ein Selbstversorger-Mensch war: jemand, der die komplette Verantwortung für sich selbst trägt und kaum Hilfe von anderen annimmt. Das macht einsam. So nach dem Motto, wenn ich nichts annehme, muss ich auch nichts zurückgeben. Mit Philipp hat sie jetzt einen Menschen an ihrer Seite, bei dem sie auch mal abladen und

sich fallen lassen kann. Sie war immer die Chefin – ihr gesamtes Leben lang. Dieses Muster zu verlassen ist extrem schwer. Sie hat große Probleme, sich fallen zu lassen. Es ist wahnsinnig anstrengend und sehr einsam, wenn du glaubst, dass nur du dein Leben regeln kannst, niemand sonst. Ich denke, dass das mit Philipp anders geworden ist.«

JUNI 2003, BEI NENA UND PHIL IM GARTEN

Ich bin mit Nena verabredet, um zu gucken, welche Bilder aus den Fotoalben für unser Buch in Frage kommen. Die Zeit drängt, weil die Alben in die Umzugskisten müssen. Und in die Umzugskiste müssen sie, weil Nena ihr Haus von Grund auf renovieren lassen will – und dazu muss es leer sein.

Ich mache mich also auf den Weg – und lande mitten in einem Gartenfest. Verschwitzte Kinder jagen sich mit zerzausten Haaren über den Rasen oder springen kreischend auf dem Trampolin um die Wette.

Wenig später finde ich mich wenig später als einzige Einzelperson zwischen lauter Elternpaaren wieder, die unter einem Baum am Tisch sitzen, Blechkuchen essen und Rotwein trinken. Nena mit Schirmmütze, Jogginghose und Clogs erzählt von ihren letzten Auftritten und wie sehr sie das Springen zwischen ihren Welten genießt. Die Kinder rennen barfuß und mit schwarzen Füßen durch die Gegend.

Es wird kühl, und es wird spät. Die Paare und ich platzieren uns auf Baumstämmen ums Feuer, halten Sojawürste am Stock in die Flammen und basteln uns daraus Hot Dogs. Ist ja ganz nett, aber eigentlich bin ich aus anderen Gründen hier...

Geht's eigentlich noch, Frau Thesenfitz? Mach dich mal locker. Es ist, wie es ist – und jetzt isses eben so, dass ich mit mir unbekannten Paaren um ein Feuer sitze und »Teekesselchen« spiele. Und? Was ist so schlimm daran? Na also...

»Das eine ist riesig und rot, das andere klein und eckig!«

Acht rotweinselige Elternhirne überlegen fieberhaft, was das sein kann, schließlich will sich hier niemand als intellektueller Versager outen.

»Das eine ist süß, das andere ist sandig!« Wir haben es immer noch nicht.

»Das eine ist ganz weit weg, das andere gibt's an jeder Tankstelle.«

Susanne hat's. Wir klatschen Beifall. Samuel und Anton grinsen. Jetzt ist sie dran. Vogel und Vogel. Im Laufe des Abends werden die Wortzwillinge immer abstruser und unser Geschrei immer lauter. Die »Reise nach Jerusalem« spielen wir jetzt auch noch, weil dauernd jemand aufspringt, um den Platz zu wechseln, wenn ihm der Feuerrauch ins Gesicht qualmt. Nena ist die Einzige, die locker bleibt und sich einfach nur zum Luftholen wegdreht, obwohl sie manchmal so eingenebelt ist, dass man sie kaum noch sieht. Und weil sie das so automatisch und lässig macht, als ob sie es gewohnt ist, überlege ich, wie viele Lagerfeuer sie wohl als Kind erlebt hat – bei den Wandertouren mit ihrem Vater durch die Berge. Bilder von ihr als Kind vor den Flammen flackern vor meinem geistigen Auge auf. Ich muss lächeln. Besondere Popstar-Pikiertheit kann man ihr jedenfalls echt nicht vorwerfen.

Es ist weit nach Mitternacht, als sich die Gäste schließlich verabschieden, und ich wundere mich, dass man hier so lange so laut sein kann. Simeon ist, in ein Schaffell gewickelt, am Feuer eingeschlafen. Nena: »Ich finde das so schön, wenn die sich irgendwann ein Plätzchen suchen und draußen schlafen!« Sie überlegt kurz, sich einfach dazuzulegen, trägt ihn dann aber doch ins Haus. Ich bleibe mit Philipp noch eine Weile am Feuer sitzen...

PHIL KAM IN MEIN LEBEN UND ICH IN SEINS

Und als wir uns kennen lernten, war ich nicht gerade auf der Suche nach einem neuen Mann. Aber diese Begegnung sollte auf jeden Fall sein, denn hier stimmte alles. Von Anfang an. Bei einem SELIG-Konzert haben wir uns das erste Mal geküsst und bis zum frühen Morgen auch nicht mehr aufgehört damit.

Ich liebte ihn wie keinen anderen, und deshalb brachte ich ihn schon bald nach Hause zu den Kindern. »Das ist Phil«, hab ich gesagt, und wir setzten uns zu ihnen auf den Boden. Sie haben ihn angesehen, und er hat gelächelt. Das ging rein übers Gefühl, Worte kamen später. Und dann ist Larissa aufgestanden und hat eine Bürste geholt und Philipps Haare gekämmt, die waren damals noch richtig lang. Für Phil, Larissa, Sakias, Schmitti und mich war klar ... er bleibt. Wir hatten von Anfang an eine ganz starke Verbindung, und schon ein paar Wochen später fingen die Kinder an, Papi zu ihm zu sagen. Das hat selbst mich überrascht, aber für sie war das so, sie hatten jetzt zwei Väter.

Aus Phil, dem Junggesellen, der ja bis dahin noch bei seinen Eltern gewohnt hatte, wurde über Nacht Philipp Palm, der Familienvater und Mann von der mit den Luftballons. Bisschen viel auf einmal? Nicht für ihn. Er hat das mit einer solchen Selbstverständlichkeit genommen, dass ich mich immer weiter fallen ließ und ganz und gar seine Frau wurde. Mit ihm fing ich ein neues Leben an.

Und was er alles mitbrachte..., es regnete Geschenke. Geschenke, von denen eine Frau träumt..., also ich auf jeden Fall.

Er spielte Fußball mit Sakias und ging regelmäßig in Larissas »Friseur-salon«, ließ sich von ihr kämmen und schminken und tobte anschließend mit beiden durch die Wohnung, er reparierte ihre Fahrräder und las abends Geschichten vor. Er war (ist) ein handwerkliches Genie, und mit Lichtgeschwindigkeit und Freude baute er mir die kompliziertesten Ikea-Teile auf, weil ich mir so etwas ja immer mal zwischendurch kaufen muss.

Mit ihm konnte ich stundenlang einkaufen gehen, denn das tat (tut) er selbst gern, ich liebte es, ihm beim Schlagzeugspielen zuzusehen und zuzuhören, und bin oft da gewesen, wenn er mit seiner Band Konzerte hatte. Phil war (ist) kreativ, und auf seinem uralten kleinen Computer haben wir im Wohnzimmer unsere ersten gemeinsamen Demos aufge-nommen. Er war (ist) intelligent, mutig, schlau, liebenswert, weise, ge-duldig und witzig uuuuuund hat sein Abi in Mathe mit Eins gemacht. Und als ich ihn das erste Mal Ski fahren sah, wäre es spätestens dann um mich geschehen gewesen. Einen unsportlichen Mann könnte ich nicht ertragen...

Wenn er Lust dazu hatte, kochte er und räumte anschließend die Küche auf, dass es blitzte wie in so einer Putzmittelwerbung.
Er zeigte den Kindern, wie man mit einem Taschenmesser ganz einfache, schöne Dinge schnitzen konnte, und hat draußen mit ihnen Feuerstellen gebaut...

Das alles ist bis heute so geblieben, obwohl alles anders ist.

Mit Phil konnte ich Familie leben, denn er liebte das genauso wie ich...
Und dann spürten wir beide, dass ein Baby im Anflug war. Ich war zwar
noch nicht schwanger, aber ein Kind kündigt sich ja oft schon viel
früher an...

SAMUEL

wohnte jetzt in meinem Bauch, und wir hatten eine wunderschöne Zeit.
Es war Phils erste Schwangerschaft, und er ging auch damit ganz
selbstverständlich und gelassen um. Er hat mich verwöhnt und gepflegt, aber er war nie übertrieben ängstlich oder besorgt. Ich kann es
nämlich nicht ertragen, wenn man schwangere Frauen wie Kranke behandelt. Setz dich doch mal, du musst dich schonen, beweg dich nicht
zu viel und all diese Sachen. Er hat mich ganz normal behandelt, nur
hab ich mich, was mein Essverhalten anging, leider nicht normal
behandelt. Ich hab unverantwortlich viel gegessen und wurde richtig
fett. Für eine Geburt ist Übergewicht keine gute Sache. Das Bild von
der dicken, lustigen Schwangeren, die für zwei essen muss, hab ich
voll bedient...

Samuel fühlte sich trotzdem wohl bei mir und blieb eine Woche länger
drin als erwartet...
Er ging das Ganze sehr gemütlich an. Ich gönnte ihm ja seine Behaglich-
keit im Wassertank, aber ich platzte inzwischen aus allen Nähten und
konnte nachts nur noch im Sitzen schlafen. Samuel war sowieso das
größte Baby, das ich je hatte, und dazu kam, dass mir das, was ich mir in
den letzten Monaten angefressen hatte, regelrecht die Luft wegnahm ...

Meine Haut sah aus wie Pergamentpapier, und wäre er noch ein paar Tage weitergewachsen, hätte ich ihm durch meine Bauchdecke zuwinken können.

Wir sind dahin gegangen, wo auch Larissa und Sakias geboren wurden. Aber diesmal würden wir ein paar Stunden später wieder zurück sein. So wollten wir das. Zu Hause warteten ja auch Larissa, Sakias und Schmitti auf uns und konnten es kaum erwarten, das Baby zu sehen.

Phil und ich packten eine Tasche mit indischen Tüchern, Kerzen, Musik und Räucherstäbchen. Wir wollten es uns so richtig schön machen im Kreißsaal. Meine Wehen waren deutlich spürbar, aber auf dem Level, wo es noch Spaß machte, meine Umgebung geringfügig umzugestalten. Nestbau im Endstadium sozusagen.

Immer mal wieder klopfte es an unserer Tür, und irgendein Arzt oder eine Hebamme schaute rein, angelockt vom Duft der Räucherstäbchen, der sich langsam, aber sicher im ganzen Haus ausbreitete. Ich hätte mich in diesen Geruch reinlegen können, so toll fand ich das, und zündete immer mindestens fünf Dinger gleichzeitig an. Dazu hörten wir sanfte indische Klänge, und es ging uns richtig gut.

Als unsere Hebamme dann in kürzeren Abständen zu uns reinkommen musste, um mich zu untersuchen, die Wehen waren deutlich stärker geworden, fragte sie einmal sehr zaghaft und lieb, ob sie das Fenster einen Spalt aufmachen dürfe, ihr wär ein bisschen schlecht von dem Rauch. Tatsächlich war es richtig nebelig bei uns drin, und sie sah ziemlich blass aus. Wir lüfteten den Raum, und mit der Sauerstoffdusche kündigte sich Phase zwei der Geburt an. Jetzt ging es in die Etage, wo ich mich schon mal bei Phil festhalten musste und mich besonders auf meine Atmung konzentrierte. Alles arbeitete in mir und lief gut. Es ging voran.

Irgendwann hörte ich plötzlich ein schreckliches Geräusch. Erst ein paar Sekunden später merkte ich, woher das kam. Eine andere Frau im Kreißsaal nebenan schrie so laut und erbärmlich, dass ich dachte, die stirbt gleich. Noch nie in meinem Leben habe ich einen Menschen so schreien hören. Das waren Todesschreie, und mir wurde schlecht davon. Ich bekam einen solchen Schreck, dass sich alles in mir zusammenzog und ich auf der Stelle einen Geburtsstillstand hatte... Meine Hebamme setzte mir zur Beruhigung eine Akupunkturnadel in die Hand, aber ich war so verkrampft, dass sie die Nadel nicht mehr rausziehen konnte. Ich brauchte eine ganze Weile, um mich zu beruhigen und wieder in meinen Rhythmus zu kommen.

Samuel kam mitten in der Nacht. Er war mit Abstand der Größte von allen, wog viertausendsechshundert Gramm und sah sehr zufrieden aus.

Und als alles vorbei war, sind beide Männer selig eingeschlafen. Der kleine auf meinem Bauch und der große neben mir im Bett. Ein paar Stunden lagen wir so zusammen und haben uns ausgeruht. Und dann sind wir nach Hause gefahren. Schmitti und die Kinder hatten die ganze Nacht im Wohnzimmer verbracht. Sie hörten uns kommen und rissen die Haustür auf. Drei strahlende Kindergesichter, ja, drei, denn unsere geliebte Schmitti hatte immer diese lachenden Augen, und wenn sie sich freute, waren ihre Wangen leicht gerötet, und sie sah auch aus wie ein Kind. Wir umarmten uns alle, und dann legte ich unser Baby auf den Boden. So konnten wir um ihn herum sitzen und von allen Seiten betrachten. Er wurde geküsst, bestaunt, gestreichelt, und keiner von uns wollte in diesen Stunden woanders sein. Wir beschlossen, noch am selben Abend in unserem Zimmer auf der Erde ein riesiges Matratzenlager aufzubauen, wo wir alle fünf in der nächsten Zeit schlafen konnten.

Schmitti hat immer gesagt: »Zille is ja nischt!«

Seit über fünfzehn Jahren wohnte ich nun schon in Berlin, und es war viel passiert in dieser Zeit. Diese Stadt wird immer ein Zuhause für mich bleiben, aber bald nach Samuels Geburt beschlossen Phil und ich, mit den Kindern nach Hamburg zu gehen. Wir wollten eine neue Umgebung, ein altes Haus mit viel Platz und einer Treppe, die von der Küche aus in den verwilderten Garten führt, und im Keller müssten genügend Räume sein, damit Phil dort sein Studio einrichten konnte.

Der erste Versuch, ein neues Zuhause zu finden, scheiterte. Beim Angucken mehrerer Häuser in Hamburg bekam ich plötzlich Heimweh und wollte ganz schnell wieder zurück nach Berlin und das alles vergessen.

Zweiter Versuch, eine Woche später.

Diesmal bin ich alleine gefahren, Phil konnte nicht mitkommen, er war mit seiner Band auf Tournee.

Und dann stand ich vor diesem alten Haus und hatte Herzklopfen, denn es sah schon von außen so aus, wie ich mir das immer vorgestellt hatte. Ich hab geklingelt, bin reingegangen und wusste, das ist es. Das war unser Haus, und es war perfekt.

Wir hatten genau das gefunden, was wir gesucht hatten, und jetzt gab es nur noch eine klitzekleine Kleinigkeit zu regeln. Wie bezahle ich das?

WILLST DU MIT MIR GEHN

Wir haben zwar gut gelebt damals und hatten alles, was wir brauchten, aber mal eben so ein Riesenhaus kaufen war nicht drin. Der Notartermin war angesetzt, und wir hatten noch eine Woche Zeit, die Bank zu überzeugen und den Teil des Geldes zu besorgen, den sie in cash haben wollten.

Diese paar Tage waren so spannend wie die beste »Dallas«-Folge, die ich je gesehen hatte. Ich hab zwischendurch geschwankt und hatte Sorge, dass es nicht klappen könnte. In einem Moment sah es ganz gut aus, und dann stand plötzlich wieder alles auf der Kippe. Das war ein ständiges Hin und Her... In meinen Gedanken wohnten wir ja schon in diesem Haus, und ich wollte mir das auch gar nicht mehr anders vorstellen...

Und dann kam der Anruf von der Bank.

Ein Banker ist jemand, der bei Sonnenschein einen Regenschirm verleiht und ihn bei Regen wiederhaben will...

Sie wollten endgültig abspringen, ich hatte zu wenig »Sicherheiten«. In Wirklichkeit hatte ich nicht nur zu wenig, ich hatte gar keine. Außerdem fehlten uns geringfügige 300.000.- DM in cash, und es waren noch zwei Tage bis zum Notartermin.

Ich ließ im Geiste schon alles los. Die Treppe, die in den Garten führt, die glücklichen Kinder, die durchs Haus toben, das Studio im Keller und überhaupt alles, was damit zusammenhing. Doch ... manchmal helfen Menschen Menschen.

Egal, ob viel oder wenig Geld in meinem Leben war, ich habe es immer schon lieber geteilt und ausgegeben, anstatt es festzuhalten oder aufs Sparbuch zu tragen.

Geld muss fließen...

Das sehen viele Leute anders. Wenn es um Geld geht, verkrampfen sich die meisten, werden unlocker und kompliziert und kriegen eine Heidenangst, dass man ihnen etwas wegnehmen könnte. Und sicher war auch Benjamin erst mal leicht bestürzt über seine eigene Courage, uns mit einer Bürgschaft zu helfen. Ich kannte ihn durch Phil. Die beiden sind schon lange miteinander befreundet. Seine erste Reaktion war ganz normal. »Was habe ich damit zu tun?« Aber dann hat er drüber nachgedacht und es einfach getan. Vielleicht musste er dafür zehntausend Meter hoch über seinen eigenen Schatten springen, aber er hat es eben trotzdem gemacht.
Das werde ich ihm nie vergessen.

NEUE STADT

..., neues Haus, neuer Plattenvertrag, neue Nena? Nein, aber eine, die wieder bereit war, das Neue in ihr Leben zu lassen, und sich dadurch erneuert hat. Das Neue war ein neues Gefühl, das sich langsam und stetig in mir ausbreitete.

Wenn das passiert im Leben, sprechen viele Menschen von einem neuen Lebensabschnitt. Ist ja auch so, aber fließende Übergänge müssen sein bei mir, damit sich alles miteinander verbinden kann. Das Neue und das Alte, und das eine geht ohne das andere nicht. Und dann kommt Bewegungsfreiheit in alle Richtungen, weil man sich entschieden hat, neue Räume zu betreten. Unendliche Räume, die immer wieder weiter und immer wieder irgendwohin führen. Das sind die Kraft und das Gefühl von Aufbruch. Man ahnt, wo es hingehen kann, und man lässt diese Ahnung zu. Das Bild wird immer klarer, und wenn man geduldig verweilt in diesem Prozess, bildet sich eine neue Struktur. Innerhalb dieser neuen Struktur kann man sich umsehen und neue Programme wählen oder neue Programme schreiben... Aber eigentlich wollte ich ja nur sagen, dass ich echt Lust hatte, was zu bewegen, ganz egal, wie lange ich dafür von hier nach sonst wo gehen musste..., und ich wollte sagen, dass es mir so richtig gut ging.

Sieben Jahre waren vergangen, seit Uwe, Carlo, Rolf, Jürgen und ich beschlossen hatten, die Band aufzulösen. In sieben Jahren kann man viele Dinge tun. In dieser Zeit hab ich sechs Alben gemacht und bin einmal auf Tournee gegangen. Meine Kinderplatten waren teilweise echte Familienproduktionen, und viele Lieder dafür haben wir im eigenen Wohnzimmer aufgenommen und mit Baby auf dem Arm eingesungen. Wir waren ja inzwischen eine Großfamilie geworden, und die Hippieromantik hielt immer noch an bei uns. Das Leben mit Phil und den Kindern war schön. Und jedes Mal, wenn ich aus unserer Welt rausmusste, fiel mir das sehr schwer.

Ich hab nie aufgehört, Songs zu schreiben und Musik zu machen, und hin und wieder bin ich in dieser Zeit auch mal irgendwo öffentlich erschienen. Aber ich war nicht mehr ein Teil dieser Welt, ich war da nur noch zu Besuch und hab mit jedem neuen Album, das ich gemacht habe, nur mal kurz vorbeigeschaut. Für einen Moment machte das Spaß, aber wirklich inspiriert war ich nicht. Ich fühlte mich dort nicht mehr zu Hause, so wie »früher«, und ganz ohne konnte ich auch nicht.

Nena, was willst du eigentlich?

Ich wollte meine Begeisterung für all das wieder finden. Ich wusste, ich bin so weit, und ich hab das alles vor mir gesehen.

Meine motivierte Plattenfirma konnte es kaum erwarten, mein neues Album in der Hand zu haben. Sie schrieben Promopläne, von denen mir teilweise schwindelig wurde, aber es war ja gut, dass sie so engagiert waren und dran geglaubt haben. Und ich war nach fast sieben Jahren Abwesenheit wieder bereit für die Außenwelt.

Simeon allerdings auch, und das sollte so sein. Genau zu diesem Zeitpunkt und an dieser Stelle in meinem Leben sollte ich schwanger werden.

Und von einer Sekunde auf die nächste war alles wieder anders. So ist das eben im Leben, in meinem jedenfalls.

Ich hatte nicht vor, mich deswegen wieder zurückzuziehen und alles zu verschieben. Ich war nicht krank, ich war schwanger, und darüber freute ich mich und machte einfach ganz normal weiter.
Ich hielt alle abgesprochenen Termine ein und bin auch mit größerem Bauch noch überallhin gegangen. Egal, ob das Interviews, Fotosessions oder Fernsehsendungen waren. Und wir haben in dieser Zeit eine unserer schönsten Kinderplatten gemacht.

Im neunten Monat hab ich mich dann ausgeklinkt und mich auf meine fünfte Geburt vorbereitet.

SIMEON

Ich war nicht ganz so kugelig wie bei den anderen Babys und hatte bis zum Schluss sogar noch richtige Tiefschlafphasen. In dieser einen ganz besonderen Nacht schlug ich aber plötzlich die Augen auf, war übergangslos hellwach, und es war auf die Sekunde genau fünf vor zwölf. Ich hatte ein leichtes Ziehen im Bauch, und es war klar, dass mein Kind seine Reise angetreten hatte.

Alle anderen schliefen noch. Die Stille im Haus war schön, und ich dachte seit langem wieder mal über eine Hausgeburt nach. Eine Geburt in den eigenen vier Wänden und im Beisein der Familie zu haben ist sicher ein unfassbar schönes Erlebnis...

Das Ziehen im Bauch wurde stärker, und ich wollte aufstehen. Leise ging ich runter in die Küche und hatte das Bedürfnis, meine Mutter anzurufen. Schön, dass sie gleich den Hörer abnahm, schließlich war es mitten in der Nacht... »Mami, es geht los«, sagte ich und war angenehm aufgeregt, ich freute mich so auf mein Baby. Dann wollte ich mich bewegen und bin eine Weile durch unsere Zimmer spaziert. Von der Küche über den Flur ins Wohnzimmer und wieder zurück.

Geburten gehen wahrscheinlich wirklich schneller, wenn man das schon ein paarmal erlebt hat, dachte ich, denn die Wehen wurden schon bald stärker, und es war noch gar nicht so viel Zeit vergangen. Die anderen schliefen immer noch, und ich brauchte jetzt dringend Gesellschaft. Ich wollte Philipp rufen, aber im selben Moment zog sich alles zusammen in mir, und ich musste mich am Tisch festhalten.

Und da stand sie einfach, wie aus dem Nichts war sie gekommen, und lächelte mich an. Als hätte der Himmel sie geschickt. Meine kleine Larissa. Ganz ruhig und selbstverständlich fing sie an, meinen Rücken zu massieren, und sagte: »Mami, du musst schön atmen, die Wehe ist gleich wieder vorbei.« Wie war sie denn hierher gekommen? Ich hatte sie gar nicht bemerkt, sie muss das gespürt haben. Damals war sie sechs Jahre alt und wusste genau, was ich in dieser Situation brauchte. Sie hat völlig intuitiv gehandelt und mir Kraft gegeben. Ihre Brüder und Phil lagen noch selig schlummernd in ihren Betten und ahnten nicht, dass die Frauen im Haus gerade dabei waren, ein Kind auf die Welt zu bringen. So intensive Erlebnisse mit meinen Kindern hole ich gern zurück, und gerade auch in schwierigen Phasen erinnern wir uns oft daran, wie viele schöne Dinge wir schon gemeinsam erlebt haben und noch erleben werden... Das hilft.

Irgendwann war auch der Rest der Familie wach, und wir blieben so lange zusammen, bis Phil und ich ins Krankenhaus fuhren. Keine Hebamme hätte mit uns eine Hausgeburt gemacht. Dafür war vorher zu viel passiert bei mir, und ich musste das akzeptieren.

Die Fahrt dorthin war ein bisschen wie im Film. Mein Baby wollte raus, der Druck nach außen war gewaltig, und bei jeder roten Ampel schrie ich: »Fahr, Phil, bitte fahr schneller.« Phil blieb ruhig und schmunzelte. Er nahm alles leicht und locker wie immer. Ihn beim Kinderkriegen dabeizuhaben ist ein Geschenk. Phil fuhr den Wagen direkt vor den Kreißsaal, half mir beim Aussteigen, und ich dachte, wir rennen da jetzt rein, und dann ist unser Baby gleich da. So fühlte sich das an in meinem Bauch. Ich war ziemlich aufgeregt, aber ich wusste, dass alles völlig in Ordnung war, und ich fühlte mich toll. Und trotzdem passierte erst mal gar nichts. Stille. Etwas fassungslos guckte ich an mir runter, legte die Hände auf meinen Bauch, und nichts bewegte sich. Unsere Hebamme war jetzt bei uns und untersuchte mich. Der Muttermund war fast geöffnet. Da fehlte nicht mehr viel. »Du entspannst dich jetzt«, sagte sie, »und dann kommt das gleich wieder in Gang.« Wieder mal wurde mir bewusst, was der Ortswechsel ins Krankenhaus für einen Einfluss auf mich hatte. Niemand störte uns hier, wir waren unter uns, die Atmosphäre war auch sehr schön, und trotzdem brauchte ich eine Weile, um die Umgebung Krankenhaus zuzulassen.

Keiner drängelte mich, und wir hatten das Vertrauen, dass sich das von selbst regelt. Ich saß auf dem Bett und musste plötzlich aufstehen...

Ich brauchte Bewegung, denn in mir bewegte sich auf einmal auch wieder alles. Und wie! Ich hockte mich auf den Boden und hing mich voll rein in die »Ballettstange« an der Wand. Nach Ballettübungen sah das allerdings nicht gerade aus, aber es half mir, weil es sich natürlich anfühlte. Dann blieb mir die Luft weg, und diese Kraft presste mich so tief in den Boden, dass ich dachte, ich reiß hier gleich auseinander. Dazu kam es dann nicht. Stattdessen drückte sich mein Kind durch die Wand, und ich rief: »Er kommt, er kommt.« Immer noch hockend hielt ich mich mit einer Hand an der Stange fest, mit der anderen versuchte ich ihn aufzufangen, er sollte doch nicht auf den Boden knallen. Alles ging rasend schnell, und noch ehe die Hebamme schalten konnte, war Phil hinter mir. Unser Baby glitt aus mir heraus und landete direkt in den Händen seines Vaters.

Simeon war auf der Welt. Auch ein kerngesundes Baby, kraftvoll und selig schmatzend auf meinem Bauch liegend und die Nabelschnur noch nicht durchtrennt. Die haben wir schön auspulsieren lassen, bevor wir uns von ihr verabschiedet haben.

Als uns unsere anderen Kinder ein paar Stunden später zu Hause die Tür aufmachten und uns anstrahlten, schien sich all das Wunderbare zu wiederholen. Wir legten das Baby auf den Boden und setzten uns alle dazu. Er wurde geküsst, gestreichelt und bestaunt und von seinen Geschwistern genauso liebevoll begrüßt wie Samuel vor zwei Jahren.

Simeon war ein entspanntes und zufriedenes Baby.
Ich musste nicht rund um die Uhr und ausschließlich für ihn da sein. Er ließ sich gerne in der Familie »herumreichen«, liebte es, wenn seine

Geschwister ihn durchs Haus trugen oder mit ihm schmusten, und vor allem war er auch glücklich mit sich alleine. Wenn er liegen wollte, kam er in die große Hängematte und wurde in den Schlaf geschaukelt. Er fand es auch schön, auf seiner Decke auf dem Boden zu liegen und uns zu beobachten. Hauptsache, er war in unserer Nähe.

Phil und ich saßen in der Sporthalle in Hamburg. Unser erster »Ausgang« seit Simeons Geburt. Udo hatte uns eingeladen, seine Show anzugucken, mit Joan Jett im Vorprogramm.

Der Saal war noch hell erleuchtet, und von unseren Plätzen aus konnte man alles gut beobachten. Lange hatte ich keine Bühne mehr von vornee, geschweige denn einen Vorhang von hinten gesehen. Während ich mich so umschaute, wurde mir plötzlich bewusst, dass ich sieben Jahre nicht mehr da oben gestanden hatte. So lange? Vielleicht doch nur vier oder fünf? Ich zählte noch mal nach. Es stimmte tatsächlich, und ich war erstaunt darüber, dass ich das in all den Jahren gar nicht vermisst hatte. Da waren andere Dinge wichtig in meinem Leben.

Fünftausend Leute wollten jetzt auf jeden Fall, dass es losging, und ich hatte plötzlich ein vertrautes Kribbeln in meinem Bauch.

Was passierte hier eigentlich? Ich war heute Zuschauer, wollte Joan Jett und Udo sehen und dann wieder nach Hause fahren. Wieso hatte ich jetzt Lampenfieber und war so aufgeregt, als wäre das hier meine eigene Show? Da kam einfach dieses Gefühl hoch in mir, das sagte: »Hey Nena, was ist los, worauf wartest du eigentlich?« Sollte das hier ein dramatischer Abschied werden von dem Leben, das hinter mir lag?

Nein, hier fing gerade nur wieder etwas Neues an, und die letzten Jahre, in denen ich mir so anders und neu begegnet bin, würde ich mit der gleichen Intensität, wie ich sie gelebt hatte, in alles einfließen lassen, was vor mir lag. Das war ein fließender Übergang. Genau hier an dieser Stelle wurde mir richtig bewusst, wie gerne ich das alles wieder machen wollte. ...Ich musste es nur noch tun.

Und dann ging das Licht aus, und weil wir Menschen uns nicht zufällig begegnen, sondern uns eher zufallen, fiel ich direkt in die Arme von Tony, Tommy und Sean.

Wer waren die? Die drei Musketiere oder was? Jungs, die so mühelos rockten, dass ich alles andere vergaß und sie am liebsten noch am selben Abend von der Bühne gezerrt und in den nächsten Probenraum geschleppt hätte. Drei Männer aus New York, die ihre Chefin, Frau Joan Jett, keine Sekunde aus den Augen ließen und auf jede Regung von ihr antworteten. »Die oder keine«, hab ich Philipp in sein armes Ohr geschrien, und dann war die Show zu Ende, und ich hab Tony, Tommy und Sean gefragt, ob sie mit mir gehen wollten.

»Ich heiße Nena und bin die mit den Luftballons«, hab ich ihnen gesagt. »Ich habe sieben Jahre nicht mehr live gespielt und würde gerne mit euch wieder anfangen damit...«

Meine Luftballons waren ein guter Einstieg, und ich musste nichts erklären. Sie haben geschwärmt und erzählt, dass der Song immer noch in New-Yorker Clubs gespielt würde, und ich erzählte ihnen, dass ich eine kleine Goldene Schallplatte zu Hause habe für mehr als eine Million verkaufter Singles in Amerika. Wir mochten uns, und die Jungs wollten sehr gerne mit mir auf Tournee gehen. Schnell und mühelos ging das. Allerdings wäre es zu teuer gewesen, sie alle zum Proben nach Hamburg zu holen. Deshalb flog ich ein paar Wochen später zu ihnen nach New York. Das war 1997. Damals war es nicht nur schwer, eine Nena-Tour zu buchen, es war praktisch unmöglich. »Nena is vorbei«, »Nena verkauft keine Tickets« und »Gibt's die überhaupt noch?« Ich hab zwar daran geglaubt, aber jemanden zu finden, der das Risiko einging, mit mir eventuell richtig baden zu gehen, war eine Herausforderung.

NEW YORK

Jeden Tag ging ich zu Fuß zu den SIR-Studios. Dort haben wir geprobt, und ich hatte ungefähr vierzig Minuten zu laufen. Das machte Spaß, weil es unterwegs so viel zu sehen gab. Ich bin schon ein paarmal in New York gewesen, aber immer nur für ein, zwei Tage...

Jetzt hatte ich genug Zeit, in die Schwingung dieser Stadt einzutauchen. Anfangs war mir alles fremd, und ich kam fast um vor Heimweh. Ich vermisste meine Leute... Das hat genauso wehgetan wie damals, als ich mit neun auf meiner ersten Klassenreise war und abends heimlich unter der Bettdecke geweint habe, weil ich nach Hause wollte.

Nach ein paar Tagen war alles anders, und es ging mir richtig gut. Ich war völlig fasziniert von den vielen Eindrücken und aufgeregt darüber, dass das alles tatsächlich passierte. Meine neuen Freunde rockten, als gäbe es etwas zu verteidigen. Stimmte ja auch irgendwie. Alles für die Luftballons. Sie nahmen mich liebevoll auf in ihrer Welt und wollten, dass ich mich gut fühlte. Meine Unsicherheiten zwischendurch wurden aufgefangen, weil sie sein durften und jeder dafür Verständnis hatte. Sie spürten, dass ich es ernst meinte, und je ernster es wurde, desto mehr Spaß hatten wir.

WILLST DU MIT MIR GEHN

Tony und ich hatten von Anfang an die stärkste Verbindung. Wir haben gemeinsam die Regie geführt, und er hat mir geholfen, das Ganze so umzusetzen, dass es auch zu mir passte.

Tommy, der älteste von uns, trommelte hauptberuflich bei Billy Idol, und genauso sah er auch aus. Er hatte Piercings in den Brustwarzen und überall da, wo andere so etwas wahrscheinlich nicht haben. Sein Gesicht hatte einen ähnlichen Charme wie das von Keith Richard, und einer, der so aussieht, muss ziemlich wild leben oder sehr wild gelebt haben. Dabei war er eher zurückhaltend und redete nur, wenn er angesprochen wurde.

Sean, der Bass(space)man, sah aus wie eine lebende Comicfigur. Ein außerirdisches Bleichgesicht. Er hatte etwas Jungenhaftes, einen fettlosen, sehnigen Körper, war nicht besonders groß und trug immer schwarze Sachen. Er war einer, der am Tag schlief und erst aufstand, wenn andere von der Arbeit wieder nach Hause kamen. Sean sprach nicht sehr viel, und das hätte auch nicht zu ihm gepasst. Im Normalzustand war er so bleich, dass man seine Haut im Dunkeln leuchten sah. Und wenn so einer dann blass wird, weil sein Kreislauf plötzlich schlappmacht, dann ist so einer so weiß und durchsichtig, dass man ihn praktisch gar nicht mehr sieht... Ich erschrak, als das passierte, und dachte, der kippt jede Sekunde um.

Aber Sean hörte nur auf zu spielen, legte in aller Ruhe seinen Bass neben sich auf den Boden und holte ein paar Münzen aus der Tasche. Davon hatte er immer genügend dabei. Dann ging er noch langsamer als sonst und ein wenig schwankend raus auf den Flur zum Schokoriegelautomaten. Der spuckte seine Droge aus, und noch während Sean in aller Ruhe seinen Spacebar verzehrte, konnte man beobachten, wie er langsam, aber sicher wieder sanft auf der Erde landete. Kreislauf stabilisiert durch Zuckerflash. Und dann sah er wieder aus wie immer, schneeweiß und ohne einen Hauch von Blässe im Gesicht.

Sean war ein Zuckersüchtiger, und ich habe ihn nie etwas anderes als Schokoriegel essen sehen.

Drei Wochen später saßen wir alle zusammen in unserer Garderobe, und es war beruhigend für mich zu sehen, dass die Männer mindestens genauso aufgeregt waren wie ich. Eine halbe Stunde vor unserer ersten Show habe ich es kaum noch ausgehalten.

Immerhin waren nach sieben Jahren »Pause« achthundert Leute da draußen, um Nena zu sehen. Ich hatte Angst. Angst zu versagen, nicht zu gefallen, nicht zu genügen...

Es war schrecklich und ähnlich wie bei meinem allerersten Live-Konzert damals in Hagen. Dieses Gefühl lähmte mich und wollte mir diesen besonderen Moment verderben..., doch ich ließ das nicht zu, und deshalb blieb das auch ein besonderer Moment. Ich ging da hoch auf diese Bühne, weil ich das wollte und mich dafür entschieden hatte. Die Leute begrüßten mich sehr herzlich, und ich war zutiefst gerührt von der Liebe und Wärme, die sie mir entgegenbrachten.

Was hätte ich mit meiner Vision, das alles noch mal zu machen, anfangen können, wenn ich sie nicht mit diesen Menschen hätte teilen können? Mein Leben hatte mich hier wieder hingeführt, und ich dankte allen dafür, dass sie gekommen waren und von mir persönlich hören wollten, ob es überhaupt noch was von mir zu hören gab.

Zweieinhalb Wochen später war schon alles wieder vorbei. Schöne Konzerte waren das, und wir hatten sehr viel Spaß in dieser Zeit.

Tony blieb, und von Tommy und Sean habe ich mich wieder verabschiedet. Sie hatten andere Jobs, und ich wünschte mir mehr und mehr eine feste Band. So etwas muss wachsen, und das kann man sich nicht irgendwo kaufen. Auch nicht in New York. Für das, was ich vorhatte, brauchte ich nicht nur gute Musiker, ich hatte vor, eine Familie zu gründen. Und wer für mich immer schon zu dieser Familie gehörte, war Derek. Mein alter, ewig junger, genialer Freund Derek. Ich hab ihn damals gefragt, ob er nicht wieder bei mir Keyboard spielen wollte. Er wollte gerne…

Für meine nächste Tournee stellte Tony eine Band mit Musikern zusammen, die außer Derek und mir wieder komplett aus Amerika kamen. Ich wollte das so und habe mich auf dieses Abenteuer eingelassen, weil ich Tony vertraute und wusste, dass er das Richtige tat.

Und dann kam er mit Leuten angereist, die ich noch nie zuvor gehört oder gesehen hatte. Wie ein Blinddate war das, nur mit dem Unterschied, dass ich nicht hätte wegrennen können, wenn sie mir nicht gefallen hätten. Dafür wäre es zu spät gewesen, denn das erste Konzert war schon in zehn Tagen.

Am Abend vor der ersten Probe landeten sie alle in Hamburg.

Als ich die Tür zum Restaurant öffnete, in dem wir verabredet waren, schlug mir das Herz bis zum Hals. Ich ging rein, und ganz hinten sah ich sie alle sitzen. Ich war die Letzte, na toll, auf diesen Auftritt hätte ich gerne verzichtet.

Aber wo kein Eis ist, gibt es auch kein Eis zu brechen. Wir fielen uns schon zur Begrüßung so herzlich in die Arme, als wären wir hier zusammengekommen, um die Hochzeit eines gemeinsamen Freundes zu feiern. Wir hatten einen wirklich schönen Abend. Ich war erleichtert, glücklich und sehr gespannt auf unser »erstes Mal« am nächsten Tag.

Ich saß vor meinem Mikrofon, guckte nach vorne und machte auf betont lässig. Denn auf jeden Fall wollte ich am ersten Tag ganz entspannt rüberkommen. Alle warteten auf Vans Einzähler..., und dann kam ein Schlag von hinten, der so laut war, dass ich zusammenzuckte. Ich drehte mich um in die Richtung, aus der das Erdbeben angerollt kam, und erlebte zum ersten Mal, wie mein neuer Schlagzeuger mit mindestens fünftausend PS auf seine Trommeln einschlug und einen derartigen Druck erzeugte, dass ich fast vom Stuhl geflogen wäre. Es schien ihn nicht mal anzustrengen, er lachte dabei und freute sich, dass ich mich so freute über das, was ich da erlebte. Ich wusste nicht, dass es so etwas gibt, dass einer so spielen kann.

Der Sound seiner Bassdrum stand wie eine Wand hinter mir, und ich hätte mich rückwärts fallen lassen können, der Druck hätte mich gehalten, so fühlte sich das an. Acht Jahre ist das her, und Van und ich haben uns das alles Schritt für Schritt gemeinsam aufgebaut.

Und wenn er nicht Paul mitgebracht hätte, meinen weltbesten Lieblingsbassisten, dann wäre die Familie sowieso nie komplett geworden, und wenn Tony nicht gegangen wäre, weil er doch lieber was anderes machen wollte, hätte ich PC nicht kennen gelernt, und dann wäre es auf der Bühne nur halb so schön, und wenn Derek nicht wegen ganz viel Arbeit zu Hause in seinem Studio und immerwährender Sehnsucht nach seiner Frau jemanden gebraucht hätte, der ihn ab und zu vertritt bei mir, dann hätte er nicht seinen »kleinen Bruder« Arne geschickt, und ohne Arne kann ich mir das alles gar nicht mehr vorstellen. Und hätte ich jemanden festgehalten, von dem ich wusste, dass er gehen musste, dann wäre Engel Nader jetzt auch nicht bei uns. Und wie Bindi und Richard bei uns gelandet sind, ist eine andere Geschichte...

Wir sind zusammengewachsen und haben durchgehalten, und das jetzt schon ein paar Jahre lang. Nicht gekauft und nicht gecastet. Eine Band eben, und auf jeden Fall seid ihr meine zweite Familie.

LICHTER

Thomas: »Wie geht es deiner Seele?«
Nena: »Meine Seele sagt ›weitermachen‹, mein Kopf sagt ›cool bleiben‹, mein Herz sagt ›lieben‹. Und ich höre auf meine Freunde!«
Thomas: »Es ist nicht mehr die Macht, die Wandlung bringt, es ist die Kraft allein aus dem Herzen. Gelassenheit.«
Nena: »Also, du erstaunst mich immer wieder! Das Leben wäre blass ohne das!«

Sie gibt mir seine Telefonnummer und möchte, dass ich ihn treffe. Viel hat sie mir nicht erzählt von ihm, nur, dass er anders ist und sie gerne wissen möchte, was da passiert, wenn ich ihm begegne. Weil immer etwas passiert, wenn man Thomas begegnet.

Wir sitzen in einem Café auf der Langen Reihe, trinken Galao und reden sehr wenig. Mein Smalltalk-Zentrum ist blockiert, weil von ihm eine ungewohnte Energie ausgeht. Was auch immer es ist, es ist nicht mit dem Verstand zu erfassen und leider auch nicht abzuschütteln, obwohl ich angestrengt auf den Fernseher überm Tresen starre, um die Situation zu entspiritualisieren. Buntes Geflacker. Die »normale« Welt!

Thomas fixiert mich, ohne etwas zu sagen, und ich habe das Gefühl, er checkt mich durch – meine Seele auf schwarze Löcher und mein Herz auf Ehrlichkeit. Ich würde zur gleichen Familie wie Nena gehören, der Familie der Feuerräder, und ihr gut tun. Ich will weg.
»Ich muss los!« Ich sage den blödesten Satz der Welt, springe auf und bin wenig später schon aus der Tür. Draußen bin ich merkwürdig erleichtert.

Im Auto dann ein Erlebnis, das ich noch nicht ganz verarbeitet habe: Ich fahre diesen Berg nach Winterhude runter, und plötzlich schwirren ganz viele helle Lichter im Auto herum. Spiegeln sich in der Frontscheibe wie Stroboskop-Blitze oder Glühwürmchen. Ich checke natürlich sofort im Rückspiegel, ob das nicht einfach Reflexionen der Scheinwerfer der Autos hinter mir sind, fest entschlossen, skeptisch zu bleiben und mich nicht verwirren zu lassen. Es ist aber kein Auto hinter mir, und die Lichter hören auch nicht auf!!!

Abends kriege ich eine SMS von ihm: »Das war Metatron!« Ah ja, alles klar! Mir läuft eine Gänsehaut über den Rücken. Was da passiert, ist das Gegenteil der rationalen Welt einer Journalistin. Es geht um Wahrheiten und Phänomene zwischen Himmel und Erde, von denen ich genau weiß, dass es sie gibt – schon lange –, die mir aber noch ziemlich unbequem sind, weil sie mein momentanes Wertesystem komplett in Frage stellen würden.

Am nächsten Tag rufe ich Nena an und erzähle ihr die Geschichte.

»Ja und?«, fragt sie. »Wie hast du dich gefühlt?«

Als ich ihr von den Lichtern im Auto und meiner Verwirrung darüber erzähle, muss sie laut lachen.

»Wenn du zweifelst an dem, was du gesehen hast, dann ist das wohl genau der Punkt, wo er dich herausfordern will! Mit mir macht er das auch, und es tut mir gut...«

»Wer oder was ist Thomas?«, frage ich sie und weiß genau, dass das eine von den Fragen ist, die sie nicht beantworten wird.

»Thomas ist Thomas«, sagt sie.

JULI 2003

Mein Handy klingelt. »Claudia, wir stecken hier im Stau vorm Elbtunnel und sind erst in 'ner Stunde da!« Ich selbst bin gerade vor zehn Minuten angekommen – in Soltau, bei Hamburg, wo Nena heute Abend ein Open-Air-Konzert geben wird. Heute stehen einige Sachen auf ihrem Plan, und wir wollen auf jeden Fall auch noch etwas für unser Buch tun. Seit ein paar Wochen ist Nena durchgehend auf Tour, und die Gelegenheiten dafür sind dementsprechend rar. Aber heute ist so eine – und deshalb bin ich hier.

In der Hoffnung, dass der Stau sie bald freigibt, setze ich mich auf die Gartenterrasse des Wald-Hotels, in dem die Band heute übernachtet, und bestelle mir eine Tasse Kaffee. Es ist so still, dass man die Vögel zwitschern und den heißen Wind durch die Tannennadeln rauschen hört. Sonst nichts. Die Kellnerin trägt eine weiße Bluse und eine schwarze Schürze und sieht so aus, als ob das Sündigste, das sie je in ihrem Leben getan hat, der Verzehr eines Schokoriegels gewesen wäre. Ich drifte in eine tiefe Idyll-Narkose ab und beobachte ein Ehepaar, das nicht miteinander spricht, dafür aber umso mehr Torten isst.

Kurz nach drei ist Nena endlich da. »Willst du zu mir hochkommen? Zimmer 315!« Ich mache mich auf den Weg zum Fahrstuhl. Als ich an Tür Nummer 315 klopfe, hängt Nena gerade ihre Jacke in den Schrank. Sie hat gute Laune und sieht erstaunlich frisch aus. Wie immer. Zusammen mit Karin macht sie schnell die Koffer auf und platziert das Nötigste im Zimmer. Das »Nötigste« sind ein Teller Obst und ein frisches Laken, das über das Sofa geworfen wird. Wir lassen uns darauf fallen. Nena liest sich kurz ein paar Interviews durch, die heute noch freigegeben werden müssen, nimmt einen Schluck Wasser und fragt Karin, wann der Gig anfängt. Es klopft an der Tür. Sakias, den Nena seit zwei Wochen nicht gesehen hat und der sich – wie alle Nena-Kinder – in Hotels bestens auskennt, schwirrt ins Zimmer und fragt seine Mutter, ob er noch etwas für sie tun kann, bevor er mit seinen Freunden was essen geht.

Wir lesen los. Hektik-resistent und voll konzentriert fährt Nena mit dem Finger Zeile für Zeile ab und erklärt mir ihre links und rechts hingekritzelten Anmerkungen. Mein Blick bleibt an ihrer Fingerspitze hängen – warum hört sie bloß nicht auf, die Haut da abzureißen?

Wir sind auf Seite drei, als es erneut klopft und Susanne und Frank mit einer großen Kiste voll Unterlagen ins Zimmer treten. Schluss mit Buchmachen, stattdessen werden Grundrisse und Baumaterialien gecheckt. Die Stimmung ist locker – die drei sind auch privat befreundet.

Nena will die Wand zwischen Wohnzimmer und Küche rausreißen, um mehr Platz zu haben. Frank und Susanne schlagen eine Schiebetür vor. »Ich lass doch nicht die Wand durchbrechen, um sie mit einer Schiebetür wieder zu schließen«, lacht Nena.

Susanne: »Du könntest doch eine ganz filigrane aus Milchglas nehmen – damit du den Küchenbereich auch mal zumachen kannst, falls du keine Lust zum Abwaschen hast und deine Gäste die Geschirrberge nicht sehen sollen!«

Nena: »Nee, so angedeutete Sachen mag ich nicht. Wenn schon Schiebetür, dann muss sie auch richtig fett sein!«

Endergebnis: keine Schiebetür, stattdessen ein Durchbruch so groß wie möglich. Sollte tatsächlich mal Geschirr rumstehen, müssen sich die Gäste im Hause Kerner damit eben arrangieren. Wo gehobelt wird, fallen auch Späne – wo gegessen wird, stehen auch Teller – oder so ähnlich.
Es geht gerade um den Naturpool im Garten, als Scheini ein Fernsehteam ankündigt, das mit Nena eine neue Sendung besprechen will.

Nena: »Die hab ich total vergessen!«

Scheini: »Sie fragen, ob sie kurz hochkommen können, um mit dir zu sprechen. Sie warten unten in der Lobby.«

Nena verdreht die Augen, holt tief Luft und nickt leicht gequält. Ist irgendwie ein komischer Tag...

Die Fernsehleute nehmen bei uns am Tisch Platz und erklären umständlich ihr Konzept. Nena ist aufmerksam und so freundlich, als wären die beiden Verwandte, die sie ewig nicht gesehen hat. Hin und wieder guckt sie auf die Uhr und hat in der Zwischenzeit gelernt, ein bisschen geduldiger zu sein, obwohl sie weiß, dass das heute eigentlich nicht mehr so richtig irgendwohin führt. Es klopft schon wieder an der Tür. Karin macht auf. Die Fernsehfrau hört einfach nicht auf zu reden, obwohl im Zimmer jetzt ein Kurierfahrer mit einer Videokassette in der Hand verlegen von einem Bein aufs andere tritt. Nena steht auf, erlöst ihn und nimmt ihm die Kassette ab. Es ist die Rohfassung vom »Nur geträumt«-Clip, den Nena und ihre Band gerade in New York gedreht haben. Die Jalousien werden runtergelassen und der Fernseher eingeschaltet. Wir gucken den Clip. Nena weiß genau, was sie schnittmäßig noch ändern will. Während wir die Rollos wieder hochkurbeln, ruft sie Markus, den Regisseur, an und bespricht die Änderungen.

Ich werfe einen schnellen Blick auf meine Uhr. Es ist kurz vor halb sieben – noch eine knappe Stunde bis zum Konzertbeginn. Muss sie sich gar nicht ausruhen? Mal entspannen? Aufs Konzert eingrooven? Kraft tanken? Ich frage sie, und sie lacht. Sie hätte jetzt gar keine Lust, sich auszuruhen, sagt sie, auch wenn der Tag heute heftig ist. Aber das sei ja nicht immer so…

Amelie stürmt mit ihren Koffern ins Zimmer. Nena verabschiedet das Filmteam, und auch Frank und Susanne machen sich auf den Weg. Als Amelie Nena die Haare stylt, sieht man ihr einen Hauch von Erschöpfung an. Die Augen, die sonst so hell strahlen, leuchten etwas gedimmter. Kein Wunder, sie hatte nicht eine Sekunde Pause und gleich wird sie ein Zwei-Stunden-Konzert geben. Ihr Telefon klingelt. Sie nimmt ab. »Die Comet-Verleihung? Darüber sprechen wir morgen. Ich muss mich jetzt anziehen!«

Nena hat noch zehn Minuten, um ihr Bühnen-Outfit auszusuchen. Silvio hält verschiedene Klamotten hoch. Nena (»Machen wir heute mal auf Black Beauty!«) kann sich nicht zwischen einer zerrissenen Lederhose und einem Rock entscheiden. Beide schwarz. Ich rate ihr zum Rock. Amelie nickt bestätigend.

Nena lässt sich von ihr noch mit Kajal STRIPES auf den rechten Oberarm schreiben und sprintet in den Tourbus. In zwanzig Minuten ist Konzertbeginn, und vorher warten noch sechs Gewinner irgendeiner Aktion auf ihr Meet-and-Greet.

Freilicht-Konzerte sind irgendwie cool. Man steht im Gras, der Himmel ist noch ein bisschen hellblaurosa, man trinkt Konzertbier, das zur Hälfte aus Wasser besteht, genießt die laue Sommerluft auf den nackten Armen, den Geruch von frisch gemähtem Gras und ist sehr glücklich. Die schwarze, riesige Bühne verspricht alles oder nichts. Hier kann es gleich explodieren oder lau vor sich hin dümpeln. Spannend ist es in jedem Fall...

Zusammen mit Frank und Susanne schaue ich mir das Konzert an. Nena wirbelt über die Bühne ohne die geringsten Erschöpfungserscheinungen, ist locker wie immer und reißt das Publikum zu Applausstürmen hin. Das Konzert bringt Spaß. Susanne, Frank und ich lassen uns mitreißen, genau wie die beiden Teenies neben mir. Ich erwische mich dabei, plötzlich wie wild die Arme zu schwingen. Nach einem angemessenen Zeitraum nehme ich sie wieder runter.

Auf der Backstage-Party lässt sich Nena verschwitzt neben uns auf die Bank fallen. Erleichtert, alles geschafft zu haben. Sie lacht viel, isst Berge von Gemüse und will dann plötzlich los. Morgen früh um sechs geht's nach Belgien...

Und was wird jetzt aus unserem Buch??

Es geht eben nur, wenn es gerade geht...

Jetzt isses ja nich mehr viel...

In ein paar Tagen wird Nena mit Phil und den Kindern in die Sommerferien fahren. Der Verlag drängelt, weil er möchte, dass das Buch noch zur Frankfurter Buchmesse im Oktober erscheint. Wir verabreden, dass ich ihr das gesamte Manuskript, mit dem ich in ein paar Tagen fertig bin, nachschicken werde.

Leichter gesagt als getan. Einen Kurierdienst aufzutreiben, der den Dreihundert-Seiten-Stapel an den völlig entlegenen sardischen Ort bringt, an dem Familie Kerner Urlaub macht, ist gar nicht so einfach. Aber wo ein Wille ist, ist auch ein Kurier: An einem heißen Morgen im Juli wird das Buch abgeholt und liegt noch am selben Abend (!) in Nenas zweitausendfünfhundert Kilometer entfernten Händen.

Ein paar Tage später kriege ich sieben SMS auf einmal:

»liebe claudia ... es ist so, wie du schreibst ... bin gerade fertig mit lesen und was bleibt, ist ein gefühl. ein gefühl, das ich gar nicht beschreiben kann. und ich weiß auch nicht genau, was es mit mir macht. irgendwie gebe ich gar nicht so viel her, und trotzdem spürt man was. was noch ins buch rein muss, ist, dass ich im moment wieder aus der liebe rausgefallen bin. vor allem aus der liebe zu mir selbst. dass das auch immer wieder passieren kann und mir gerade jegliche Lebensfreude nimmt. aber warum sollte das leben auch ganz lange ganz einfach sein ... ich habe es gern gelesen und war unterwegs erstaunt darüber, wie viel in so ein leben doch reinpasst. klar habe ich wieder ein paar sachen zu ändern, aber grundsätzlich ist es geschrieben mit viel liebe und humor. bitte lass es uns gemeinsam an einem großen tisch lesen...«

AUGUST 2003

Zurück in Hamburg, verabreden wir uns sofort, um das Buch fertig zu machen. Wir treffen uns wieder an der Nordsee. Nena kommt mit Nane und den Kindern, und wir picknicken erst mal auf einer Lichtung des kleinen Kiefernwäldchens. Nena schmiert Brote mit Sojapaste und Nane wischt sich lässig Zecken vom Arm, die gerne mitessen wollen. Es kommt

Wind auf. Während des langen Wegs über Kuhwiesen zum Strand wird er ständig stärker. Endlich angekommen, haben wir Mühe, das Windschutz-Zelt (unter Profis: »Strandmuschel«) aufzubauen. Inzwischen ist der Wind kein Wind mehr, sondern Sturm. Larissa und ihre Freundin stürzen sich begeistert in die brandenden Wellen, Nane versucht, sich im Windschatten einer Düne etwas zu bräunen, und Samuel und Simeon verkriechen sich in die Strandmuschel.
Nena und ich versuchen durch den tosenden Sturm die flatternden Blätter zu redigieren. Dauernd muss eine von uns aufspringen und einer weggewehten Seite hinterherjagen. Es ist sehr komisch, wir lachen viel und machen wieder nichts am Buch – aber jetzt isses ja auch nicht mehr viel...

NOVEMBER 2003

Ich klopfe an die Tür des kleinen Gartenhauses, sie geht langsam auf, aber niemand ist zu sehen. Es ist dunkel, nur aus einem angrenzenden Raum schimmert durch den Türspalt schwaches Licht. Bevor ich mich richtig darüber wundern kann, schießt Simeon – in Hemd und Unterhose – plötzlich hinter der Tür hervor und rennt kichernd weg. Reingefallen, Frau Thesenfitz!

Ich muss grinsen und trete in den winzigen Vorraum, der fast komplett durch den langen Tisch ausgefüllt wird, der im alten Haus im Esszimmer stand. Auf dem Tisch liegt Obst und Gemüse. Ein gewohntes Bild: glückliche Pistazien, selbstsichere Orangen, entspannte Sternfrüchte.

Eine verschlafene Nena kommt aus dem Nebenzimmer und begrüßt mich. Sie hat gerade ihre Kinder in den Schlaf begleitet, bis auf Simeon.

»Das ist unser Esszimmer«, sagt Nena, nickt in Richtung Tisch, lacht und nimmt sich einen Apfel. Ich folge ihr ins Nebenzimmer mit dem riesigen Bett, in dem Larissa und Samuel unter gelben Daunendecken schlafen. Ihre friedlichen Gesichter sehen rührend und das große weiche Lager sehr gemütlich aus. Simeon sitzt auf dem Fußboden und bastelt an einem Spielzeug. Auf einem niedrigen Holztisch steht schwach beleuchtet Nenas Computer – ihr Arbeitsplatz. An der Wand klebt die Murmelbahn vom Treppengeländer und läuft in langen Zick-Zack-Bahnen von der Decke auf den Boden.

Ich stehe in Socken im Raum, halte etwas linkisch meine Tasche in der Hand und inhaliere die Geborgenheit. Die schlafenden Kinder, die Ruhe – das hier ist die Keimzelle der Familie. Alle zusammen in einem kleinen Raum – Wärme und Nähe...

»Wo ist Phil?«, frage ich Nena.
»Der arbeitet im Moment Tag und Nacht in seinem Studio«, antwortet sie.

Während Simeon weiterbastelt und die beiden anderen weiterschlafen, setzen wir uns an den kniehohen Tisch auf den Boden, und ich packe den Manuskriptstapel aus. Wir flüstern, um die Kinder nicht zu wecken, und Nena nimmt zwischendurch immer wieder Simeon auf den Schoß, der mal mehr Nähe will und mal weniger, küsst ihn oder streichelt ihm den Rücken.
Wir lesen uns durch zweihundertfünfzig Seiten Papierausdruck. Alles, was nicht berührt oder langweilig ist, fliegt raus. Nena fetzt die Seiten, die wir schon bearbeitet haben oder die sie doof findet, aus dem Manuskript, reißt sie in der Mitte durch und schmeißt sie hinter sich. »Ballast loswerden.« Je dünner der Ausdruck vor ihr, desto größer wird der Papierberg hinter ihr. Und Nena macht wieder dieses typische

WILLST DU MIT MIR GEHN

Geräusch: Sie zieht die Luft so zischend durch ihre Zähne, wenn sie sich beim Lesen konzentriert.

Nach einer Stunde machen wir eine Pause am langen Tisch im Vorzimmer (»Ich muss unbedingt was essen«). Nena isst Datteln und Energie-kugeln und schneidet ein paar merkwürdig aussehende exotische Früchte in Hälften.

»Willst du auch was?«

»Ich mag kein Obst!«

»Ach ja?« Sie grinst. »Dann probier mal das!«

Sie schneidet eine verschrumpelte braune Kugel durch und hält mir die beiden Hälften hin. Ich sehe gelben Glibsch mit grünen Kernen. Sieht aus wie 'ne Auster für Vegetarier. Aber der Glibsch riecht gut. Nena reicht mir einen Löffel, und ich probiere.

»Mmmmhh, lecker«, entfährt es mir, weil mich der Geschmack wirklich umhaut.

»Das ist eine Passionsfrucht«, sagt Nena, nicht im Mindesten verwundert, dass ich sie mag, »meine Lieblingsfrucht!«

Das sieht man: Hinten auf dem Tisch liegt eine ganze Schale voll von diesen braunen Schrumpeldingern.

»Und du magst also kein Obst, ja?«

Ich grinse. Später gibt sie mir eine ganze Tüte voll dieser unglaublich leckeren Kugeln mit.

Ich schalte den Computer wieder ein, und das Display schimmert blau auf unsere Gesichter.

»Wie geht es da weiter? Lies bitte noch mal den ganzen Absatz vor...«

Nachdenken, überlegen, die richtigen Worte finden. Sagt der Satz wirklich, was er sagen soll? Es ist erst gut, wenn es gut ist.

»Übergänge! Wir brauchen Übergänge! Es muss fließen!« Nena gestikuliert dabei mit ihren Händen, als wären sie gleitende Vögel. Ich verfolge die Vögel wie einen Ballwechsel beim Tennis. Nena bemerkt es plötzlich, hält inne und muss lachen. Aber nicht so laut – die Kinder...

Um eins legt Nena sich auf die Rattan-Couch, die an der Wand steht – im Bett ist kein Platz mehr, weil mittlerweile auch Simeon darin schläft. Um sieben wird sie morgen zu einem Konzert abgeholt. Wir reden noch über den komischen Kontrast von Gartenhaus und Showbühne, während sie sich zudeckt und ich im Mantel im Türrahmen stehe.

Ein paar Tage später kriege ich eine SMS von ihr:

»Na, Frau Kollegin? Wie läuft's?«

»Gut – und bei Ihnen?«

»Auch super! Jetzt isses ja nicht mehr viel!«

DEZEMBER 2003, KONZERT IN DER KÖLNARENA

Die Halle tobt, Nena wirbelt über die Bühne – und plötzlich ist sie weg!

Keine Nena. Wo ist sie denn? Hat sie sich versteckt? Sich kurz hingesetzt? Ist sie in Ohnmacht gefallen?

Die Jungs spielen weiter, und trotzdem macht sich Unruhe breit. Ein Raunen geht durch die Menge. Dominique und Phil werden ganz blass und rennen zum Bühnenrand. Irgendein Tumult ist da vorne im Gange. Ich habe plötzlich ein ganz komisches Gefühl. Mein Magen krampft sich zusammen. Ich bin zu weit weg. Viel zu weit weg. Ich grabe mich durch die Menge. Und plötzlich Nenas Stimme: »Leute, ich bin gerade das erste Mal in meinem Leben von der Bühne gefallen!«

Weitersingend rennt sie durch die Absperrung vor der Bühne, von der sie gerade gestürzt ist. Einmal quer durch, und dann steht sie auch schon wieder oben im Scheinwerferlicht. Und nur wer sie gut kennt, sieht, dass sie starke Schmerzen hat. Sie bewegt ihren Kopf nicht mehr. Aber sie macht trotzdem weiter. Hält das gesamte Konzert durch– plus Zugaben!

Nach dem Konzert helle Aufregung vor Nenas Garderobe. Die Tür ist zu, keiner weiß genau, wie's ihr geht. Nur, dass sie da drin ist.

Und da sitzt sie, Phil hält sie im Arm. Sie ist von der Bühne gestürzt – ist aus zwei Meter Höhe auf einen Betonboden geknallt – und hat es überlebt! »Ein Schritt ins Leere – auch eine Erfahrung«, sagt Nena.

Ein freier Fall war das jedenfalls nicht. Mit einem dumpfen Aufprall knallten mein Mikrofon und ich auf einen harten Boden, und das Erste, was ich realisierte, war, dass meine Band nicht aufgehört hatte zu spielen. Ich glaube, das war meine Rettung, der Impuls – es geht weiter. Das Ganze hat nicht mehr als fünf Sekunden gedauert. Fallen, aufstehen, weitersingen. Ich rannte durch die Menschen hindurch zurück zur Bühne.

Oben angekommen, merkte ich, dass ich meinen Kopf nicht mehr nach links drehen konnte.

Erst viel später, als ich nachts in meinem Hotelzimmer lag, habe ich realisiert, was passiert war. Mein Schutzengel hatte auf jeden Fall auf mich aufgepasst, dessen war ich mir bewusst.

Ich hab mich noch monatelang danach gefragt, was mir das denn eigentlich sagen wollte. Irgendwann konnte ich dieses Erlebnis auch ohne eine Erklärung dafür wieder gehen lassen. Aber eine Weile war ich ganz schön verunsichert und stand lange nicht mit beiden Füßen auf der Erde.

EIN ANDERER FALL

Neulich, bei einem Konzert, war die Stimmung ganz besonders vertraut mit den Leuten, und sie wollten unbedingt, dass ich von der Bühne in sie reinspringe. Andere nennen so was Stage Diving.

Seit fünfundzwanzig Jahren mache ich Konzerte, aber so was fehlte mir noch in meinem persönlichen Rock'n'Roll-Tagebuch. Und dann habe ich es einfach mal gemacht. Erst noch etwas schüchtern hüpfend vom Bühnenrand aus, schwupp, und ich flog durch die Luft, und weil das so genial war, zwei Songs später von hinten mit Anlauf und spitzem Freudenschrei noch mal. Das war ein anderer Fall mit einer sanften Landung. Ich durfte springen, sooft ich wollte, und sie haben mich jedes Mal mit Liebe aufgefangen. Sie haben mich getragen und ich habe mich von ihnen tragen lassen... Das ging nur, weil wir uns vertraut haben.

JANUAR 2004

Philipp, Nena und die Kinder sind wieder zurück in dem Haus, in dem sie seit elf Jahren wohnen.

Wir sitzen an dem riesigen Tisch in der Küche, von dem aus man durch eine komplett verglaste Wand auf den verschneiten Garten gucken kann. Der riesige Kamin im Wohnzimmer brennt ständig, weil Phil dafür sorgt, dass das Feuer nicht ausgeht.

Claudia: »Jetzt biste erst mal ein paar Tage weg, oder?«

Nena: »Ja, morgen und übermorgen bin ich in Berlin, und Freitag bin ich schon wieder auf einer netten Preisverleihung! (lacht) Freitags krieg ich immer Preise! (lacht lauter)... Ich kaufe mir jetzt mal einen Schrank für die ganzen Freitagstrophäen...«

NORDSEE

»Macht es dir was aus, wenn Kirschflecken auf der Tischdecke sind?« Nena streicht das – nicht mehr ganz – weiße Leinentuch auf dem kleinen Tisch im Flur glatt.
»Ernst gemeint?«, frage ich zurück, in dem sicheren Gefühl, dass sie mich verarschen will.

»Ja klar«, sagt sie, »manche stört so was!« (Und das ist so typisch für sie. Sie kann verwirrend einfühlsam, vorsichtig und höflich sein, wenn sie will. Dann kriegt sie jede Nuance ihres Gegenübers mit. Ob der sich unwohl fühlt, ob er Angst oder Spaß hat, ob er hungrig ist, ob er nach Hause möchte – sie merkt alles. Wirklich alles. Und sie reagiert extrem höflich darauf...)

Zurück in dem kleinen Reetdachhaus, in dem Frank inzwischen fest wohnt, weil es ihm hier so gut gefällt, und vor dem ich gerade an einem wackeligen, abgeblätterten Holztisch in der Sonne sitze und mich wundere, wo die ganzen Bienen herkommen, die mich umschwirren. Einmalig idyllisch ist es hier: blühende Apfelbäume, Heckenrosen und so weiter – ich bin keine Gärtnerin. Ich kenne nicht die Namen all der Pflanzen, Büsche und Bäume, die hier blühen. Hier blüht jedenfalls viel. In allen Farben. Und vor mir grasen friedlich die zwei Mini-Ponys, die Nena und Phil Simeon und Samuel zum Geburtstag geschenkt haben.

Es ist ungefähr elf Uhr, und wir wollen ein bisschen am Buch arbeiten. Deshalb schnappe ich jetzt meine Tasche und gehe rein zu Nena an den kirschfleckigen kleinen Tisch im Flur.

Wir setzen uns nebeneinander, klappen synchron unsere Computer auf und müssen beide lachen über dieses Ritual. Nena holt sich noch einen Kaffee, und dann geht's los.

Larissa kommt vom Reiten, ist vollkommen begeistert, strahlt übers ganze Gesicht, gibt Nena einen dicken Kuss und verschwindet in der Küche, um Spaghetti zu kochen. Verliebt ist sie, glaube ich, auch noch.

Nena holt sich ein Wasser. »Könntest du die Geschichte weiter vorlesen? Ich würde sie gern mal von jemand anders gelesen hören...« Kein Problem. Ich lese, und Nena steht vor mir und hört konzentriert zu. Larissa kommt aus der Küche und kuschelt sich an ihre Mutter. Arm in Arm stehen die beiden vor dem Tisch, Larissa mit dem Kopf an Nenas

Schulter, und beide lachen oft. Ich auch. Der Text ist sehr eigen – und sehr komisch.

Jetzt kommt Sakias vom Reiten.

»Hallo, Kiki, mein Süßer!«, sagt Nena. »War's schön?«

»Jaaaaah!« Er grinst. »Gott, hab ich einen Hunger!!«

Er stürmt in die Küche. Wir machen weiter...

KLIRR!!! SCHEPPER!!! Das war eindeutig ein Glas.

»Was is passiert?«, ruft Nena.

Sakias: »Marmeladenglas runtergefallen!«

Er kommt zu uns in den Flur.

Nena: »Willst du das nicht auffegen?«

Sakias: »Doch, natürlich! Ich muss mir nur erst Schuhe anziehen.«

Er fädelt sich mit Socken in Frankies viel zu große Flipflops und schlurft wieder in die Küche.

Nena: »Aber nicht mit dem Besen in die Marmelade fegen...!«

Stille aus der Küche. Ich sehe im Geist die verklebten Besenhaare vor mir. Egal, wo waren wir?

NENA

Lautes Geschrei aus der Küche. Sakias und Larissa streiten sich plötzlich. Ich bewundere heimlich Larissas tiefe Brüllstimme. Meine wird immer so unlässig kreischig, wenn ich mich aufrege.

Wir machen weiter. Ein ganzes Stück. Bis von draußen immer lauter zwei singende Kinderstimmen in unsere Ohren dringen:

»Wenn Gott nich wär,
wär'n wir nich hier –
UND DAS WÄR GANZ SCHÖN SCHEISSE!!!«

Samuel und Simeon rappen im Chor. Immer schneller, immer stakkato-mäßiger, immer lauter.

Nena muss lachen und springt auf: »Moment, das muss ich filmen!!« Schnappt sich die Digi-Kamera und rast in ihren schwedischen Hausschuh-en raus. Ich gehe hinterher. Simeon und Samuel toben durch den Garten, schmettern ihr selbst erfundenes Lied und merken nichts davon, dass ihre Mutter am Zaun steht und sie filmt. Ich stehe in der niedrigen Haustür und bin irgendwie gerührt. Von allem. Von der filmenden Mutter, die so stolz ist – und von dem Text der Kinder. Von ihren Stimmen und von der Melodie.

Ein paar Minuten später sitzen wir wieder am Tischchen und lesen uns durch Nenas Leben.

Plötzlich lautes Geheul. Simeon kommt weinend herein. Nena zieht ihn zu sich auf den Schoß und streichelt ihm die Haare aus der Stirn. Sein Pony hat ihn gebissen, und er hat einen großen blauen Fleck auf seinem kleinen Arm. Nena hält die Hand drauf und flüstert ihm etwas Liebes ins Ohr und den Schmerz weg.

WILLST DU MIT MIR GEHN

Sakias kommt besorgt aus dem Fernsehzimmer und will ihn trösten: »Mach dir keine Sorgen! Dein Pony liebt dich, Simeon!«

Samuel kommt rein und erzählt: »Die Ponys haben sich gerade gestritten, Simeon ist dazwischengesprungen, und da hat das eine Pony ihn gebissen.«

Simeon beruhigt sich langsam.

Nena: »Du bist ganz müde, mein Süßer. Willst du nicht ein bisschen auf meinem Schoß schlafen...?«

Simeon schüttelt den Kopf, bleibt aber liegen. Ich muss aufs Klo.

Nena: »Die Klobrille is nich fest! Du musst dich so nach vorne beugen beim Pinkeln, sonst knallst du runter!«

Sie macht es mir vor. Ah ja...

Als ich unverletzt wiederkomme, sind alle Kinder getröstet, und Nena sitzt wieder alleine vor dem Bildschirm. Wir machen weiter, lachen viel und streichen ein paar Passagen, die wir früher gut, aber jetzt doof finden (Nena: »Streichen find ich super!«). Es macht Spaß, weil wir uns total einig sind. Das Bild wird klarer und klarer ... und außerdem isses jetzt ja nicht mehr viel...

SURRRRRRRRRRRRRRR...

PLATSCH... KLATSCH... KLATSCH... KLACKER...

Stille

Nena (guckt vom Bildschirm hoch, nicht besonders beunruhigt): »Was is passiert?«

Samuel und Simeon rühren in der Küche Pfannkuchenteig mit dem Mixer. Leider haben sie schon Apfelstücke reingeschnitten. Warum leider? Weil dadurch eine Teigfontäne aus der Schüssel schießt und die ganze Küche mit klebrigem Teig voll spritzt. Samuel ruft aus der Küche, dass alles schon in Ordnung ist. Sie würden den Teig jetzt eben mit der Hand rühren.

Nena: »Also, wo waren wir?«

Später gehen Nena und ich laufen.

Nena: »Wie machen wir das denn jetzt? Ziehst du dich bei dir um und holst mich dann ab – oder wartest du kurz, und ich komm dann mit zu dir?« Wo wollen wir überhaupt laufen? Ich schlage ihr eine neue Strecke vor: über die Holzstege am Strand, weil die Planken so schön federn.

Wir laufen entspannt nebeneinanderher und unterhalten uns die ganze Zeit. Vierzig Minuten vergehen wie im Flug – vollkommen mühelos. Na ja, zum Schluss nicht mehr ganz so.

Claudia: »Läufst du immer so lange?« (Lufthol)

Nena: »Meistens länger!«

Claudia: »Ach ja, du bist ja auch schon mal einen Marathon gelaufen...« (Keuch)

Nena: »Halbmarathon.«

Claudia: »Wie lange dauert das?« (Einatme)

Nena: »Also ich habe drei Stunden gebraucht, die Schnellen laufen in der Zeit einen ganzen.«

EINATMEN – AUSATMEN

1989, ich beschließe, wieder bewusst zu atmen.

Einatmen – Ausatmen.

Ich lege mich flach auf den Boden, schließe die Augen, und nach ein paar tiefen Zügen geht die Reise los. Ich spüre mich. Ich bin mittendrin. Einatmen – Ausatmen – Leben einatmen – Prana...

2003, ich hatte auch vergessen, dass ich laufen kann. Obwohl mich Füße und Beine schon dreiundvierzig Jahre durch dieses Leben tragen. Vor zwei Jahren gab mir jemand den Impuls, es einfach zu tun. Eine Woche lang zwei Minuten am Tag und dann langsam steigern. Immer in einem Tempo, das mir keine Qual bereitet, sondern Spaß macht und Kraft und Ausdauer gibt. Keine bluthochdruckroten Wangen, kein Hecheln, keine übermäßige Anstrengung. Natürliches Laufen. Mein Körper war dankbar für die Bewegung, und meine Lebensqualität stieg um hundert Prozent. Es wurde von Tag zu Tag leichter, und schon nach wenigen Wochen bin ich täglich mindestens eine halbe Stunde gelaufen. Ich hätte nie gedacht, dass das so einfach sein kann.

NENA

Phil lief den Berlin-Marathon, und ich stand mit unseren Kindern in Dahlem am Straßenrand, um ihn anzufeuern. Die Stimmung und Atmosphäre haben mich total mitgerissen. Hunderte von Menschen liefen an uns vorbei, jeder in seiner eigenen Gangart. Für mich war das faszinierend, und als ich Phil plötzlich in der Menge entdeckte und er freudestrahlend an uns vorbeilief, waren wir sehr stolz auf ihn, und mich hatte der Ehrgeiz gepackt. Das wollte ich auch mal erleben. Aber nicht gleich die Heldin spielen, sondern schön easy mit einem halben Marathon anfangen, das war mein Wunsch. Ich wollte mich nicht überfordern, und vor allem hatte ich keine Lust auf Leistungsstress. Zufällig lernte ich in dieser Zeit Thomas Wessinghage kennen, und er bot mir an, einen Trainingsplan für mich zu schreiben. Das beflügelte mich geradezu, ein Oberlaufprofi wollte sich persönlich um mich kümmern. Aber ich hab ihm von Anfang an gesagt, dass ich keine Rekorde aufstellen möchte und eher im Namen aller flexiblen Hausfrauen in dieses Rennen gehen werde... Das fand er auch völlig in Ordnung.

Ich fing an zu trainieren, ehrgeizig, streng nach seinem Plan, aber ohne Druck. Ich wollte es einfach schaffen, egal, wie. Drei Monate später standen Phil, Thomas und ich in Bochum mit dreizehntausend Gleichgesinnten auf der Straße und warteten auf den Start. Die beiden hatten angeboten, mich zu begleiten, und ich war echt froh darüber.

Um uns herum gab es die unterschiedlichsten Männer und Frauen. Dicke und magere, athletische und unsportliche, Läufer und Geher, Dampfwalzen und Kampfmaschinen, solche, denen man ansieht, dass sie alles und jeden platt machen, der sich ihnen in den Weg stellt. Vor denen hatte ich ein bisschen Angst. Aber die allgemeine Stimmung war grandios und meine Laune bestens. Und dann der Startschuss.

Peng.

WILLST DU MIT MIR GEHN

Ich bin losgerannt und hab erst mal eine Weile gelacht. Ich konnte es nicht fassen, ich bin mitten in einem Marathon. Nach einer Dreiviertelstunde hatte ich meinen Rhythmus gefunden. Einen Rhythmus, bei dem nicht unbedingt jeder mitmusste, sondern eher davonlief. Millionen Sportskanonen rannten Gott sei Dank nicht über mich drüber, aber ganz entspannt an mir vorbei, und nach zwei Stunden habe ich mich mal ganz verstohlen umgedreht und geguckt, ob es überhaupt noch welche hinter mir gab oder ob ich schon jetzt lange vor dem Ziel die Allerletzte war. Von wegen laufen im Namen aller flexiblen Hausfrauen, selbst die waren alle schneller als ich. Und wenn ihr nicht gewesen wärt, liebster Philipp und lieber Thomas, es wäre für mich ein einsamer Lauf geworden.

Bis Kilometer achtzehn hatte ich nur Spaß und fühlte mich genial. Aber dann kam das erste Zeichen. Mein rechtes Bein meldete sich mit einem erst noch leicht fordernden »Ich würde jetzt gern mal eine kleine Pause einlegen« -Gefühl. Ich habe das fünfhundert Meter lang ignoriert, aber das gefiel meinem Bein nicht. Gar nicht. Und dann meldete es sich wieder. Diesmal nicht fordernd, sondern im Befehlston: »Ich möchte JETZT eine Pause machen.« Ich guckte Phil an, ich guckte Thomas an, und beide wussten sofort, was los war. An ihrem Blick sah ich, dass sie mit so etwas gerechnet hatten, und an meinem Blick sahen sie, dass es ernst war. Mir wurde übergangslos schlecht, und ich hatte einen unstillbaren Durst, obwohl ich den ganzen Weg lang brav getrunken hatte. Jetzt meldete sich auch mein linkes Bein, und wir waren bei Kilometer zwanzig. Und dann hatte ich plötzlich gar keine Beine mehr, eher Gummistelzen, auf denen ich rumeierte, und ich musste mich echt konzentrieren, um nicht umzufallen.

Da war sie also, meine Grenze. Und ich hatte noch zwei Kilometer vor mir. Thomas und Phil waren sensationell. Sie machten mir Mut und feuerten mich an. Kurz bevor ich mich endgültig übergeben wollte, sah ich vier magische Buchstaben am Himmel. Ich lief durchs Ziel direkt in die Arme meiner Kinder, und alles war gut.

2003, JETZT IST FRÜHER VORBEI

Wir hatten in diesem Jahr schon über siebzig Konzerte gespielt.

PC wollte zu Cherie, Derek zu Steffi, Nader ging nach Indien und Arne nach Stuttgart, Van nach New York zu Frau und Kind, und Pauli wäre am liebsten nicht zurück nach Amerika geflogen, weil er ja in meine Schwester verliebt war (ist). Amelie vermisste ihre Mutter in Baden-Baden, und Silvio flog nach Belgien aus modischen Gründen, Karin ging nach Berlin, Nessy und Dominique drücken, Bodo nach Hagen, sein Eigenheim pflegen, und Roger konnte endlich Urlaub machen in Österreich. Richard kannten wir damals noch nicht, aber Bindi musste nach Texas, Gitarre spielen in einer Countryband, Scheini wollte versuchen, in Frankfurt eine Frau zu finden..., und ich wollte nach Hamburg und endlich wieder meine Kinder und Phil in die Arme nehmen.

Ein paar Wochen später, am Flughafen in Zürich, kamen wir aus allen Himmelsrichtungen wieder angeflogen, und als wir uns begrüßten, war unser Gefühl von Zusammenhalt noch stärker als sonst.

Von Zürich aus fuhren wir mit unserem Bus nach Luzern. Wir hatten dort zwei Konzerte und konnten schön entspannt ein paar Tage in der Stadt bleiben.

Es war Sommer. Koffer auspacken, ankommen, Zeit haben. Was für ein

Luxus! Und als ich in mein Hotelzimmer kam und die schweren, alten Fensterläden öffnete, um die Sonne reinzulassen und den Blick auf den See und die Berge zu genießen, dachte ich darüber nach, wie schön mein Leben ist. Es war einfach alles gut.

Am Nachmittag schlenderten wir gemütlich am See entlang rüber zur Halle, die lag nur ein paar hundert Meter entfernt vom Hotel, und mit dem Gefühl des ganzen schönen, sonnigen Tages sind wir dann abends auf die Bühne gegangen und waren gut. Richtig gut. Während der Show liefen mir ständig kleine Schauer über den Rücken, so habe ich es genossen. Wir wollten nicht aufhören zu spielen, und die Leute konnten sich auch nicht entschließen, nach Hause zu gehen...

An diesem Abend blieben wir noch lange da. Glücklich, verschwitzt und aufgeladen von der Show wollten wir feiern. Laut feiern, rumschreien und ein bisschen die Garderoben »auseinander nehmen«.

Garderobenspontanpartys entwickeln sich meistens zu einem hysterischen Gewusel und sind ein Mischmasch aus Glücksgefühlen, Peinlichkeiten und aufgestauten Kindheitserlebnissen, sie dienen auch dem Abbau von Spannungen, haben eine stark befreiende Wirkung und enthemmen das Kollektiv. Und wenn so eine Party gut war, fühlt man sich danach gereinigt und um einiges leichter.

Auf jeden Fall raste Nane laut kreischend durch den Raum, sie spielte Fangen mit Paul, und weil der versuchte, sich fangen zu lassen, schmiss er vor lauter Vorfreude, von ihr gefangen zu werden, mehrere Tische um. Aus Vans und Naders Richtung flogen Teller durch die Luft, die krachend neben mir am Boden zerschmetterten, und während Karin, die irgendwie nicht mitspielen wollte, hektisch versuchte, den Schaden zu beseitigen, wurde sie attackiert von einem Flugobjekt, das sich über sie ergießen wollte. Schreiend ergriff sie die Flucht, das Ding landete auf dem Fußboden, und der Inhalt (Tomatensoße) verzierte jetzt die umliegenden weißen Wände...

Wo waren eigentlich Derek und Bindi??? PC machte mit beim Hasch-mich-ich-bin-der-Frühling-Spiel, und weil die Tische ja schon am Boden lagen, ging es jetzt über Stühle und Bänke, und als Scheini zum ach-ten Mal in die Garderobe kam, die Augen verdrehte und gleich wieder rausging, tat er mir ein bisschen Leid... Immer noch kreischend und im vollen Galopp über Amelie und Silvio sprintend – die beiden saßen als Zuschauer etwas abseits des Spielfelds ganz gemütlich am Boden –, schmissen Nane, PC, Paul und Van sich auf Arne und mich, und für eine Sekunde zu lange blieb mir die Luft weg. Gott sei Dank löste sich das Menschenknäuel über mir von selbst, und ich konnte wieder atmen...

Das war der Moment für mich, auszusteigen. Garderobenspontanpartys fangen spontan an und hören auch ganz spontan wieder auf. Ich hatte genug und wollte ins Bett.

In dieser Nacht träumte ich davon, dass der Sommer uns irgendwohin trägt...

Ein Traum wird wahr...

Wir sind an einem wundervollen Ort.

Hierher hat uns der Sommer wenige Wochen später getragen. Die riesigen Glastüren, durch die man aus dem saalartigen Raum auf die umliegen-

WILLST DU MIT MIR GEHN

den Berge sehen kann, sind weit geöffnet, und ein leichter Wind weht herein. Wir machen Musik, sind verbunden und lassen uns treiben. Ohne wissen zu wollen, wohin es geht. Hier stört nichts. Keine Grenzen, kein Druck, keine Erwartungen, es gibt nur machen, geschehen lassen und erfüllt sein von dem, was wir tun...

...und an diesem wundervollen Ort, von dem Nena oben erzählt, bin ich auch gerade gelandet...

KLAPP. Ich schließe die eine Welt hinter der Autotür ein und betrete eine andere. Die Sonne knallt heiß wie selten vom Himmel, ich höre Nenas Kinder lachen, und ein köstlicher Duft weht mir entgegen. Ich komme gerade richtig zum Mittagessen. Die Kiesel knirschen unter meinen Füßen, als ich zur Terrasse hochgehe. Hallo, hallo, hallo. Umarmen, freuen, begrüßen. Nena stellt mir Van vor, den Einzigen, den ich noch nicht kenne.

»Hi Claudia, nice to meet you!« Finde ich auch.

Wir sitzen an einem ausgeblichenen Holztisch unter einem alten Olivenbaum und essen zusammen. Es riecht köstlich. Schmeckt es auch. Kleine mallorquinische Oliven und Kartoffeln mit Rosmarin. Es wird viel gelacht und sich gegenseitig sehr gemocht. Ich entspanne mich und nehme die Stimmung dieses Ortes auf. Es entknotet irgendwas in mir und macht mich leicht.

Nach dem Essen wollen sich alle ausruhen und die Mittagshitze überschlafen. Ich beschließe, den schmalen Pfad hinunter zum türkisfarbenen Pool zu gehen, und lege mich auf eine der massiven Holzliegen mit den großen weißen Leinenkissen. Ich mache die Augen zu...

Als ich aufwache, ist es schon fast dunkel, und über den Bergkämmen liegt der letzte, tiefviolette Schimmer der untergegangenen Sonne. Ich gehe hoch ins Haus...

Ich bin barfuß, und es ist sehr angenehm, den kühlen Marmorboden unter meinen nackten Fußsohlen zu spüren. Ich sehe viele Instrumente, viel Technik, unzählige Instrumenten-Koffer, elektronische Geräte mit tausend Knöpfen und Kabeln und etliche Flight-Cases.

Und ich sehe Nena, die auf einem großen weißen Sofa liegt und singt. Vor ihr stehen und sitzen die Jungs in Shorts und mit nackten Oberkörpern an ihren Instrumenten. Sie sind im Halbkreis aufgebaut. Es ist absurd heiß – daran kann auch der träge rotierende Ventilator an der Decke nichts ändern. Schweiß läuft über die Gesichter und die braun gebrannten Oberkörper der Jungs glänzen.
Ich habe keine Ahnung, wie Songschreiben, Melodienerfinden, Musikmachen geht – und ich war auch noch nie bei einer Musik-Session dabei. Aber aufnehmen kann ich. Mit allen Sinnen und mit noch ein bisschen mehr. Und hier gibt es eine Menge aufzunehmen, so viel ist schon mal klar...

Ich setze mich zu Nena aufs Sofa. Sie macht kurz die Augen auf, lächelt mir zu und reicht mir einen Kopfhörer. Ich setze ihn auf, lehne mich zurück und lasse mich fallen in das, was ich gerade höre und fühle. Mühelos kommen ihr Worte und Melodien, die zu dem passen, was die anderen gerade spielen. Jeder spürt jeden. Alles passiert wie von selbst. Völlig frei und ohne dass irgendjemand irgendwas sagen oder dirigieren muss. Ich bin mittendrin im Zauber, in dem wie aus dem Nichts Songs angeflogen kommen und sich zeigen. Und ich fliege mit...

Irgendwann gehe ich Luft schnappen und setze mich draußen zu Karin und Amelie, die bei flackerndem Kerzenlicht und Rotwein am Tisch sitzen. Der strahlende Vollmond taucht alles in milchiges, unwirkliches Licht und malt den knorrigen Olivenbäumen lange Schatten. Ich rieche den wilden Rosmarin in der Luft, höre das laute Gezirpe der Grillen, sehe den gigantischen Sternenhimmel im Kontrast zum orangefarbenen Kerzenschein – das ist alles jetzt, in diesem Augenblick...

JETZT ist auch, als sich plötzlich knisternd die riesigen Lautsprecher einschalten, die auf der Terrasse stehen, und die Musik von drinnen nach draußen übertragen. Das Hochzeitslied entsteht gerade, und wir sind dabei...

Nach ein paar Tagen muss ich wieder zurück nach Hamburg. Leider. Als Nena und die Jungs zwei Wochen später nachkommen, bringen sie mehr als fünf Stunden sonnendurchflutete Musik mit.

DIE ZEIT, IN DER DIE MUSIK NACH EINEM SONNIGEN URLAUBSTAG WIE VON SELBST AUS UNSEREN KÖPFEN DURCH UNSERE STIMMBÄNDER UND FINGER ÜBER DIE MISCHPULTE AUFS BAND FLOSS. NADER

THE MUSIC THAT CAME FROM ALL OF US WAS ONE CONVERSATION WITHOUT WORDS. WE ALL WERE AS ONE. AND WHO EVER LAYS THEIR EARS TO THIS MUSIC, IT'S ALL ABOUT LOVE. PAUL

DIESER GEMEINSAME SOMMER WAR EIN GESCHENK. DIE ERINNERUNGEN AN DAS ENTSTEHEN DER SONGS SIND BLEIBEND UND BEGLEITEND FÜR DEN REST MEINES LEBENS. BINDI

MALLORCA WAR EINE UNGLAUBLICH SCHÖNE ZEIT. NUR JAMMEN UND MIT DEN LEUTEN RUMHÄNGEN, MIT DENEN MAN SCHON SEIT JAHREN MUSIK MACHT. DEREK

WILLST DU MIT MIR GEHN

IRGENDWIE GLAUBE ICH, DASS JEDER IN DER BAND »SEINEN« MALLORCA-SONG UND SEINE MALLORCA-GESCHICHTE HAT. DARAN DENKE ICH IMMER BEIM HÖREN DIESER PLATTE, UND DESHALB MAG ICH SIE SO GERNE... WEIL ICH JEDEN EINZELNEN VON UNS SPÜREN KANN. PC

ES WAR, ALS OB WIR JEDEN ABEND EINE ANDERE GESCHICHTE ERZÄHLTEN. FÜR MICH WAR JEDER TAG DORT MIT EUCH EINE GEMEINSAME REISE. ARNE

FREEDOM, INSPIRATION, BEAUTY, SPONTANEITY... THAT WAS THE FEELING IN MALLORCA. WE ENDED UP RECORDING SO MUCH MUSIC. I MEAN WE WERE REALLY CELEBRATING US AND THE AREA WE WERE STAYING IN.... JUST LETTING THINGS HAPPEN. VAN

Mein Leben lang hab ich Songs geschrieben. Kleine, große, dicke, dünne, alte, neue, gefundene und erfundene. Und wenn einer angeflogen kam, der mir so richtig ins Herz ging, drängelte sich immer gleich die große Sorge dazwischen, dass mir beim nächsten Mal nichts mehr einfallen könnte. So richtig gar nichts, und das fühlte sich nicht gut an. Ich hatte Angst, die Quelle würde versiegen.
Aber jetzt ist alles anders. Jetzt ist früher vorbei, denn die Quelle kann gar nicht versiegen. Wir haben den Raum, das Haus, den Ort und uns wachsen lassen durch unsere Offenheit und Liebe füreinander. Ich werde diese Zeit mit euch nie vergessen.

Hier hört das Buch auf. Das Leben nicht, das geht immer weiter. Und wozu das alles?

Alles für die Liebe...

WILLST DU MIT MIR GEHN

Wer ist Nena? Ich weiß es nicht! Ich, Claudia Thesenfitz, habe nach sechsunddreißig Monaten, siebzehn Tagen und elf Stunden keine Antwort auf diese Frage. Aber dafür habe ich jede Menge schöner Sachen mit ihr gesehen und erlebt. Und die Erkenntnis gewonnen, dass man einen Menschen niemals komplett erfassen kann. Du kannst nur die Zeit beschreiben, die du mit ihm hast – und alles, was du siehst...

Je dichter ich rankomme, desto vielschichtiger wird das Bild von ihr. Für jede Tür, die ich aufmache, gibt es zehn neue. Nena ist nicht dies, das oder jenes – und dann hat man sie kapiert. Sie ist nicht greifbar, das ist das einzig Greifbare an ihr. Je mehr ich von ihr weiß, desto mehr fehlt auch. Nena ist Nena. Sie IST einfach – so einfach ist das.

Am Ende bleibt immer nur ein Gefühl.

»KANNST DU DENN NUN GUT KÜSSEN?«

NENA LACHT.

»PHIL, KANN ICH GUT KÜSSEN?«

ER LÄCHELT UND NIMMT SIE IN DEN ARM.

STATT EINER ANTWORT KÜSST ER SIE.

WILLST DU MIT MIR GEHN 291

CLAUDIA, LASS UNS MAL GANZ SCHNELL MIT DEM ZWEITEN TEIL ANFANGEN, ES IST JA SCHON WIEDER SO VIEL PASSIERT. JA, MIR SIND DA IN DER LETZTEN WOCHE AUCH SCHON WIEDER TAUSEND IDEEN GEKOMMEN. WIRKLICH? SOLLTEN DIE NICHT NOCH INS BUCH? ICH WEISS NICHT ... IRGENDWANN MÜSSEN WIR DOCH MAL AUFHÖREN, ODER? MEINST DU? NÖ! (LACHEN) UND JETZT FANGEN WIR ERST AN....

KOMMT NOCH WAS?

JA, KOMMT NOCH WAS...

ALTER

Alter gibt es gar nicht, nur die eigene Vorstellung davon.
Menschen denken, dass das »Alter« alles mitliefert, was Menschen nicht
haben wollen: Krankheit, Unbeweglichkeit, Einsamkeit.
Wieso denken Menschen so was??
Alter schützt vor Torheit nicht
... Schwede!
..., was geht?

Alter? »Vierundvierzig« ... »Wie fühlen Sie sich damit?« ... »Kann ich Ihnen
nicht sagen, ich bin keine Zahl.«

Simeon: »Mama, wie alt bist du eigentlich?«
Nena: »Weißt du doch, zweiundvierzig!«
Simeon (genervt): »Nein, ich meine, wie alt bist du WIRKLICH?«
Nena: »Na ja, vielleicht so dreitausend Jahre? Meinst du, das kann hin-
kommen?«
Simeon grinst und nickt.
Nena: »Und wie alt bist du?«
Er antwortet nicht und isst schmunzelnd weiter.

COMPUTER

In den sauren Apfel beißen und es einfach tun? Nein, warum sollte ich, habe ich gedacht. Mich interessiert das nicht, und ich brauche das nicht. Eines Tages bin ich aufgewacht und habe es doch getan.
Ich habe ungeniert in einen Apfel gebissen, und er war überhaupt nicht sauer. Ganz im Gegenteil, mein Äpfelchen war von Anfang an zuckersüß, knackig und sehr intelligent... Spät haben wir zueinander gefunden, nun sind wir zwei unzertrennlich!
An apple a day keeps the doctor away!

DEUTSCHLAND

Braucht Liebe
I love Germany

EIFERSUCHT

ist ein überflüssiges Programm, das wir Menschen unbedingt abschaffen sollten.
Und das geht so:
Nena, fang bei dir selbst an.
Du kannst die Welt nur verändern, wenn du dich selbst veränderst.

ERNÄHRUNG

Man kann nur selbst herausfinden, was einem gut tut. Für mich zählt die eigene Erfahrung. Wir leben sehr gut ohne Fleisch, trinken am liebsten Wasser und essen gerne Obst, Nüsse und Gemüse, weil wir glauben, dass ein natürliches, lebendiges Nahrungsmittel immer noch das Beste für uns ist und Lebensmittel heißen darf. Leben kommt immer vom

Leben. Die Frage, was lebt oder nicht lebt, muss sich allerdings jeder selbst beantworten.

GESUNDHEIT

Gesundheit ist das kostbarste Gut?

Gesundheit ist vor allem auch etwas ganz Natürliches und meine eigene Verantwortung.

Gesundheit fordert ein ganzheitliches Denken. Und spielt sich nicht nur auf einer Ebene ab.

Wir dürfen Gesundheit nicht nur auf das Körperliche beziehen.

Gesundheit ist aktivierte Selbstheilung.

Selbstheilung ist Liebe.

Liebe ist Selbstheilung.

Die Selbstheilung muss aktiviert werden.

Auf allen Ebenen.

GNADE

Ich genieße es, wenn ich vertraue und gelassen bin, das bringt tiefen Frieden in meine Seele... Und wenn ich nicht gelassen bin, weil ich gerade wieder mal Gefühle wie Wut, Zorn, Angst und Ärger ausprobiere, mir damit wehtue und mich selbst daran hindere, gelassen zu sein, dann bitte ich um Gnade, den göttlichen Schmierstoff. Bis jetzt bin ich immer erhört worden.

GOTT

Simeon und ich gehen zusammen durch den Wald. Wir sprechen kaum und genießen beide unsere Gedanken. Wir denken so vor uns hin und atmen die schöne Luft ... Und dann, aus der Stille...

Simeon: »Wenn man hundert wird, geht die Kraft weg, und deshalb sieht man dann so strubbelig aus... Und wenn man stirbt, geht die Seele raus, und dann wird man ein Engel, glaub ich ... das Leben...«
Nena: »Ja, das Leben ist schön.«
Simeon: »Ja, das hat Gott sich gut ausgedacht, als er die Welt erschaffen hat...«

HEIMAT

Ich weiß nicht, wo meine Heimat ist und ob es das überhaupt gibt.
Aber immer, wenn die Sonne mich wärmt, ich dem Wind zuhöre, durch den Wald gehe und die Erde spüre, denke ich, was für ein unfassbar schönes Zuhause wir hier haben.

KINDER

Sie gehören uns nicht. Wir dürfen niemals von oben auf sie herabsehen, nur weil wir in einem größeren Körper stecken. Es ist unsere Verantwortung, sie loszulassen und ihnen den Raum zu geben, in dem sie sich frei entfalten können.
Niemand hat das Recht, ein Kind zu verunsichern oder zu manipulieren. Kinder wollen wissen, forschen, lernen. Wir begleiten sie dabei und sind da, wenn sie uns brauchen, aber wir zwingen sie niemals, etwas zu tun, das nicht ihrer Persönlichkeit entspricht. Denn sonst brechen wir sie, und sie bleiben nicht die, die sie sind, sondern werden so, wie wir sie haben wollen.
Jedes Kind ist einzigartig.
Uns ist bewusst, dass wir im Austausch mit ihnen sind und von ihnen lernen. »Erwachsene« sprechen gerne davon, dass Kinder erzogen werden müssen. Aber schon das Wort Erziehung gefällt mir nicht. Ich

WILLST DU MIT MIR GEHN 297

sehe dabei immer ein Kind vor mir, an dem gezogen wird, und das bedeutet Zwang.

Und weil die meisten von uns so »gut erzogen« wurden, werden sich die meisten von uns auch irgendwann auf den oft schmerzhaften Weg zurück zu sich selbst begeben müssen. Dann, wenn wir anfangen, nach dem zu suchen, was wir in unserer Kindheit nicht entdecken durften.

Wer bin ich?

Was kann ich?

Wir nehmen unsere Kinder ernst, betrachten sie als gleichwertig und anerkennen, dass wir nicht das Recht haben, über ihr Leben zu bestimmen und über ihre Zeit zu verfügen. Liebevoll begleiten wir sie auf ihrem Weg, ihre Talente und Fähigkeiten, das Leben und vor allem sich selbst zu erforschen.

Sie bleiben sich ihrer selbst bewusst und leben ihre Kraft, Größe und Schönheit.

LACHEN

Ist die beste Medizin.

Was ich beim Lachen empfinde, steht auf meiner Liste für Lieblingsgefühle an oberster Stelle.

Nach einem ausgiebigen Lachanfall fühle ich mich wie neugeboren, ich fühle mich gereinigt und völlig frei von Anspannung.

LEBEN

Das Leben ist die einzig wahre Schule.

Leben ist (heißt) Bewusstwerdung, (bewusst werden),

ein sich-selbst-bewusst-er Mensch werden.

Freuen können wir uns über das Leben
Sooft es geht
Leben ohne Freude ist sinnlos
Dein Leben
Mein Leben
Unser Leben

Das Leben ist superspannend, aber es ist nicht dramatisch. Es ist natürlich, und es ist das, was alle durchmachen. Es ist das, wo wir alle durchgehen. Jeder auf seine Weise.

Claudia: »Heißt das, dass man sich dem Leben einfach überlassen sollte?«

Nena: »Das Vertrauen haben, dass der Anschluss zu mir selbst wieder-
hergestellt wird, wieder fließen kann. Wenn ich mich selber spüre, spüre
ich auch andere Menschen.«

Claudia: »Ist Vertrauen auch Gelassenheit?«

Nena: »Gelassenheit ist eine anmutige Form des Selbstbewusstseins,
hat mir Thomas neulich geschrieben.
Ich finde, das ist sehr schön gesagt.
Ein selbstbewusster Mensch ist sich selbst bewusst darüber, dass er ein-
zigartig ist.
Er spürt sich und kennt seine Fähigkeiten.«

LIEBE
Liebe will nicht
Liebe kämpft nicht
Liebe wird nicht
Liebe ist
Liebe sucht nicht
Liebe fragt nicht
Liebe ist so wie du bist

Claudia: »Begegnet man anderen Menschen liebevoller, wenn man sich selbst mehr liebt?«

Nena: »Ich empfinde das so, ja! Man ist dann in einem ganz anderen Austausch mit Menschen. Auf einer anderen Ebene...«

Claudia: »Heißt das, dass man jeden lieben kann?«

Das heißt, dass man jeden Menschen respektieren kann
Das heißt, dass man jeden Menschen achten kann
Das heißt, dass man für jeden Menschen Mitgefühl empfinden kann
Das heißt, dass man von jedem Menschen etwas lernen kann
Das heißt, dass jeder Mensch auch ein Lehrer ist

Respekt
Achtung
Austausch
Mitgefühl

Das ist die Grundliebe.
Mit der Grundliebe kannst du jeden Menschen lieben.

Die Grundliebe ist die Nächste(n)Liebe, denn es gibt immer eine nächste Liebe.

Das gilt natürlich auch für alles, was sich nicht Mensch nennt.

Ich gehe meistens offen auf andere Menschen zu, aber ich setze mich nicht mehr unter den Druck, von allen geliebt werden zu wollen oder alle Menschen lieben zu müssen. Ich liebe die Menschen, die ich liebe! Und da gibt's halt... viele! Aber es gibt auch ganz viele, die ich nicht liebe. Und es gibt auch ganz viele, die mich nicht lieben, so ist das eben...

Trotzdem sind wir alle miteinander verbunden. Wir sind nichts als ein Teil vom Ganzen.

MENSCHEN

Ich glaube nicht, dass es zufällige Begegnungen gibt. Es kommen genau die Menschen in mein Leben, zu denen ich mich hingezogen fühle, die ich anziehe oder die sich durch mich angezogen fühlen. Überall sind die Schnittpunkte, egal, in welche Richtung ich mich bewege, wir treffen uns sowieso und auf allen Ebenen.

Claudia: »Glaubst du auch, dass man, anstatt überallhin zu rasen und die Schnittpunkte zu suchen, genauso gut stehen bleiben kann, weil sie sowieso zu einem kommen?«

Nena: »Ja, das glaube ich, aber Bewegung schadet nicht. Jeder Mensch ist anders. Der eine rennt, der andere geht, der nächste steht. Jeder hat sein eigenes Tempo, seinen eigenen Rhythmus. In der Ruhe liegt die Kraft.«

NÄCHSTENLIEBE

Wir Menschen gehen wieder aufeinander zu und sind füreinander da.
Wir stärken uns gegenseitig.
Wir verweilen nicht mehr in der Angst.
Wir richten unsere Aufmerksamkeit und unseren Lebenswillen auf unsere Kraft und Größe und werden uns dessen wieder bewusst.
Wir geben der Liebe den größten Raum, denn im Bewusstsein der Liebe und des Vertrauens kann sich nichts und niemand zwischen mich (dich) und meine (deine) Selbstheilung schieben.
Wir stellen Fragen.
Wir öffnen uns für Neues und Ungewohntes.
Wir öffnen uns für Dinge, von denen wir vielleicht noch nie gehört haben.
Wir übernehmen jetzt die Verantwortung für uns selbst.
Wir gehen bewusst und aus eigener Kraft in die Nächste(n)Liebe.

Jeder Mensch trägt eine unverwechselbare Information in sich. Jeder! Die Zeit ist gekommen, diese Informationen nach außen zu tragen, mit anderen zu teilen und verschwenderisch damit umzugehen.

PAN TAU

Ich habe Pan Tau geliebt und tue es noch. Ihm ging es ausschließlich um die Bedürfnisse und Wünsche der Kinder.
Seine Welt war mein Zuhause, er hat mir das Gefühl gegeben, nicht alleine zu sein. Er war mein Freund und Vertrauter. Sanftmütig und voller Liebe hat er mich als kleines Mädchen begleitet und beschützt, auch an den Tagen, an denen ich ihn nicht im Fernsehen sehen konnte. Er war kein Märchen und keine Illusion. Er war echt.

Pan Tau hat mich geprägt, und ich träume immer noch von einer Welt, in der Erwachsene so mit Kindern umgehen, wie er das getan hat.

RABATTMARKEN

Als Kind habe ich Engelglanzbilder getauscht, besaß Rollschuhe mit Riemchen zum Festschnallen, Holzskier mit Fangriemen, Skistöcke mit breiten Tellern und Skischuhe zum Schnüren, so wie in alten Heimat-filmen, im Fernsehen gab es zwei Schwarz-Weiß-Programme, und im Drogerieladen bekam man beim Einkaufen Rabattmarken, die ich meiner Mutter manchmal in die dafür vorgesehenen Heftchen geklebt habe. Wenn man genug davon zusammenhatte, gab es was umsonst...

Als Teenager habe ich nicht mehr Engelglanzbilder, sondern Lieblingskla-motten mit meiner besten Freundin getauscht, Rollschuhe hatte ich lange keine mehr, dafür aber einen Plattenspieler und mindestens hundert Langspielplatten, meine Skier waren nicht mehr aus Holz, sondern aus Fiberglas und sahen auch nicht mehr so aus wie in alten Heimatfilmen, auch meine Skischuhe nicht, die hatten nämlich plötzlich acht silberne Metallschnallen zum Zumachen, und das fand ich sehr sexy, im Fernsehen gab es jetzt drei Programme in Farbe, aber im Drogerieladen keine Rabattmarken mehr...

Und jetzt tausche ich meine Lieblingsklamotten mit meiner Tochter, und ich bin froh, wenn ich meine Sachen ab und zu wiedersehe. Einen Plattenspieler besitze ich auch noch, damit ich auch manchmal meine alten Platten hören kann, aber meistens höre ich CDs, ich habe auch wieder Rollschuhe, moderne natürlich, aber irgendwie macht mir das keinen Spaß mehr, meine Skier sind in der Zwischenzeit viel kürzer geworden und heißen jetzt Carver. Die drehen sich so leicht, dass ein schöner, gekonnter Schwung am Steilhang leider nichts Besonderes mehr ist und man damit jetzt nicht mehr angeben kann. Mit den Dingern schwingt inzwischen jeder. Meine Skischuhe haben jetzt nur noch zwei Schnallen und schließen sich praktisch von selbst. Im Fernsehen gibt es jetzt mehr als hundert Programme und alles in Bunt, und Rabattmarken sind populärer denn je, nur klebt man sie nicht mehr in dafür vorgesehene Heftchen, sondern lässt sie sich auf seine persönliche Rabattmarkenplastikkarte beamen, weil man dann irgendwann mal irgendwas »umsonst« kriegt.

SINGEN

...kann jeder
...macht glücklich
...befreit
...ist heilsam
Wer singt, der schwingt

Gemeinsames Singen verzaubert.
Man trifft sich dabei mühelos auf einer Ebene, die verbindet.
Zum Einstieg empfehle ich die Mundorgel, kostet nicht viel und passt in jede Hosentasche.

SCHMERZ

Schmerz würde ich als eine Art Weckdienst für die Seele betrachten. Leider ist es oft der Schmerz, der uns öffnet für alles, was wir nicht sehen und anfassen können.

SCHÖNHEIT

Ich hab noch nie ein nicht-schönes Baby gesehen.
Ich habe noch nie ein nicht-schönes Tier
oder eine nicht-schöne Pflanze gesehen.
Es gibt nur Schönheit auf dieser Erde, und das hat alles nichts mit dem
zu tun, was wir daraus machen!
Wer schön sein will, muss leiden?

Wer schön sein will, der freut sich.
Wer schön sein will, bewegt sich.
Wer schön sein will, geht in die Natur.
Wer schön sein will, weiß, was er isst und fühlt und denkt.
Wer schön sein will, denkt ganzheitlich.
Wer schön sein will, geht liebevoll mit sich und anderen um.
Wer schön sein will, ist schön.

Claudia: »Steckt hinter einem schönen Gesicht immer auch eine schöne
Seele?«

Nena: »Hinter, vor, unter, zwischen und über allem steckt Schönheit. Wenn
du einem Menschen begegnest, präsentiert er sich immer als Ganzes,
auch wenn er sich noch so anstrengt, schön oder nicht schön zu sein...
Verstecken kann man sich nicht hinter seiner Schönheit. Schönheit zeigt
sich gerne und will gesehen werden. Und alles, was nicht schön ist, hat
der Mensch selbst vermasselt.«

SPAGAT

Claudia: »Das machst du manchmal auf der Bühne...«

Nena: »Ja, das macht Spaß und ist eine gute Übung. Es gelingt mir nämlich nur dann, wenn ich es intuitiv mache und dabei völlig loslasse.
Ich kann mir das nicht vornehmen.
Entweder der Moment ist da oder eben nicht.
Ich habe mir schon ein paarmal ziemlich wehgetan dabei,
wenn sich meine Eitelkeit dazwischenschiebt und dieses Gefühl, irgendetwas beweisen zu wollen. Damit geht's immer schief. Mitten in der
Dehnung merke ich dann, wie meine Sehnen anfangen zu quietschen,
und kurz bevor ich unten angelangt bin, weiß ich schon, dass ich nicht
mehr schmerzfrei wieder nach oben komme...«

SPORT (BEWEGUNG)

egal, welche Richtung...
macht glücklich,
ausgeglichen,
flexibel,
Lust auf mehr,
hält jung,
strafft den Körper,
erhellt den Geist,
streichelt die Seele...

STERBEN

Also, was machen wir jetzt mit dem Tod?

Nicht dran denken?
Nicht drüber reden?
In unserer Kindheit hat niemand mit uns übers Sterben gesprochen. Weder unsere Eltern noch unsere »Lehrer«, kein Pfarrer, kein Doktor, auch nicht der Osterhase, der Nikolaus, die Patentante oder das Christkind.
Mal abgesehen von allen toten Käfern, Fliegen, Spinnen und Regenwürmern, die mir in meinen frühen Kinderjahren durch die Hände geflutscht sind, war der erste »richtige« Tote in meinem Leben ein kleiner Igel. Lebendig fand ich ihn draußen im Laub, einen Tag später lag er tot in Mamis altem Schuhkarton. Ich hatte versucht, ihn zu retten, wollte ihn mit einer kleinen Plastikflasche füttern und ihm ein neues Zuhause geben. Aber ein Igel gehört nun mal nicht in eine Menschenwohnung.
Ihm folgte eine wunderschöne kleine Landschildkröte, die man damals noch »ganz normal« in einer Zoohandlung kaufen konnte. Streng nach Anweisung des Zoohändlers bereiteten wir ihr, als es so weit war, auf unserem Dachboden einen Platz für ihren Winterschlaf. Wir haben alles »richtig« gemacht, aber leider ist sie nie wieder aufgewacht.
Schildkröten gehören nicht in Menschenwohnungen.
Ein paar Monate später fand ich meine Hamster tot in ihrem Käfig liegend. In einer einzigen Nacht hatten sie sich gegenseitig zerfleischt. Ich begrub die Überreste und habe mir nie wieder Hamster gewünscht. Hamster in einen Käfig zu stecken, fand ich danach schrecklich.
Ein Mädchen in der Schule hatte zwei Mäuse zu verschenken. Ich befreite meine Eltern von ihrem Mitspracherecht und nahm die Mäuse mit nach Hause. Ich bastelte ihnen aus einem großen alten Putzeimer ein »amtliches« Mäusehaus. Wer hätte geahnt, dass die beiden ein Pärchen waren und sich innerhalb weniger Wochen vertausendfachten?

Auf einmal hatte ich ein ganzes Mäusevolk zu hüten und musste mir ernsthaft überlegen, was ich mit ihnen anstellen wollte. Leider ist mir des Nachbars Pudel zuvorgekommen, der, ich weiß bis heute nicht wie, plötzlich in unserer Wohnung stand und seine große schwarze Schnauze tief in den Putzeimer hielt und offensichtlich die Reste seines verkümmerten Jagdtriebes aktivierte. Als ich dazukam, war es schon zu spät. Er hatte bereits über die Hälfte der Mäuse aus dem Eimer geholt und sie fein säuberlich auf den Boden gelegt. Der Hund wollte nur mit ihnen spielen, denn nirgendwo war Blut zu sehen. Die Kleinen waren vor Schreck gestorben. Mäuse gehören nicht in einen Putzeimer.

Und dann brachte ich mal von irgendwoher Twiggy mit und wollte sie unbedingt behalten. Eine kleine, schlanke schwarze Katze. Fast zwei Jahre war sie bei uns, und eines Tages kam sie einfach nicht mehr nach Hause. Ich weiß nicht, ob sie gestorben ist, aber ihr Weggehen hatte ein bisschen was davon.

Und plötzlich die Menschen. Auf einmal starb die geliebte Omi, ein Freund der Familie oder die Lieblingstante. Und waren wir Kinder nicht diejenigen, die am natürlichsten reagiert haben, während sich die Erwachsenen mit Händen und Füßen dagegen wehrten, dass der Tod zu unserem Leben gehört?

Also, was machen wir jetzt mit unserer Angst vor dem Tod?
Uns daran erinnern, wie wir als Kinder damit umgegangen sind...

Ich habe Simeon gerade gefragt, was ein Erwachsener tun soll, wenn er Angst vorm Tod hat.
Simeon: »Nicht dran denken!«

STILLE

In der Stille hören wir uns vielleicht selbst wieder mal zu und entdecken, dass sie eine große Herausforderung ist...

Simeon und ich sitzen auf dem Holzgeländer einer kleinen Brücke, die über einen Bach führt. Das Wasser fließt durch ein saftiggrünes Löwenzahnfeld, und das Gelb der Blüten lässt die Sonne noch wärmer scheinen. In meiner Jackentasche finde ich eine halbe, leicht angetrocknete Energiekugel. Wir machen halbehalbe und freuen uns über das unverhoffte, bescheidene Frühstück. Es ist früh am Morgen. Ein Sonntag. Wir sind ganz alleine und genießen die Stille. In einiger Entfernung hören wir ein Flugzeug.
Simeon fragt mich: »Muss das denn jetzt sein, Mami? Es ist gerade so schön ruhig hier!«

UNRASIERT

Kann ein Mädchen aus Hagen, das von der großen, weiten Welt träumt und in Mick Jagger verliebt ist, keine Ahnung davon haben, dass Mädchen auf gar keinen Fall Haare unter den Armen zu haben haben?
Ja, das kann sein!

Das Foto
Ging um die Welt
Die Empörung war groß
Was war los?

Sollte irgendjemand vermutet haben, ich hätte mit Hilfe meiner unrasierten Achseln einen revolutionären Gedanken zum Ausdruck bringen wollen, dann muss ich ihn leider enttäuschen: Ich hatte einfach nur keine Ahnung!

VITAMINE

Vitamin A = Austausch
Vitamin B = Bewusstsein
Vitamin E = Erkenntnis

WUNDER

Ich wundere mich, man bewundert sich, wunderst du dich nich?

Wer macht aus einem Samenkorn eine Sonnenblume?
Wieso muss ich abends schlafen und wache am nächsten Morgen wieder auf?
Wieso wissen alle Fische im Schwarm gleichzeitig, wohin sie schwimmen sollen?
Jede einzelne Schneeflocke hat eine eigene Form.
Jeder Mensch hat seinen eigenen Fingerabdruck.
Wer oder was ist für den Liebesdienst zuständig, mein Fleisch wieder zusammenwachsen zu lassen, wenn ich mich geschnitten habe?

Ganz egal, mit welcher Weltanschauung, mit welchem Glauben oder mit welcher Wahrnehmung wir durch dieses Leben gehen,
gewundert haben wir uns alle schon mal.
Wir sehen, staunen, denken, bauen, beobachten, lieben, forschen, erfinden, entdecken, erklären... Aber wer oder was macht es möglich?
Man wundert sich.

Wunderst du dich nich?

**POSITIVE
VERSTÄRKUNG:**

**ICH FINDE
MICH GUT.**

**ASTREINE
UNTERHALTUNG**

JUNI 2003 9 GUTEN TAG 10 NOVEMBER 1977 13 1978 NANI AN NENA 20 EIN JAHR FRÜHER 28 EIN PAAR STUNDEN SPÄTER 33 ABENDS 34 NÄCHSTER TAG 41 DAS GELBE SCHLAUCHBOOT 43 ABENDS 46 ABEND-ESSEN 48 EINE LIEBESGESCHICHTE 52 „SUMMS" 58 AUGUST 2002 60 BRECKERFELD UND WIE MEIN LEBEN SO ANFING 63 LIEBE ANGST 76 SEPTEMBER 2002 77 PHILIPP 78 13. SEPTEMBER 2002 81 ZEITSPRUNG 82 USCHI 84 NANE 86 GESCHWISTER 88 ALFONS 92 FRITZ, DER SKI-FAHRER 93 FRÜHER WAR ALLES ANDERS 97 UNBESCHWERT SEIN 101 SCHULD UND SÜHNE 104 WER ANDERN EINE GRUBE GRÄBT 107 DEZEMBER 2002 111 HENDRIK 116 JUNI 2003 119 LARISSA UND MARIE 123 JANUAR 2003 124 EINE REISE 129 LEHRJAHRE SIND KEINE HERREN-JAHRE 131 HOME SWEET HOME 134 FEBRUAR 2003 136 MONTRAMÉ 142 LINDENBLÜTENKUSSGESPENST 146 NORDSEE, DAS ERSTE MAL 159 NORD-SEE, EIN PAAR MONATE SPÄTER 163 NÄCHSTER MORGEN 166 APRIL 2003, KONZERT IN DER HAMBURGER COLOR-LINE-ARENA 168 MAI 2003 170 BENEDICT 171 CHRISTOPHER 175 NANE 182 BENNI 184 DAS LEBEN GING WEITER 204 LARISSA UND SAKIAS 210 SPUREN IM SAND 217 SCHMITTI 227 GUNTHER 230 JUNI 2003, BEI NENA UND PHIL IM GAR-TEN 233 PHIL KAM IN MEIN LEBEN UND ICH IN SEINS 235 SAMUEL 237 NEUE STADT 242 SIMEON 244 NEW YORK 250 LICHTER 255 JULI 2003 257 AUGUST 2003 262 NOVEMBER 2003 263 DEZEMBER 2003, KONZERT IN DER KÖLNARENA 267 EIN ANDERER FALL 268 JANUAR 2004 269 NORD-SEE 269 EINATMEN - AUSATMEN 275 2003, JETZT IST FRÜHER VORBEI 278 ALTER 293 COMPUTER 294 DEUTSCHLAND 294 EIFERSUCHT 294 ERNÄHRUNG 294 GESUNDHEIT 295 GNADE 295 GOTT 295 HEIMAT 296 KINDER 296 LACHEN 297 LEBEN 297 LIEBE 299 MENSCHEN 300 NÄCHSTEN-LIEBE 301 PAN TAU 301 RABATTMARKEN 302 SINGEN 303 SCHMERZ 303 SCHÖNHEIT 304 SPAGAT 305 SPORT (BEWEGUNG) 305 STERBEN 306 STILLE 308 UNRASIERT 308 VITAMINE 309 WUNDER 309